実務と研修のための

わかりやすい
公職選挙法

〔第十七次改訂版〕

選挙制度研究会 編

ぎょうせい

はしがき

この冊子は、新たに選挙事務に携わることになった選挙管理委員会の職員の方を念頭に置きながら、公職選挙法のあらましをできるだけ簡略に説明しようとしたものである。

このため、制度の細部や実例判例の紹介等の分野に深く立入ることは避け、公職選挙法全体のしくみをなるべく事務の流れに沿いながら関連する事項ごとにまとめることに配意したつもりであるが、この冊子が選挙事務に携わる方々や一般の公務員の方々のお役に立つことができればこのうえない喜びである。

なお、この冊子は、私のほか自治省選挙部選挙課の職員（谷合、松田、仲道、加藤、玉木、久保、鶴田、宮沢、永井、菅田）が執筆したものを加筆補正したものであるが、意あって力及ばぬ点も多く、また、若干の個人的見解が含まれていることについてはお許しを願いたい。

昭和五十四年三月三十一日

自治省行政局選挙部

選挙課長　岩田脩

第十七次改訂に際して

この冊子が昭和五十四年に発刊されて以来、これまで多数の読者の方々からご好評をいただいていることは喜びにたえないところであります。

前の第十六次改訂版は、令和三年七月に発刊しましたが、その後も衆議院小選挙区選挙の選挙区の区割り改定等の諸改正が行われております。今回の第十七次改訂版は、これらの改正点を盛り込むとともに、その内容の一層の充実を図るため若干の記述の修正を行ったものであります。

読者各位のお役に立てれば幸いです。

令和五年十二月

選挙制度研究会

目　次

目　次

＜参考資料＞

＜注＞　法令名については、以下の略称を用いました。

・公職選挙法……公選法
・公職選挙法施行令……公選法施行令
・公職選挙法施行規則……公選法施行規則
・在外選挙執行規則……在外規則
・地方自治法……自治法

なお、本文中の（　）引用の場合、公職選挙法関係については、それぞれ法、令、規則と略し、条、項、号については次のように表記しました。

例　公職選挙法第十条第一項第三号→（法一〇①Ⅲ）

第一編　概説

第一章　選挙の概念と公職選挙法

選挙は、合議体である一つの集団（選挙人団）が特定の職に就くべき者を選出する行為である。

選挙では、その選挙人団を構成する者（選挙人）の全てが自己の意思を表明することができ、選挙の結果は、それらの意思表示を一定の方法で計算することによって決められる。このようなことが、選挙と民主主義を深く結びつけて不可分の制度とし、また、今日見られるような大選挙人団での選挙執行を可能としているものであろう。

今日、実社会で選挙は大小様々の集団の中で採用されているが、今日の選挙の典型は大集団における選挙であり、選挙は、このような大選挙人団による選挙を通じて、一連の精密な手続を作り上げてきた。公職選挙法（以下「公選法」と略称する。）が規定しているのは正にこのような選挙であり、公選法が対象とする選挙は、国会議員、地方公共団体の議会の議員及び長の選挙であるが、選挙以外の投票制度、例えば最高裁判所裁判官国民審査、住民投票などに準用されている。

公選法は昭和二五年に、従来の衆議院議員選挙法、参議院議員選挙法、それに地方自治法の中の選挙関係の規定を総合する形で制定された。公選法の制定によって選挙制度全体としての統一性は大いに高められたが、反面、各種の選挙を同一の条文に包合するため、特定の選挙に携わる実務者にとって不便な一面を生じているのはまたやむを得ない。

第二章　選挙の基本原則

日本国憲法は、国民主権主義を基調とし代議制民主主義を採ることを明らかにしているが、その具体的手段である選挙について、法律に委ねることなく、憲法自体の中にいくつかの規定を設けている。これは、旧憲法が選挙については衆議院議員選挙についてわずか一か条の規定しか設けていなかったのと比較して、著しい特色である。

日本国憲法第一五条第三項は「公務員の選挙については、成年者による普通選挙を保障する。」（普通選挙主義）旨を定めている。普通選挙とは財産又は納税の有無、性別等により選挙権、被選挙権に差別を設けない選挙制度をいう（このような差別のあるものを制限選挙という）。もっとも、我が国で大正一四年に実現された「普通選挙」いわゆる「普選」は男性のみによるものであり、性別を超えた普通選挙は昭和二一年四月の総選挙を待たねばならなかった。

普通選挙の下にあっても、個々の選挙人の行使する選挙権の内容に制度上の差を設けることがある（不平等選挙）。例えば特定の要件を満たす選挙人には数票を行使させるとか、かつて我が国の市町村議会議員の選挙に採用された等級別選挙制度（後出）のようなものである。日本国憲法第四四条の「両議院の議員及びその選挙人の資格は、法律でこれを定める。但し、人種、信条、性別、社会的身分、門地、教育、財産又は収入によつて差別してはならない。」、同第一四条の「すべて国民は、法の下に平等であつて、人種、信条、性別、社会的身分又は門地により、政治的、経済的又は社会的関係において、差別されない。」は、選挙の立場からすれば平等選挙を宣言したものとなろう（平等主義）。

なお近時、国会議員の選挙において議員定数一人当たりの有権者数が選挙区によって異なることを理由として選挙無効の判決を求める訴訟が提起されているが、その訴訟においては、右の条文は選挙制度上の差別取扱いを禁じているのみではなく、実際の選挙におけるいわゆる一票の価値の平等、つまり実際の選挙区間の議員定数一人当たり有権者数の平等をも保障するものであると主張され、最高裁も「選挙権の内容、すなわち各選挙人の投票の価値の平等もまた、憲法の要求するところである」旨判示している。

次に、日本国憲法第一五条第四項の「すべて選挙における投票の秘密は、これを侵してはならない。選挙人は、その選択に関し公的にも私的にも責任を問はれない。」（秘密投票主義）という規定がある。選挙の歴史からみれば、選挙制度はむしろ選挙人が誰に投票したかがわかるような制度（公開主義）から出発した。理論的には今日においても公開主義は一つの理想たるを失わないであろうが、現実問題としてはかえって選挙人の自由な投票を阻害することになり、今日では秘密投票は各国共通の原則となっている。

また、日本国憲法第九三条は、地方公共団体の選挙について「地方公共団体の長、その議会の議員及び法律の定めるその他の吏員は、その地方公共団体の住民が、直接これを選挙する。」（直接選挙主義）ことを定めている。一般の選挙人が直接にその選挙の目的である公職に就くべき者を選出するのが直接選挙、アメリカ合衆国大統領選挙のように一般選挙人が一定数の中間選挙人を選出し中間選挙人が当該公職に就くべき者を選挙するのが間接選挙であるが、今日では直接選挙の方が一般的である。

以上のほか、どのような性格の選挙区を設けどのように当選人を決定するか等については、憲法は法律の定めるところに委ねている（憲法四七）。

（なお、選挙の基本原則とは言い難いが、選挙に直接関係のある規定としては第七条及び第五四条―解散と総選挙、第四三条―国会の構成と定数、第四五条及び第四六条―任期、第四七条―選挙区と投票方法、第四八条―兼職禁止があり、選挙に関係があるものとしては第二一条―表現の自由等の諸条、さらに選挙類似の手続として第七九条―最高裁判所裁判官の国民審査、第九五条―一の地方公共団体のみに適用される特別法の可否を決する住民投票、第九六条―憲法改正の可否を決する国民投票がある。）

第三章　選挙制度の沿革

第一節　概　要

選挙制度の沿革を考えるとき、最も重要なものは社会情勢、政治情勢の変化との関わりであるが、ここではそれに触れる余裕がなく、選挙制度そのものの推移を簡単に羅列するに止める。普通選挙を目指す大きな動きの中で次第に今日の制度が形づくられてきたこと、また我が国も過去において様々な選挙制度を経験してきたことに留意すべきである。その大略は年表のとおりである。なお、年表中昭和一〇年の項は選挙浄化を目指して当時行われた選挙粛正運動を、昭和二七年の項は今日に続く公明選挙運動→明るい選挙推進運動の一連の啓発活動を代表する意図である。

一　衆議院議員の選挙制度

明治維新の後、民権運動、国会開設運動を経て明治二二年二月、大日本帝国憲法とともに衆議院議員選挙法が公布された。その内容は①選挙権、被選挙権ともに納税要件（直接国税一五円以上）を要する制限選挙であり、②選挙区制は小選挙区制（例外的に二人区があり、二人区では連記投票――候補者二名に対し投票する方法であった）、③投票は投票用紙に選挙人の住所、氏名を記載して捺印する記名式投票であったが、一方④選挙運動、選挙運動費用については投票所内における演説等が禁止されたほかは特段の制限はなく、買収、選挙妨害、

表１　略　年　表

明治１	五ケ条の御誓文
7	民選議院設立の建白（板垣退助外）
8	立憲政体の詔
10	（西南の役）
11	府県会規則制定（制限選挙。記名投票）
14	国会開設の勅諭（明23に国会開設）
20	（東京電灯会社初めて点灯）
21	市制、町村制制定（制限選挙。等級選挙。秘密投票）
22	｛大日本帝国憲法発布 ｛衆議院議員選挙法制定（制限選挙。小選挙区制。記名投票）
23	｛府県制制定（複選制） ｛第一回衆議院議員選挙
27	（日清戦争始まる）
32	府県制全文改正（複選制廃止。制限選挙。秘密投票）
33	衆議院議員選挙法全文改正（納税要件緩和。大選挙区制。秘密投票）
37	（日露戦争始まる）
大正３	（第一次世界大戦始まる）
8	衆議院議員選挙法改正（納税要件緩和。小選挙区制）
9	（日本、オリンピック初参加）
10	市制、町村制改正（納税要件緩和。町村の等級選挙廃止）
11	府県制改正　　　　（納税要件緩和）
14	衆議院議員選挙法全文改正（男子による普通選挙。中選挙区制）
15	府県制、市制、町村制改正（男子による普通選挙）
昭和７	（五・一五事件）
10	選挙粛正連盟結成
11	（二・二六事件）
14	（第二次世界大戦始まる）
20	衆議院議員選挙法改正（婦人を含む普通選挙。大選挙区制限連記制）
21	都制、府県制、市制、町村制改正（婦人を含む普通選挙）
22	参議院議員選挙法制定 第１回参議院議員選挙 衆議院議員選挙法改正（中選挙区制） 日本国憲法施行 地方自治法制定
23	政治資金規正法制定
24	選挙制度調査会発足（昭36からは選挙制度審議会）
25	公職選挙法制定
27	公明選挙連盟結成
57	公職選挙法改正（参議院全国区制から拘束名簿式比例代表制）
平成６	〃　　　　（衆議院中選挙区制から小選挙区比例代表並立制）
12	〃　　　　（参議院拘束名簿式比例代表制から非拘束名簿式比例代表制）
27	〃　　　　（選挙権年齢を引下げ（20歳→18歳））
	〃　　　　（参議院選挙区選挙において、一部の県で合同選挙区制を導入）
30	〃　　　　（参議院比例代表選挙において特定枠制度を導入）

虚偽事項公表等について罰則が設けられていた。以下では、右の各項目がその後どう変化したかを追うことによって、選挙制度の沿革を概観することにしたい。

表２　衆議院総選挙の有権者数

選　　　　　挙	有権者数（万人）	全人口に対する比（％）	選 挙 人 資 格
第１回（明23．７．１）	45	1．1	25歳以上、直接国税15円以上（明22）
第７回（明35．８．10）	98	2．2	直接国税は10円以上となる（明33）
第14回（大９．５．10）	307	5．5	直接国税は３円以上となる（大８）
第16回（昭３．２．20）	1，241	20．0	納税要件撤廃（大14）
第22回（昭21．４．10）	3，688	48．7	20歳以上、婦人参政権（昭20）
第42回（平12．６．25）	㊫10，043 ㊔10，049	80．0 80．0	在外選挙制度の創設（当分の間は比例のみ）
第45回（平21．８．30）	㊫10，395 ㊔10，395	81．4 81．4	在外選挙制度が小選挙区に拡大
第48回（平29．10．22）	㊫10，609 ㊔10，609	83．5 83．5	18歳以上（平27）

明治二三年七月一日の第一回衆議院総選挙の有権者数は四五万人、全人口の一・一％にすぎなかった。選挙権の拡張、普通選挙の実現が当面の課題となり、明治三三年の改正で納税要件は被選挙権については廃止、選挙権については緩和され、大正八年の改正によるもう一段の緩和を経て、大正一四年に納税要件は撤廃されて普通選挙となった。周知のことながらこの時は婦人に参政権が認められておらず、男女両性による完全な普通選挙の達成は昭和二〇年の改正（二一年四月一〇日の総選挙）を待たねばならなかった。なお、この昭和二〇年の改正までは選挙権の年齢要件は二五歳であり、この時に初めて成人年齢まで引き下げられたのである。

選挙区制は明治二三年に府県を単位とする大選挙区制（ただし、市と島しょは独立の選挙区であった。）単記投票となったが、大正八年に再び小選挙区制に復帰（若干の二人区、三人区があったが、以前の小選挙区制の場合と異なりこれらの区でも投票は単記投票とされた。）し、大正一四年の普通選挙実現に際し三人ないし五人のいわゆる中選挙区制

（理論上は大選挙区制であるが、我が国では中選挙区制と呼び習わしていた。その結果我が国では衆議院選挙について大選挙区制という場合は、一都道府県一選挙区制ないしはそれ以上の規模のものを指すことが多い。）となり、昭和二〇年から二二年まで次に述べる大選挙区制限連記制が採用された時期を除き、七〇年近くにわたり中選挙区制が続いたが、平成六年の改正により、小選挙区比例代表並立制が導入された。

中選挙区制の下では、一選挙区の議員定数は三人から五人とされたが、その例外として、昭和六一年の定数是正に伴う新潟四区、石川二区、兵庫五区、鹿児島三区の二人区及び北海道一区の六人区並びに平成四年の定数是正に伴う東京八区、和歌山二区、大分二区、宮崎二区の二人区及び福岡一区の六人区があった（昭和二八年の奄美群島の復帰に伴う同群島の区域を選挙区とする一人区は、平成四年の改正により、鹿児島県第一区に属するものとされた。）。

大選挙区制限連記制は、昭和二〇年の改正で採用され昭和二一年四月の総選挙にただ一回だけ適用されたものであり原則として一都道府県を一選挙区とし、選挙区定数は二～一四、選挙人は定数三以下の選挙区では一名、定数四～一〇の選挙区では二名、一一以上の選挙区では三名の候補者に対して投票することができた。新生国会の構成を目指す思い切った改正であった訳だが、とりわけその連記制度の部分が一般の評判が悪く、短命であった。

明治二三年の第一回総選挙以来これまでに四九回の総選挙が行われているが、その内容は小選挙区制によるもの八回、大選挙区制七回、中選挙区制二四回、小選挙区比例代表並立制九回、大選挙区制限連記制一回である。

次に、記名式投票の方は短命であった。明治三三年の改正によって無記名の秘密投票となり今日に至っている。

選挙運動、選挙運動費用については、明治三三年及び大正八年の改正は主として罰則の整備であり、明治二二年の制度の建前を変えるものではなかったが、大正一四年の改正によって初めて選挙運動の制限（選挙事務所の規制、戸別訪問の禁止、文書図画の制限等）及び選挙運動費用の制限が設けられ、また、初めて公営による選挙運動（選挙運動のため通常郵便物を選挙人一人につき一通無料で出せること、演説のために公立学校等を無料で使えること）が導入された。今日から見て極めて特色があるのは選挙運動を行う者についての制限であり、演説、推薦状による選挙運動を除く一切の選挙運動は、候補者、選挙事務長、選挙委員、選挙事務員でなければ行うことができないとされていた（いわゆる法定選挙運動者制度）。この制度が廃止されたのは昭和二〇年である。

選挙運動に関する規定は、その後の社会の変化に伴って次第にその数を増す傾向にある。今日に至る歩みの特徴は、公営による選挙運動の拡大、マスコミ媒体の取り入れ、それに政治活動分野との接触等であるが、ここでは触れないことにする。

二　参議院議員の選挙制度

参議院は、現行日本国憲法の制定に伴い、貴族院に代わって設けられたものであり、その議員は衆議院議員と同様に公選によるべきことが同憲法第四三条に明記されている。これらの規定に基づいて、参議院議員選挙法が昭和二二年に制定、同年四月には同憲法の施行に先立って、最初の参議院選挙が行われたのである。

その後参議院議員選挙法は、昭和二五年に現行の公選法に統合された。

すなわち、全国区と地方区（都道府県）の二つの選挙を行う制度であったが、その後、特に全国区制をめぐって、制度の問題点が指摘され、昭和五七年には、全国区制に代え、拘束名簿式比例代表制が採用された。

平成六年には、いわゆる八増八減の定数是正が行われている。その後の改正については、次節「二　平成七年以降の主な改正」を参照されたい。

三　地方の選挙制度

府県会規則が制定されたのは明治一一年、区町村会法は明治一三年であり、衆議院議員選挙法の制定より一〇年程も早い。府県会議員の選挙は郡、区を選挙区とし、納税要件、住所要件のある制限選挙、記名投票であったが、選挙権の年齢要件は二〇歳であった。区町村会議員の選挙に関しては区町村の規則で定めることとされ、区々であったが、明治一七年以降は知事県令の定めるところによる、二〇歳以上の者による制限選挙とされた。

この制度は明治二一年の市制町村制の制定、明治二三年の府県制郡制の制定によって一変した。府県会議員の選挙は市部では市会と市参事会（市の執行機関）、郡部では郡会と郡参事会（郡の執行機関）が会同して無記名投票で選挙される、いわゆる複選制（間接選挙が選挙された中間選挙人による選挙であるのに対し、複選制は選挙された特定の公職にある者による選挙）である。明治三二年の改正によって複選制が廃止され、制限選挙ながら郡市の区域を選挙区とする単記無記名の直接選挙となり、大正一五年の改正により男子による普通選挙となった。

郡会の方は郡内町村会が選挙した議員（つまり複選制）と大地主の互選した議員から構成される仕組みであった。明治三二年に制限選挙ながら直接選挙となったが、大正一二年には郡会そのものが廃止されている。

市町村会議員の選挙も市町村公民（二五歳以上、一定の住所要件、納税要件等を満たすことを要する。）による制限選挙であったが、著しい特徴は等級別選挙が採用されたことである。すなわち、市では各選挙人の納める直接市町村税の多い順にその納税額を加算してゆき、その合計額が納税総額の三分の一に相当するまでの者を一級選挙人、次の三分の一に相当するまでの者を二級選挙人、他を三級選挙人とし、各級別に議員の三分の一を選挙するものであり、町村の場合は右に準じた方法で二級に区分するものであった。この等級選挙は町村会については大正一〇年に、市会については大正一五年に廃止された。なお、市町村会議員選挙についても大正一五年に男子による普通選挙となった。

都道府県知事は、昭和二一年の地方自治制度の改革までは政府の任命する官吏であった。市長は、明治二一年の市制では市会が推薦する候補者三人の中から任命する方式であり、大正一五年からは市会の選挙となったが、昭和一八年には市会が選挙するものを天皇が任命することとされた。町村長は、明治二一年以来町村会が選挙するところであった。昭和二二年四月の選挙は、知事、市町村長についての初めての直接選挙であった。

第二節　平成六年の政治改革以降の主な改正経緯

一　政治改革関連法の制定

平成六年には、いわゆる政治改革関連法として、公選法、政治資金規正法の改正、政党助成法、衆議院議員選挙区画定審議会設置法の制定等が行われ、選挙制度、政治資金制度等の抜本的改正が行われた。

この政治改革をめぐる議論は、昭和六三年に発覚したリクルート事件をきっかけに高まったものである。

平成元年六月に第八次選挙制度審議会が発足したが、同審議会では、平成二年四月に「選挙制度及び政治資金制度の改革についての答申」を示し、衆議院議員の選挙制度について、小選挙区比例代表並立制を採用することなどを答申した。

ここでは、従来の中選挙区制が、同一政党の候補者間による争いになり、選挙が政策の争いというより、個人間のサービス合戦につながりやすいという指摘を踏まえ、これを抜本的に改革することとし、また、政策本位、政党中心の選挙の実現を目指し、小選挙区比例代表並立制を導入することとしたものである。

なお、同審議会は、同年七月には「参議院議員の選挙制度及び政党に対する公的助成等についての答申」を提出し、また、平成三年六月には「衆議院議員の選挙区の区割りについての答申」及び「選挙の腐敗行為に対する制裁強化のための新たな措置についての答申」を提出している。

これらの答申を受けて、平成三年、第一二一回国会に政治改革関連三法案が提出されたが廃案となった。

その後、平成五年の第一二八回国会に、政治改革関連四法案（公職選挙法の一部を改正する法律案、衆議院議員選挙区画定審議会設置法案、政治資金規正法の一部を改正する法律案、政党助成法案）が提出され、衆議院における修正、参議院での否決を経て両院協議会での成案を得て、平成六年一月に成立した。

その後、この改正法の一部改正（与野党合意に基づく改正、参議院関係の改正、区割り法）が三度にわたり行われ、平成六年一二月から改正公選法が施行されることとされた。

二　平成七年以降の主な改正

平成七年一二月の改正では、平成六年の改正の際に記号式投票とされていた衆議院選挙の投票方法が再び自書式投票に戻された。

平成八年六月の改正では、衆議院選挙の選挙運動の改正が行われた。

平成九年六月の改正では、同一地方公共団体の議会の議員と長の任期満了日が九〇日以内にある場合の同時選挙の特例（いわゆる九〇日特例）が創設され、同年一二月の改正では、投票時間の延長、不在者投票制度の改善（事由緩和等）等投票環境向上のための改正が行われた。

平成一〇年五月の改正では、国外に居住する日本国民に国政選挙における選挙権行使の機会を確保するための在外選挙制度が創設された。

平成一一年八月の改正では、収賄罪等の罪で刑に処せられた者の被選挙権の停止期間の五年間延長や、指定船舶における洋上投票（ファクシミリ投票）の創設、政党等の政治活動用ポスターの規制強化などが行われた。

平成一二年二月の改正では、衆議院比例代表選出議員の定数が二〇人削減された。

平成一二年五月の改正では、衆議院議員及び参議院議員の再選挙・補欠選挙の期日の年二回統一、衆議院小選挙区選出議員又は参議院選挙区選出議員を辞した者等の立候補制限、衆議院小選挙区選挙において供託物没収点に達しなかった重複立候補者の比例代表選挙における当選の排除、手話通訳者に対する報酬の支給、書籍及びパンフレットの普及宣伝のための自動車、拡声機等の使用の規制、所属政党等の移動による当選人の失格等の改正が行われた。

平成一二年一一月の改正では、参議院比例代表選挙について拘束名簿式から非拘束名簿式に改正され、また、参議院議員の定数が二五二人から二四二人へと一〇名削減された。

平成一三年一二月、地方公共団体の議会の議員及び長の選挙に係る電磁的記録式投票機を用いて行う投票方法の特例に関する法律が成立し、地方選挙において条例に定めることにより、電磁的記録式投票を採用することが可能となった。

平成一四年七月の改正では、平成一二年国勢調査結果を受けての衆議院議員選挙区画定審議会の勧告に基づき、衆議院小選挙区選出議員の選挙区の改定が行われるとともに、衆議院比例代表選出議員の各選挙区における定数が改められた。

平成一五年六月の改正では、選挙期日前においても投票日当日における投票と同様に、直接投票箱に投票を入れて確定的な投票を行うことが可能となる期日前投票制度が創設され、また、在外選挙における投票の方法が在外公館投票と郵便投票のいずれかを選択することができることとされ、さらに在外選挙人が一時帰国した場合等については、期日前投票所や投票所において投票することができることとされた。

平成一五年七月の改正では、現行制度では投票することが困難な選挙人の投票機会を確保するため、郵便等投票の対象者の拡大及び郵便等投票における代理記載制度が導入された。

平成一五年一〇月の改正では、衆議院総選挙及び参議院通常選挙において、パンフレット又は書籍（いわゆるマニフェスト）を選挙運動のために頒布することができることとされた。

平成一七年六月の改正では、越県合併（長野県木曽郡山口村の区域が岐阜県中津川市に編入）に伴い、衆議院小選挙区選出議員の選挙区及び衆議院比例代表選出議員の選挙区の改正が行われた。

平成一八年六月には、三本の公選法改正が成立した。まず、同月一日に成立した改正では、参議院選挙区選挙について四増四減（東京都、千葉県が各二増、栃木県、群馬県が各二減）の定数是正が行われた。また、同月七日に成立した改正では、衆議院小選挙区選挙及び参議院選挙区選挙を在外投票の対象とするとともに、在外選挙人名簿への登録申請手続の改善がなされたほか、選挙人名簿抄本の閲覧制度の見直しが行われた。さらに、同月一六日に成立した改正では、国外における不在者投票制度及び南極地域観測隊員等のファクシミリ投票が創設された。

平成一九年二月の改正では、地方公共団体の長の選挙において、ビラ（いわゆるローカルマニフェスト）を選挙運動のために頒布することができることとされた。

平成一九年六月の改正では、国政マニフェストの頒布機会を拡大するため、衆議院比例代表選挙及び参議院比例代表選挙における街頭演説の箇所数を増加することとされた。

平成二四年一一月の改正では、参議院選挙区選挙について、四増四減（神奈川県、大阪府が各二増、福島県、岐阜県が各二減）の定数是正が行われた。

また、同月に成立した衆議院小選挙区選出議員の選挙区間における人口較差を緊急に是正するための公職選挙法及び衆議院議員選挙区画定審議会設置法の一部を改正する法律（以下「緊急是正法」という。）では、平成二三年三月の衆議院小選挙区の一票の較差訴訟に係る最高裁大法廷判決（合憲・違憲状態合理的期間未経過）を受けて、衆議院小選挙区選出議員の定数が五人削減されるとともに、「一人別枠方式」に係る規定が削除され、平成二二年国勢調査に基づく衆議院小選挙区選出議員の選挙区の改定案の作成に当たっての都道府県別選挙区数（〇増五減）及び作成基準が定められた。

その後、平成二五年六月に成立した緊急是正法の一部を改正する法律では、衆議院議員選挙区画定審議会の勧告に基づき、衆議院小選挙区選出議員の選挙区の改定が行われた。

平成二五年四月の改正では、インターネット等を利用した選挙運動が解禁された。

平成二五年五月の改正では、成年被後見人の選挙権及び被選挙権の欠格条項が削除されるとともに、選挙の公正な実施を確保するために、代理投票における補助者の要件の見直しが行われ、指定病院等における不在者投票への外部立会人の設置等の努力義務が設けられた。

平成二五年一二月の改正では、都道府県議会議員の選挙区について、全ての選挙区を条例で定めるとともに、一定の要件の下で、市町村を単位として設定すること、指定都市においては行政区の区域を分割せずに二以上の区域に分けた区域を単位として設定することとされた。

平成二七年六月の改正では、選挙権年齢が満一八年以上に引き下げられた。

平成二七年七月の改正では、参議院選挙区選挙について、四県二合区を含む一〇増一〇減（北海道、東京都、愛知県、兵庫県、福岡県が各二増、宮城県、新潟県、長野県が各二減、鳥取県及び島根県並びに徳島県及び高知県における合区による各二減）の定数是正が行われた。

平成二八年一月の改正では、国政選挙の選挙権を有しているにもかかわらず、選挙人名簿に登録されないために国政選挙の投票をすることができない者が投票できるよう、選挙人名簿の登録制度の見直し（いわゆる表示登録制度の創設）が行われた。

平成二八年四月には、二本の公選法改正が成立した。同月六日に成立した国会議員の選挙等の執行経費の基準に関する法律及び公職選挙法の一部を改正する法律では、共通投票所の設置や期日前投票の投票時間の弾力的な設定を可能とするとともに、投票所に出入りできる者の範囲が拡大された。また、同日に成立した公職選挙法の一部を改正する法律では、洋上投票の対象船舶の拡充（いわゆる便宜置籍船の追加）や要約筆記者への報酬支払いの解禁が行われた。

平成二八年五月に成立した衆議院議員選挙区画定審議会設置法及び公職選挙法の一部を改正する法律（以下「衆議院選挙制度改革関連法」という。）では、衆議院議員の定数が一〇人削減（小選挙区六減、比例代表四減）されるとともに、小選挙区の都道府県別定数配分及び比例代表のブロック別定数配分に「アダムズ方式」を導入すること等が定められた。

その後、平成二九年六月に成立した衆議院選挙制度改革関連法の一部を改正する法律では、衆議院議員選挙区画定審議会の勧告に基づき、衆議院小選挙区選出議員の選挙区の改定が行われるとともに、衆議院比例代表選出議員の定数の見直し（東北、北関東、近畿、九州で各一減）が行われた。

平成二八年一一月には、二本の公選法改正が成立した。同月二八日に成立した改正では、洋上投票の対象者の拡大（実習生等の追加）が行われた。また、同日に成立した公職選挙法及び最高裁判所裁判官国民審査法の一部を改正する法律では、都道府県選挙の選挙権に係る同一都道府県内移転時の取扱いの見直し、選挙人名簿の縦覧制度の廃止と閲覧制度への一本化、在外選挙人名簿の登録制度の見直し（出国時申請の創設）が行われた。

平成二九年六月の改正では、都道府県又は市の議会の議員の選挙において、ビラを選挙運動のために頒布することができることとされた。

平成三〇年六月の改正では、参議院選挙区選挙の政見放送について、一定の要件を満たす候補者にいわゆる持ち込みビデオ方式が認められることとなった。

平成三〇年七月の改正では、参議院議員の定数が六人増加（選挙区二増（埼玉県）、比例代表四増）されるとともに、参議院比例代表選挙について、非拘束名簿式を基本的に維持しつつ、各名簿届出政党等の判断によって一部について拘束名簿式とするいわゆる特定枠制度が導入された。

令和元年五月に成立した国会議員の選挙等の執行経費の基準に関する法律及び公職選挙法の一部を改正する法律では、投票管理者及び投票立会人の選任要件の緩和や開票立会人の選任規定の整備が行われるとともに、選挙公報の掲載文を電磁的記録により提出することが可能とされた。

令和二年六月には、二本の公選法改正が行われた。同月三日に成立した地域の自主性及び自立性を高めるための改革の推進を図るための関係法律の整備に関する法律による改正では、地方公共団体の議会の議員の選挙における立候補届出の見直しが行われた。また、同月八日に成立した改正では、町村の議会の議員の選挙において供託金制度が導入されるとともにビラを選挙運動のために頒布することができることとされ、また、町村の議会の議員及び長の選挙において選挙運動用の自動車の使用、ビラの作成、ポスターの作成について選挙公営の対象とされた。

令和三年六月には、特定患者等の郵便等を用いて行う投票方法の特例に関する法律が成立し、新型コロナウイルス感染症及びそのまん延防止のための措置の影響により、特定患者等が投票をすることが困難となっている状況に鑑み、当分の間の措置として、特定患者等は郵便等を用いて投票を行うことが可能となった。

令和四年四月の改正では、基幹放送事業者における中波放送（ＡＭ放送）の超短波放送（ＦＭ放送）への転換に伴い、超短波放送（ＦＭ放送）の放送設備により政見放送をすることができることとした。

令和四年一一月の改正では、令和二年国勢調査結果を受けての衆議院議員選挙区画定審議会の勧告に基づき、衆議院小選挙区選出議員の選挙区の改定が行われるとともに、衆議院比例代表選出議員の各選挙区における定数が改められた。

第四章　選挙制度

第一節　選挙制度の類型

いま仮に、誰に投票するかという選挙人一人一人の意思が既に固まっており、その投票が不変であるとしても、一の選挙区で選出すべき当選人の数を何人とするか、一人の選挙人が何名に対し投票できることとするか、得票結果を当選人の決定にどのように結びつけるか等の仕組みによって、選挙の結果は著しく異なったものになる。言い換えれば、選挙運動等を通じて形づくられた選挙人団の全体としての意思に鏡を当てて、鏡の上に「選挙結果」として写し取るとき、その鏡の性質が影響するのである。このことは一つの選挙で複数の者を選出する選挙、つまり議員選挙において著しい。

選挙制度全体のうち、この鏡に当たる部分だけを指して「選挙制度」と呼ぶことがある。

右の意味での選挙制度には、その性質からして、多数代表制、少数代表制、比例代表制の別があるといわれる。

一　多数代表制

多数代表制とは、選挙人のより多数の者が何を是としているかを、選挙結果の上に強く反映する制度である。例えば小選挙区制（一選挙区で選出する当選人の数が一であるもの。これに対し、二以上であるものを大選挙区制という。）がそれで、仮にどの選挙区も選挙人の政党支持の比率が同じであるとすれば（例えばＡ、Ｂ、Ｃの三政党があり、どの選挙区の政党支持率もA党四〇パーセント、B党三〇パーセント、C党三〇パーセントであったような場合）、支持者の最も多い政党（すなわちA党）は、他党の提携等がない限り全議席を独占する結果となる。また、大選挙区の場合でも、一人の選挙人が、三人区にあっては三名、五人区にあっては五人というように定数と同数の候補者に対して投票できる制度（完全連記制という。これに対し、複数ではあるが定数には達しない数の候補者に対して投票する制度を制限連記制、一人の候補者に対し投票するものを単記制という。）を採り、一選挙人が同一候補者に対して重複して、数票を投じることを認めないこととすれば、小選挙区制の場合と似た結果となる。つまり、多数代表制の性格を持つ。

多数代表制は安定した議会を作り出すが、反面で死票（当選に寄与できない投票）が多く生じ、また、少数の大政党の対立（その典型は二大政党の対立）型の政治情勢と結びつくともいわれている。

二　少数代表制

多数代表制に対し少数代表制は、少数の支持者しかない者にも当選の機会があるようにしよう、という制度である。例えば、大選挙区で一名の候補者に対して投票する制度とすれば各候補者の集票の具合によって、少数の支持者しかいない候補者にも当選の可能性が出てくる。また、大選挙区の連記制でも、それが制限連記制、とりわけ一選挙人が特定の候補者に自己の持つ数票を重複して投じることができる制度（累積投票制）であれば、少数代表制の性格を持つということになる。

三　比例代表制

比例代表制は、選挙人の支持率を、できるだけそのまま当選人の構成比に写し出そうとするものである。比例代表制には多種多様な方式が案出されているので、以下できるだけ取りまとめて紹介する。

比例代表制は単記移譲式と名簿式に大別される。単記移譲式とは、選挙人が投票するに当たって、自分は候補者Ａに投票するが、もし選挙の結果Ａが当選に必要とする以上の投票を得たときは自分の票は候補者Ｂに回してほしい、ＢもそうならＣに、ＣもそうならＤに……というように、自分の投票の移譲先を指定する方式である。この方式については、まず「当選に必要とする」票数というものをどのように定めるか（「当選基数」という。例えば、ドループ式では有効投票総数を議員定数に一を加えた数で除し、その商に一を加えたものである。）、及び当選基数を超えた票をどのような方法で次順位指定者に移譲するかにいろいろな方式があり、両者の組み合わせによって、さらにいろいろな方式に分かれる。

当選基数を超えた票の移譲手続は複雑である。例えば一五万票を得た候補者がいて当選基数が一〇万であるとき、この一五万票にはそれぞれ異なった移譲先の指定があるわけであり、そのことを考慮しながら五万票の移譲先を決めなければならないことになる。また、その結果Ａ候補から一万票の移譲を受けることとなったＢ候補が既に当選基数を超える投票を得、その超える分を移譲してしまった後だったらどうなるのか、また、自己の得票五万のＣ候補がＸ候補から四万、Ｙ候補から三万の移譲を受けて一二万となったとき、その二万をどう移譲するのか、また、当選の見込みの全くない候補者の得票をどうするのか——等、様々なケースが生じ、その処理の仕方によって選挙結果が異なることにもなるのである。

次に名簿式は、政党その他の政治団体が選挙の中で一定の役割を担うことを前提とする。すなわち、名簿式ではこれらの政治団体が候補者名簿を提出し、選挙人はその名簿又は名簿上の特定の候補者に対して投票するのである。投票は名簿ごとに集計されて名簿の得票となり、まずこの得票に基づいて各名簿ごとの当選人数が決定される。この場合の手続としてはいくつかのものがある。例えば、先の当選基数で名簿の得票を除し、その商を

表３　ドント式の当選人数決定例

（万票単位）

除数＼名簿	A	B	C	D
1	○　120	○　100	○　70	40
2	○　60	50	35	20
3	40	33	23	13
4	30	25	18	10

定数４。○印は商の大きさ第４位までの商。故に当選人数はＡ名簿２，ＢＣ各１となる。

もって、Ｐ名簿から三・二人、Ｑ名簿から五・三人というように定める。この場合の端数の処理にはいくつかの方式があり、なかには、この端数に見合う票と端数が生じたことによって配分残となっている定数とを全国一本に集め、そこで再度比例配分して比例代表の趣旨を貫こうとするものもある。また、ドント式といわれるもので、表３のように各名簿の得票を一、二、三……の整数で除し、その商をすべて比較して、大きい順に議員定数に達するまで選び、選ばれた商の数をもってその名簿の当選人の数とするものもある（例えば我が国の衆議院比例代表選挙及び参議院比例代表選挙）。これと同じ結果を、表を作らずに計算で得ようとするのがハーゲンバッハ・ビショップ式である。さらに、除数一、二、三……を一・四、三、五、七……に変える方式（修正サンラグ方式）もあり、これはドント式よりも小政党にとって有利となる。

名簿別の当選人数が決まれば、次は名簿上のどの候補者を当選人とするかを決める必要があるが、この方法には大別して二方式がある。一つは、選挙人の側はこの点について一切発言できない方式で、拘束名簿式、固定名簿式等といわれる。例えば、名簿上の候補者の当選人となるべき順位が、その名簿を提出した政治団体によってあらかじめ定められているものである。これに対して、当選人の決定について選挙人が何らかの形で参与できる方式があり、非拘束名簿式、非固定名簿式等といわれる。典型的な例を挙げれば、選挙人は投票に当たって自分が当選人としたい候補者（一人とは限らない。）を指定し、その指定の数によって当選人たるべき順位が決まるとか、その指定の数がある程度に達した場合には、政治団体があらかじめ定めてあった順位が変更されるとか、である。

なお、選挙人の発言力を最大限に高めたものに自由名簿式といわれるものがあり、この場合選挙人は、例えば名簿上にない人の氏名を書き加えて投票できるとか、いくつかの名簿上の候補者を集めて独自の名簿を作りこれに対して投票できる、とかいろいろの工夫が凝らされている。

拘束名簿式の場合は、一度名簿上の当選人たるべき順位が定められてしまえば、同一名簿上の候補者相互の間には利害の不一致はないのであるが、非拘束名簿式の場合は同一名簿上の候補者相互間には、一方でその名簿の得票の増大という共通の利益がある反面、自己の当選順位を同一名簿上の他候補者より高めなければならないという競争関係が残ることになる。

比例代表制では死票は減少するが、小党を含む多数の政党が分立する傾向がある、といわれる。また、名簿式の場合――特に拘束式の場合――当選人と選挙人の結び付きが失われ、選挙人から遊離するともいわれている。

四　組合せ方式

小選挙区制と比例代表制を組み合わせる選挙制度については、並立制や併用制などがある。まず、我が国の衆議院選挙で導入された小選挙区比例代表並立制は、小選挙区制、比例代表制の二つの選挙をそれぞれ別々の選挙として行うものである。二つの選挙の定数も、それぞれに定められている。一方、ドイツの国会議員の選挙制度については、併用制といわれるもので、総定員を二分してその一半を小選挙区制で選挙し、同時に総定員を対象として比例代表制の選挙を行う。選挙人は小選挙区選挙と比例代表制選挙の二票を投じるのである。そして各政党は、比例代表制選挙の結果得た当選者数が小選挙区選挙で得たそれより大きいときは、その差に相当する当選人を、比例代表制選挙の候補者の方から獲得する。もし逆に小選挙区選挙の当選人の方が多ければ、比例代表制選挙の方の当選人は得られないが、小選挙区選挙の当選人の方はそのまま保障される。つまりこの場合、自動的に総定数が増加することとなるのである。

以上各種の制度を概説したが、もとより絶対的に優越した制度があるわけではない。その選挙を通じて選挙する公職がどのようなものであり、その健全な機能のためにはどのような選挙制度が望ましいのか、また、その国、その時代の政治、社会情勢からしてある選挙制度を採ったときそれがどのように作用するのか、という論点こそが中心に据えられるべきものなのである。

第二節　衆議院議員の選挙制度の特徴

平成六年の改正後の衆議院議員の選挙制度は、小選挙区比例代表並立制が採られている。

この改正の目的は、前述のとおり政策本位、政党中心の選挙制度の実現を目指したことにあり、そのために様々な規定が設けられている。すなわち、小選挙区選挙でも政党による候補者の届出を認めたこと、候補者を届け出た政党に大幅な選挙運動の手段を与えたこと、小選挙区選挙と比例代表選挙との重複立候補を認めたこと、政党における候補者選定手続の届出、告示の制度を設けたことなどによって、政党本位の選挙制度を可能とすることとしている。

この点、同じく比例代表選挙と選挙区選挙を組み合わせる選挙制度である参議院議員の選挙においては、選挙区選挙は個人中心であり、選挙期間中の政党の活動も確認団体としての政治活動が中心であるのとは、異なっている。

　また、衆議院議員の選挙制度の改正にあわせ、政治資金制度も政党中心に改められるとともに、政党助成制度の創設などが図られている。

第二編　我が国の現行選挙制度

第一章　選挙権・被選挙権、選挙人名簿及び在外選挙人名簿

第一節　選挙権・被選挙権

一　選挙権の要件

憲法第一五条は、成年に達した全ての日本国民に選挙権を保障している。選挙権は、国民の最も重要な参政権であり、基本的な権利であるといわれる。選挙は、国又は地方公共団体の公務員を各個人が投票により選任するものであるから、この点から見れば選挙権は、公務員の選任という国民の公務を執行する一定の地位なり資格であるとしてとらえることができよう。

選挙権をもつための要件は、必ず具備していなければならない積極的要件と、該当してはならない消極的要件の二つに区分することができる。積極的要件については、その全てを満たしていることが必要とされると同時に、消極的要件については、そのいずれにも該当しないことが必要である。

なお、実質上選挙権をもつ者でも、選挙人名簿に登録されていなければ原則として選挙において投票をすることができない。

㈠　選挙権の積極的要件

選挙権の積極的要件は、国会議員の選挙の場合には、日本国民であること及び年齢満一八年以上であること

の二つであるが、地方公共団体の議会の議員又は長の選挙の場合にはこのほか一定の住所要件が加わる。

(1)　日本国民であること

日本国民であることの要件は、憲法第一〇条の規定により国籍法に定められている。日本国籍は、出生、認知又は帰化によって取得する。

なお、公選法には戸籍法の適用を受けない者について、選挙権及び被選挙権を当分の間停止する旨の規定がある（法附則②）。この規定を設けたのは、終戦とともに、それまでの日本国民の一部が事実上他国民となったのであるが、これらの者は平和条約発効までの間は理論的にはなお日本国民であったので、これらの者に参政権を認めることは適当でないとされたためであった。

(2)　年齢満一八年以上であること

選挙権の年齢要件は諸外国においても国情により多少異なっている。我が国においては、明治二二年の衆議院議員選挙法の制定以来昭和二〇年に至るまで、長い間満二五年とされていたが、終戦後の昭和二〇年の衆議院議員選挙法の改正で満二〇年に引き下げられ、更に平成二七年の公選法の改正により満一八年に引き下げられ、今日に至っている。

年齢は「年齢計算ニ関スル法律」により、出生の日から起算し一八年目の誕生日の前日の終了をもって一八年に達するものであるが、選挙権の「満一八年以上」については、一八年に達する日の終了を要せず、その日を含むと解されているので、一八年目の誕生日の前日の午前零時以降年齢要件を満たすことになる。例えば、平成一七年九月二日に生まれた者は、令和五年九月一日をもって満一八年となり、この者は令和五年の九月の選挙人名簿の定時登録の年齢要件を満たす者として取り扱われる。

(3)　地方公共団体の議会の議員及び長の選挙については、一定の住所要件を具備していること地方公共団体の選挙の選挙権の要件には、⑴及び⑵の要件に加えて、「引き続き三箇月以上市町村の区域内に住所を有していること」の住所要件がある。地方公共団体の選挙に住所要件を設けたのは、憲法が地方公共団体の長や議会の議員については、「その住民がこれを選挙する」（憲法九三）旨を定め、地方自治法においては市町村の区域内に住所を有する者を「住民」とし、この住民が、その団体の住民として選挙に参加する権利を認めているからである。また、特に三箇月という期間を要するとしたのは、地縁的関係などからみて、少なくとも引き続き一定期間その地域に住んでいる者に、その地域の住民としての権利を与えることが、住民自治の趣旨にかなうと考えられるからである。

三箇月以上住所を有することにより、市町村の選挙権を有するのは当然であるが、同時にその市町村を包括する都道府県の選挙権をも有することとなる。

なお、同一市町村に三箇月以上住所を有していた者は、その市町村から引き続き同一都道府県内の他市町村に住所を移しても、その回数にかかわらず、なお都道府県の議会の議員及び知事の選挙権を有するものとされている（法九③）。

三箇月の期間は、同一市町村内にある限り何回住所を移転しても全て通算される。この場合、指定都市の行政区間の移転は同一市内の移転であるから通算されるが、都の特別区間の移転は通算されない。また、合併市町村にあっては、合併によって消滅した市町村に住所を有していた期間も通算される（法九④）。なお、三箇月の期間は市町村の廃置分合又は境界変更のために中断されない（法九⑤）が、これは、例えば、A町がB市に編入合併された場合に、A町に住所を有していた者がそのまま住所を変えないときはA町に住所を有するようになった初めの時点からB市に住所を有していたものとして計算されるということであり、A町に住所を有していた者が合併直前にB市に住所を移した場合は公選法第九条第四項の規定により、住所期間が通算されることとなるものである。

三箇月の期間計算は、民法の規定により、住所を有するに至った日の翌日から起算して、三箇月目の応当日の前日をもって三箇月に達し、この場合、その日の経過を要しないものと解されている。

住所については、民法上は複数説もあり得るが、公法上は一箇所に限られるべきである。住所とは民法でいう生活の本拠であるが、選挙関係においては、選挙権を付与する等の一定の法律的効果を与えるものであるから、その認定は客観的な事実によって判断することが必要である。現実には、他に特別の事情がない限り、「現に起臥しているところ」に住所があるものと認定してよいであろう。その他住所の認定に当たり考慮されるべき事情としては、夫婦関係、事業の所在、勤務関係、納税関係、郵便物の受配関係、戸籍関係、社交儀礼関係、政治生活関係等が挙げられる。

(二)　選挙権の消極的要件

現に刑務所に入っている者など選挙権を与えることが適当でない者は、欠格事項に該当するものとして選挙権を有しない。

次に掲げる欠格事項は被選挙権にも共通であるので、該当する者は、選挙権及び被選挙権を有しない（法一一）。

(1)　禁錮以上の刑に処せられその執行を終わるまでの者

禁錮以上の刑とは、死刑、懲役及び禁錮の刑をいう。刑に処せられその執行が終わるまでの者とは、刑の言渡しを受け、その刑が確定したときから刑の執行が終わるまでの間の者である。仮釈放（刑法二八）中の者は、所定の刑期が終わった者ではないので欠格者である。

(2)　禁錮以上の刑に処せられその執行を受けることがなくなるまでの者（刑の執行猶予中の者を除く。）

(1)の者について、刑に処せられながらその執行を受けず、又は刑期満了前にその執行を免除される場合がある。この場合、刑の執行の免除その他の理由により刑の執行を受けることがなくなるまでの者は、欠格者となるが、刑の執行を受けることがなくなった後は欠格者とはならない。

次の事項に該当する場合に、ここでの欠格者となる。

ア　刑の言い渡しを受けた者が刑の時効により刑の執行の免除を受ける（刑法三一、三二）までの間

イ　大赦又は特赦により刑の言い渡しが効力を失う（恩赦法三、五）までの間

ウ　刑の執行を免除される（恩赦法八）までの間

(3)　公職にある間に犯した収賄罪等により刑に処せられ、実刑期間経過後五年間を経過しない者又は刑の執行猶予中の者

公職にある間に犯した刑法（明治四〇年法律第四五号）第一九七条（収賄、受託収賄及び事前収賄）、第一九七条の二（第三者供賄）、第一九七条の三（加重収賄及び事後収賄）若しくは第一九七条の四（あっせん収賄）の罪又は公職にある者等のあっせん行為による利得等の処罰に関する法律（平成一二年法律第一三〇号）第一条（公職者あっせん利得）の罪により刑に処せられ、その執行を終わり若しくはその執行の免除を受けた者でその執行を終わり若しくはその執行の免除を受けた日から五年を経過しないものは、選挙権及び被選挙権を有しないものとされている。

これらの罪により、執行猶予の言渡しを受けた者については、その刑の執行猶予の期間中、選挙権及び被選挙権を有しない。

例えば、収賄罪で一年間の懲役（実刑）判決を言い渡された者は、その後の五年間とあわせて六年間選挙権及び被選挙権を停止されることとなり、懲役刑とあわせて、三年間の執行猶予を言い渡された者は、その

期間、選挙権及び被選挙権を停止されることとなる。

なお、被選挙権の停止期間については、「三　被選挙権の要件」中、「(二)　消極的要件」を参照のこと。

(4)　法律で定めるところにより行われる選挙、投票及び国民審査に関する犯罪により禁錮以上の刑に処せられその刑の執行猶予中の者

法律で定めるところにより行われる選挙、投票には、公選法の規定により行われる各種の選挙のほか、日本国憲法の改正手続に関する法律の規定により行われる日本国憲法の改正についての国民の承認に係る投票、自治法の規定により行われる一の地方公共団体のみに適用される特別法の制定に必要な住民投票、普通地方公共団体又は広域連合の議会の解散請求に関する住民投票及び普通地方公共団体又は広域連合の議会の議員及び長の解職請求に関する住民投票、大都市地域における特別区の設置に関する法律による大都市地域における特別区の設置に係る関係市町村における選挙人の投票等がある。

国民審査とは、最高裁判所裁判官の国民審査である。

なお、これらの選挙、投票、国民審査に関する犯罪により禁錮以上の刑に処せられた者については、前述の(2)の場合と異なり執行猶予中の者であっても欠格者となる。

(5)　公選法に定める選挙に関する犯罪により、選挙権、被選挙権が停止されている者

公選法第二五二条には、いわゆる選挙犯罪（公選法に定める選挙に関する犯罪）を犯した者について選挙権及び被選挙権の停止に関する特別規定が設けられている。したがって、公選法による選挙犯罪については、同法第一一条より先に同法第二五二条が適用されるのが原則であり、その結果、罰金刑でも、選挙権及び被選挙権を失うことになり、一般犯罪の場合より厳しくなっている。

(6)　政治資金規正法に定める犯罪により、選挙権、被選挙権が停止されている者

政治資金規正法第二八条には、同法に規定する一定の犯罪を犯した者について選挙権及び被選挙権の停止に関する特別規定が設けられている。

二　選挙権取得の効果

公選法上、選挙権を有することの効果として、選挙人名簿に登録されることにより選挙で投票をすることができることのほか、次のような効果が認められる。

㈠　投票管理者、開票管理者、選挙長に選任される資格
㈡　選挙又は当選の効力に関し、争訟を提起する資格
㈢　選挙人名簿について異議の申出をする資格
㈣　開票所又は選挙会場を参観する資格

さらに、地方公共団体の各種住民投票及び最高裁判所裁判官国民審査の投票権を有することとなる。

三　被選挙権の要件

被選挙権は、選挙により議員、長その他の公職に就くことのできる資格、すなわち被選挙資格である。また、被選挙権を有しない候補者に対する投票は無効であることから、投票が有効とされるための得票資格としての面ももつといえる。

被選挙権についても、選挙権と同様に積極的要件と消極的要件とがあるが、選挙権のように選挙人名簿に登録されていなければその行使ができないという制約はない。

㈠　積極的要件

(1)　日本国民であること

この要件は、選挙権で述べたところと同様である。

(2)　一定の年齢以上であること

年齢要件は、公職の種類によって次のとおり異なっている。

衆議院議員　満二五年以上

参議院議員　満三〇年以上

都道府県の議会議員　満二五年以上

都道府県知事　満三〇年以上

市町村の議会議員　満二五年以上

市町村長　満二五年以上

年齢は、選挙期日により算定されるので、立候補の時点で所定の年齢に達している必要はない。

(3)　地方公共団体の議会の議員の選挙については、その選挙権を有すること

地方公共団体の議会の議員の場合には、国会議員や知事、市町村長と異なり、日本国民であること及び一定の年齢に達していることの要件のほかに当該選挙の選挙権を有すること、言いかえれば、選挙権と同様の住所要件が必要である。

都道府県の議会議員と市町村の議会議員の被選挙権の要件として住所要件があるのは、特に地域との関係が重視されたためであり、国会議員や知事、市町村長について住所要件がないのは、国会議員の場合は国民の代表であり選挙区の代表ではないという観点から、また知事、市町村長の場合は広く人材を得るという観点からのものである。したがって、国会議員の場合、大阪に住所を有する者が東京の選挙区から立候補し当

選することは何ら差し支えないし、知事、市町村長の場合、東京に住所を有する者が九州や北海道で立候補し当選することも自由である。

(二) 消極的要件

選挙権の場合と同様であるので、その項の説明を参照されたい。

ただし、公職にある間に犯した収賄罪等で実刑を受けた者については、その執行を終わった日又はその執行の免除を受けた日から五年を経過しないものは、選挙権及び被選挙権を有しないものとされているが（前述一(二)(3)参照）、被選挙権については、更にその後五年間、停止される（法一一の二）。

第二節　選挙人名簿

一　概　要

選挙権を有していても、これを行使（投票）するためには選挙人名簿に登録されていなければならない。選挙人名簿は、選挙人の範囲を確定しておくために選挙人を登録する公簿である。なお、選挙人名簿に登録されていても、選挙権を行使（投票）するためには、選挙当日（期日前投票にあっては、投票当日）に実質的に選挙権を有していなければならない（法四三）ので、選挙人名簿は選挙権を創設する性格のものではない。

選挙人名簿制度は、選挙の当日、投票をしようとする者の選挙権の有無をいちいち審査することは事実上不可能であるので、あらかじめ調査して有権者を登録しておけば投票が円滑に行われるという点や、選挙人名簿のチェック、活用（投票所での選挙人と選挙人名簿の対照は名簿原本でもよいが通常は名簿の抄本を用いて行われる。）により二重投票の防止ができるという点から採られたものである。

選挙人名簿の登録は、昭和四四年の公選法改正以後、住民基本台帳の記録に基づいて市町村の選挙管理委員会が登録資格を調査して登録するという職権登録主義をとっている（それ以前は、選挙人の申告により適格者を登録する申告登録主義であったり、両者の併用によるものであった。）。

また、一度有効に名簿に登録されれば、その登録は永久に有効であり（法一九①）、死亡、国籍の喪失、他市町村への住所移転、在外選挙人名簿への登録の移転等のため選挙人名簿から抹消される場合（後述）を除き、登録され続ける、いわゆる永久選挙人名簿制度である。

二　選挙人名簿の様式、調製機関

選挙人名簿は、選挙人の氏名、住所、性別、生年月日等を記載することとされており、投票区ごとに編製される。編製された名簿は、国会議員の選挙、地方公共団体の議会の議員及び長の選挙を通じ共通の名簿として用いられる（法一九①、二〇①②）。

なお、選挙人名簿は、カード式名簿のほか、帳票式名簿、一定の要件を満たせば磁気ディスクにより調製することもできる。

選挙人名簿の調製機関は市町村の選挙管理委員会であり（法一九②）、名簿への登録をはじめ、表示、表示の消除、登録の抹消、登録の移替え、異議の申出に対する決定等は全て市町村の選挙管理委員会によって行われる。選挙人名簿は毎年四回及び選挙が行われる際に、新たに被登録資格を有することとなる者を登録することにより調製され、一旦調製された名簿は、前述のように永久に据え置くもの（永久選挙人名簿）とされている。

なお、選挙人名簿は投票区ごとに編製されるので、名簿登録者が当該市町村の他の投票区に住所を移した場合には、登録の移替え（旧住所地の投票区から新住所地の投票区に登録を編製替えすること）が行われる（令一七）。

三　選挙人名簿の登録、抹消、表示

㈠　被登録資格

選挙人名簿に登録されるためには、当該市町村の区域内に住所を有する年齢満一八年以上の日本国民（選挙権の消極的要件に該当し、選挙権を有しない者を除く。）で、その者に係る住民票が作成された日（他の市町村からの転入者で住民基本台帳法に基づく転入届をしたものについては、その届出をした日）から引き続き三箇月以上当該市町村の住民基本台帳に記録されている者でなければならない（法二一①）。すなわち、当該市町村の区域内に登録の時点で現実に住所を有し、かつ、住民基本台帳に記録されていることが必要である。また、住民基本台帳記録三箇月以上という登録要件は、前述の地方公共団体の議会の議員及び長の選挙権に関する三箇月以上住所を有することという住所要件とほぼ対応することになる。

このほか、当該市町村の区域内から住所を移した選挙人のうち、その者に係る住民票が作成された日から引き続き三箇月以上当該市町村の住民基本台帳に記録されていた者であって、当該市町村の区域内に住所を有しなくなった日後四箇月を経過しない者についても登録を行い（法二一②）、この場合は選挙人名簿にこれに該当する者である旨の表示をしなければならない（法二七②）こととする「表示登録制度」が、平成二八年の公選法改正により導入された。これにより、例えば、旧住所地市町村において住民基本台帳に記録されていた期間が三箇月以上である一七歳の者が転出をし、新住所地市町村において一八歳となったが、新住所地市町村において住民基本台帳に記録されている期間が三箇月未満である場合にも、旧住所地市町村の選挙人名簿に登録され、国政選挙等の投票をすることができる。

なお、住民基本台帳に記録されている期間は、市町村の廃置分合又は境界変更があっても中断されない（法二一④）。例えば、A町の一部がC町に編入された場合や、A町とB町が合併してC市が新設された場合は、A町やB町の住民は従来と法人格を異にする市町村の住民基本台帳に記録されることとなるが、これらの住民が従来のA町なりB町の住民基本台帳に記録されていた期間は、新しい市町村の住民基本台帳に記録されている期間に通算されるのである。

㈡　選挙人名簿の登録

登録は、毎年三月、六月、九月及び一二月に行われる（定時登録）とともに、選挙の都度行うこととなっている（選挙時登録）。

定時登録は、登録月の一日を基準日として、原則として同日に登録することによって行われる。登録月の一日が地方公共団体の休日に当たる場合には、当該登録は翌開庁日まで繰り延べることができる（基準日は一日のままである。）。ただし、登録日の一日が当該選挙の期日の公示又は告示の日から当該選挙の期日の前日までの間にあるときは、登録月の一日が地方公共団体の休日であっても同日に登録をしなければならない（法二二①②）。

選挙時登録は、選挙の都度基準日を定めて行うものである。なお、年齢については選挙期日現在で算定され、登録は基準日と同日に行われる。

選挙時登録の基準日は当該選挙に関する事務を管理する選挙管理委員会（参議院合同選挙区選挙については当該選挙に関する事務を管理する参議院合同選挙区選挙管理委員会、衆議院比例代表選挙又は参議院比例代表選挙については中央選挙管理会）が定めることとされている。

選挙人名簿の登録には、以上二つの方法があるが、例外的に、定時登録又は選挙時登録の際に選挙人名簿に登録される資格を有しており、かつ、引き続きその資格を有しているにもかかわらず登録されていない脱漏者を救済するために行われる補正登録の制度がある（法二六）。補正登録は、当然に選挙人名簿に登録されているべき者が登録されていない場合の是正措置であるから、脱漏を発見した時点で被登録資格を失っている者には適用されない。

㈢　**選挙人名簿の表示及び抹消**

選挙人名簿に登録された者が、選挙権の消極的要件に該当して選挙権を有しなくなった場合及び当該市町村の区域内に住所を有しなくなった場合には、直ちに選挙人名簿の登録を抹消されるわけではなく、一旦選挙人名簿上にその旨の表示がなされる（法二七①）。そして、これらの者が名簿に登録される資格を回復すれば、その表示は消除され従前どおり表示のない姿になる。

登録される資格を回復することにより表示の消除が行われる場合としては、①公選法第一一条の規定により選挙権を有しなくなった者が復権した場合、②他市町村へ転出した者が再転入し、次の⑵により名簿から抹消されるまでの四箇月間に登録要件を満たした場合等が考えられる。

また、表示登録制度については㈠を参照されたい。

選挙人名簿に登録されている者が、次の事項に該当する場合には、直ちに名簿から抹消される（法二八）。

⑴　死亡し又は日本国籍を喪失したとき

⑵　転出表示又は表示登録をされた者が当該市町村の区域内に住所を有しなくなった日後四箇月を経過したとき

⑶　在外選挙人名簿への登録の移転をしたとき

(4)　登録の際に登録されるべき者でなかったとき（誤載者であったとき）

四　選挙人名簿の閲覧等

選挙人名簿の正確性を確保する等の観点から、選挙人名簿の抄本については、選挙の期日の公示又は告示の日から選挙の期日後五日に当たる日までの間を除き、選挙人等から公選法に定める目的で閲覧の申出があった場合には、閲覧させることになっている（法二八の二から二八の四）。選挙の期日の公示又は告示の日から選挙の期日後五日までの間であっても、特定の者が選挙人名簿に登録された者であるかどうかの確認を行うための閲覧の申出については、異議の申出を行うことができる期間（後述）に限り、閲覧をさせなければならないこととされている。

なお、閲覧を申し出ることができる時間は、選挙管理委員会の職員につき定められている執務時間内である（法二七〇①Ｉ）。

また、選挙人名簿を磁気ディスクをもって調製している団体にあっては、コンピュータのディスプレイ上に該当事項を表示する方法で閲覧させることも可能である。

なお、選挙人は、選挙人名簿の登録に関し不服があるときは、一定期間内に、当該市町村の選挙管理委員会に異議を申し出ることができる（法二四①）。選挙人名簿に関する異議の申出及び訴訟については第七章を参照されたい。

第三節　在外選挙人名簿

一　概　要

我が国においては、国政選挙の選挙権は、憲法上成年に達した日本国民に保障されている（憲法一五）が、かつては、国内に住所を有せず、選挙人名簿に登録されていない者は投票することができないため、国外に居住する日本国民は、選挙権がありながら、それを行使する機会が与えられていない実情にあった。しかしながら、国際社会において我が国の果たすべき役割が増大し、国外に居住する日本国民が年々増加している状況にあったことから、平成一〇年五月の公選法改正等により、国外に居住する日本国民に選挙権行使の機会を保障するものとして在外選挙制度が創設された。

この在外選挙制度は、在外選挙人名簿の登録と在外投票の二本柱から成り立っており、在外選挙人名簿は、国外に居住する選挙人の範囲をあらかじめ確定しておくために、これらの選挙人を登録する公簿である。

在外選挙人名簿に登録されていても選挙権を行使するためには選挙当日に実質的に選挙権を有していなければならず、在外選挙人名簿は選挙権を創設する性格のものではなく、また、一度有効に登録されたときはその登録は永久に有効であり、死亡、国籍の喪失、新たに住民票が作成されたこと等のための在外選挙人名簿から抹消される場合を除き、そのまま登録しておかれるいわゆる永久選挙人名簿制度である点は選挙人名簿と同じである（法三〇の二②）。

ただし、国内では住民基本台帳制度が完備されていることから選挙人名簿の登録は職権主義によることとされているが、国外においては在外邦人の動向を正確に把握する方法がないため、在外選挙人名簿の登録は申請主義によることとされている点が異なる（法三〇の五）。

また、在外選挙人名簿は、衆議院議員及び参議院議員の選挙を通じて一の名簿とされている（法三〇の二②）。

二　在外選挙人名簿の様式、調製機関

在外選挙人名簿には、選挙人の氏名、最終住所（選挙人が国外に住所を移す直前に住民票に記載されていた住所をいう。以下同じ。）又は申請の時における本籍、性別及び生年月日等を記載することとされており、指定在外選挙投票区ごとに編製される（法三〇の三①②）。

なお、在外選挙人名簿も磁気ディスクをもって調製することができることとされている（法三〇の二④）。

在外選挙人名簿の調製機関は、市町村の選挙管理委員会であり（法三〇の二①）、名簿への登録をはじめ、表示、表示の抹消、登録の抹消、異議の申出に対する決定等はすべて委員会によって行われる。在外選挙人名簿への登録は申請に基づく随時登録とされている。

なお、指定在外選挙投票区は、市町村の選挙管理委員会が市町村の区域を分けて数投票区を設けた場合に指定するものであるが、一以上の投票区を指定在外選挙投票区として指定することとされており、当該市町村の区域が二以上の衆議院小選挙区に分かれているときは、当該選挙区の区域ごとに指定しなければならないこととされている（法三〇の三②、令二三の二①）。

三　在外選挙人名簿の登録等

在外選挙人名簿の登録の申請方法には、出国後に在外公館を経由して登録を申請する方法（在外公館申請）

と、出国前に国外への転出届を申請する際、市町村の窓口で登録の移転を申請する方法（出国時申請）がある。在外選挙人名簿に登録されると、在外選挙人証が交付される。

㈠　在外公館申請

⑴　被登録資格

在外選挙人名簿に登録されるためには、在外選挙人名簿に登録されていない年齢満一八年以上の日本国民（選挙権の消極的要件に該当し、選挙権を有しない者を除く。⑵において同じ。）で、在外選挙人名簿に関する事務についてその者の住所を管轄する領事官（以下「管轄領事官」という。）の管轄区域内に引き続き三か月以上住所を有している者でなければならない（法三〇の四①）。

⑵　登録申請

年齢満一八年以上の日本国民で管轄領事官の管轄区域内に住所を有する者は、文書で、最終住所の所在地の選挙管理委員会（当該資格を有する者が、いずれの市町村の住民基本台帳にも記録されたことがない者である場合及び平成六年五月一日前に住民基本台帳に記録されたことがある者であって、同日以降いずれの市町村の住民基本台帳にも記録されたことがないものである場合には、申請の時におけるその者の本籍地の選挙管理委員会）に、管轄領事官等を経由して、在外選挙人名簿の登録の申請（在外公館申請）をすることができる（法三〇の五①②、附則⑥、令附則②）。

登録申請者は、管轄領事官等に対し①旅券（特別の事情により旅券を所持していない場合にあっては、日本国又は居住国の政府又は地方公共団体が交付した当該申請者の写真を貼り付けてある書類等）、②管轄領事官の管轄区域内に住所を有すること（既に三か月以上住所を有した後で申請する者については、引き続き三か月以上住所を有すること）を証するに足りる文書（当該申請に係る住所を定めた日以前に当該管轄区域内に到着した旨の旅券法第一六条の規定による在留届が当該申請に係る住所を定めた日以前に提出されている場合など一定の場合は不要）を提示しなければならない（令二三の三①、在外規則六）。（注）

平成一八年六月の公選法改正によって、管轄領事官の管轄区域内に住所を有する者は、三か月の住所要件を満たしていなくとも登録の申請をすることができることとされたが、この三か月の住所要件の充足については市町村の選挙管理委員会が確認することは困難であることから、管轄領事官等がこの住所要件を充足したかどうかを確認した上で、登録申請者の在外選挙人名簿に登録される資格に関する意見書を添えて、外務大臣を経由して、申請先の選挙管理委員会に送付することとなる。なお、既に三か月以上管轄領事官の管轄区域内に住所を有する登録申請者からの登録申請の場合については、管轄領事官等は、申請の際に住所要件等の被登録資格を確認し、意見書を添えて、外務大臣を経由して、申請先の選挙管理委員会に送付する（法三〇の五③、令二三の三⑤⑥）。

このように三か月の住所要件を満たしていない登録申請者の登録申請は、申請日以後、三か月の住所要件が経過し、管轄領事官等が住所要件を確認した上で、意見書を添えて、申請先の選挙管理委員会に送付されることとなり、その間は、登録申請書は管轄領事官等において保管されることとなる。この間に、住所変更や氏名、本籍の変更等が生じたときは、変更の事実を証するに足りる文書を添えて、管轄領事官等に文書で届け出なければならない。ただし、日本国籍の喪失と管轄区域外への住所変更については、被登録資格を失うものであり、在外選挙人名簿に登録されないことは明らかであるので、これらの届出があった場合には、登録申請が取り下げられたものとみなされることとなっている（令二三の三②〜④）。

在外選挙に関して領事官に対してする行為は、当該領事官が管轄する区域の慣習、休日その他の地域の実情等を考慮し、あらかじめ総務大臣及び外務大臣の承認を受けて定める時間内にしなければならないこととされている（令一四二⑥⑦）。

（注）　在外公館申請については、令和四年より、登録申請者があらかじめ登録申請書等を管轄領事館等に郵送又はメール送付した上で、ビデオ通話を通じて旅券等を提示する方法により本人確認を行うことで、管轄領事館等に出向くことなく登録申請を行う取扱いができることとされた。

(3)　登録

在外公館申請を受けた市町村の選挙管理委員会は、登録申請者の当該市町村における在外選挙人名簿の被登録資格について、当該申請者の本籍地の市町村長に確認を求め（令一二三の五①）、当該申請者が被登録資格を有する者である場合には、在外選挙人名簿に登録をする（法三〇の六①）。

市町村の選挙管理委員会は、在外選挙人名簿に登録した場合は、登録申請書を送付した管轄領事官等を経由して登録申請者に在外選挙人証を交付し（法三〇の六④）、また、在外選挙人名簿に登録しなかった場合は、理由を付して、その旨を外務大臣及び当該管轄領事官等を経由して登録申請者に通知しなければならない（令一二三の六①）。

なお、市町村の選挙管理委員会は、衆議院又は参議院の選挙の期日の公示又は告示の日から選挙の期日までの期間においては、在外選挙人名簿の登録を行わないこととされている（法三〇の六③）。

(二)　出国時申請

(1)　被登録移転資格

選挙人名簿からの登録の移転により在外選挙人名簿に登録されるためには、在外選挙人名簿に登録されていない年齢満一八年以上の日本国民で、最終住所の所在地の市町村の選挙人名簿に登録されている者のうち国外に住所を有するものでなければならない（法三〇の四②）。

(2)　登録移転申請

年齢満一八年以上の日本国民で住民基本台帳法第二四条の規定による届出（以下「国外転出届」という。）がされた者のうち、当該国外転出届がされた市町村の選挙人名簿に登録されているもの（国外転出届に記載の転出予定日までに選挙人名簿に登録される資格を有することとなるものを含む。）は、当該転出予定日までに、文書で、当該市町村の選挙管理委員会に在外選挙人名簿への登録の移転の申請（出国時申請）をすることができる（法三〇の五④）。

出国時申請の制度は、在外公館から遠隔の地に住む者の登録申請の負担軽減、登録手続の簡素化、在外公館申請から在外選挙人証の交付を受けるまでの時間短縮といった在外選挙人の利便性を向上させるため、平成二八年の法改正により設けられた。

登録移転申請者は、出国時申請をする場合においては、市町村の選挙管理委員会に対して、旅券又は本人確認ができる書類を提示しなければならない（令二三の三の二①、在外則七の四）。

出国時申請に際して、国外の住所要件について市町村の選挙管理委員会が確認することは困難であることから、市町村の選挙管理委員会は、当該住所に関する意見を外務大臣に求めることとされており、外務大臣は市町村の選挙管理委員会に対し登録移転申請者の国外の住所要件について意見を述べなければならないこととされている（法三〇の五⑤⑥）。

登録の移転が行われ、在外選挙人証が交付されるまでの間等に住所変更や氏名の変更等が生じた時は、登録移転申請者は、変更の事実を証するに足りる文書を添えて、登録移転申請書を提出した市町村の選挙管理委員会に文書で届け出なければならない（令二三の三の二②③）。なお、出国時申請は国内における手続であり、出国前には具体的な住所が決まっておらず、登録移転申請書の住所欄に国名程度の記載しかできない場合も多いものと考えられる。このため、登録移転申請書の様式において、転出先住所に転出先の国名を記載し、国名以外の具体的な住所は国外転出後に提出する在留届に記載する住所とする旨の取扱いも認めている。ただし、登録移転申請者が登録移転申請書に記載した国と異なる国において住所を定めたときには、在外選挙人名簿登録移転申請書記載事項等変更届出書の提出が必要となる。

(3)　登録移転

出国時申請を受けた市町村の選挙管理委員会は、当該登録移転申請者が当該市町村における在外選挙人名簿の被登録移転資格を有する者である場合には、在外選挙人名簿への登録の移転を行う（法三〇の六②）。市町村の選挙管理委員会は、在外選挙人名簿への登録の移転をした場合は、管轄領事官等を経由して登録移転申請者に在外選挙人証を交付し（法三〇の六⑤）、また在外選挙人名簿への登録の移転をしなかった場合は、理由を付して、その旨を登録移転申請者に通知しなければならない（令二三の六②）。

なお、市町村の選挙管理委員会は、衆議院又は参議院の選挙の期日の公示又は告示の日から選挙の期日までの期間においては、在外選挙人名簿への登録の移転を行わないこととされている（法三〇の六③）。

(三)　在外選挙人証の記載事項等

(1)　在外選挙人証の記載事項

在外選挙人証には、選挙人の氏名、生年月日、性別、国外における住所及び衆議院小選挙区等を記載することとされており、その裏面には、選挙の際に市町村の選挙管理委員会の委員長又は在外公館の長が投票用紙等を交付したときに所要事項の記入を行うため投票用紙等の交付に関する記載をする欄が設けられている。（令二三の七①、在外規則八①③）。

在外選挙人証は、それに記載された者が在外選挙人名簿に登録されていることを証明するものであり、投票の際に必ず提示させることによって在外選挙人名簿に登録されていない者が投票したり、二重投票をすることを防止するためのものである。

(2)　在外選挙人証の記載事項の変更

在外選挙人証の記載事項に変更が生じた場合には、選挙人は、在外選挙人証及び当該変更を生じた事実を証するに足りる文書を添え（変更を生じた記載事項が選挙人の国外における住所である場合には住所を変更した旨の旅券法施行規則第一五条第二項の届出がされているとき、変更を生じた記載事項が住所以外の送付先である場合には在留地の緊急連絡先を変更する旨の同項の届出がされているときを除く。）、管轄領事官等を経由して、当該在外選挙人の登録されている在外選挙人名簿の属する市町村（以下「登録地市町村」という。）の選挙管理委員会に記載事項の変更の届出を行い、在外選挙人証に変更に係る事項の記載を受けることとされている（令二三の七②③、在外規則九①～③）。

登録地市町村の選挙管理委員会は、記載事項の変更の届出に基づき在外選挙人証に変更に係る事項を記載した場合には、郵便等をもって（届出の際に、郵便等をもって交付を受けることが困難である旨の申出があった場合には、外務大臣及び当該届出書を送付した管轄領事官等を経由して）当該届出をした者に在外選挙人証の交付を行う（令二三の七⑥）。

(3)　在外選挙人証の再交付

選挙人は、在外選挙人証を亡失し、滅失し、汚損し又は破損した場合、在外選挙人証の記載事項の変更に係る事項を記載すべき余白がない場合、在外選挙人証の投票用紙等の交付に関する記載をすべき余白がない場合及び登録地市町村の選挙管理委員会の名称又は衆議院小選挙区の変更があった場合には、管轄領事官等を経由して、登録地市町村の選挙管理委員会に在外選挙人証の再交付を申請することができる（令二三の八

①、在外規則一一①）。

登録地市町村の選挙管理委員会は、再交付の申請に基づき在外選挙人証を再交付する場合においては、郵便等をもって（届出の際に、郵便等をもって交付を受けることが困難である旨の申出があった場合には、外務大臣及び当該再交付申請書を送付した管轄領事官等を経由して）当該申請をした者に在外選挙人証の交付を行う（令二三の八③）。

なお、在外選挙人証の記載事項の変更の届出は、在外選挙人証の再交付の申請と併せて行うことも可能である（在外規則一一②）。

四　在外選挙人名簿の表示及び抹消

在外選挙人名簿に登録された者が、選挙権の消極的要件に該当して選挙権を有しなくなった場合及び住民票が国内の市町村において新たに作成された場合にも、直ちに在外選挙人名簿の登録を抹消されるわけでなく、一旦在外選挙人名簿上にその旨の表示がされる（法三〇の一〇①）。そして、これらの者が名簿に登録される資格を回復し、又は登録地市町村に帰国して住民票が作成された者が他の市町村においてその者に係る住民票が作成されることなく再出国したときは、その表示は消除され従前どおり表示のない姿になる（令二三の一三①②）。なお、在外公館申請による在外選挙人名簿の登録については、管轄領事官の管轄区域内に引き続き三か月以上住所を有することが被登録資格となるが、一旦登録されれば当該管轄区域内に住所を有することは在外選挙人名簿の登録の継続要件ではない。

在外選挙人名簿に登録されている者が、次の事項に該当する場合には、直ちに在外選挙人名簿から抹消される（法三〇の一一）。

(1)　死亡し又は日本国籍を喪失したとき。

(2)　国内に新たな住民票が作成された旨の表示をされた者について、国内の市町村の区域内に住所を定めた年月日として戸籍の附票に記載された日後四か月を経過したとき。

(3)　登録又は登録の移転の際に登録されるべきでなかったとき（誤載者であったとき）。

五　在外選挙人名簿の閲覧

在外選挙人名簿の抄本についても、選挙人名簿の抄本と同様に、選挙人等から公選法に定める目的で閲覧の申出があった場合には、閲覧させることになっている（法三〇の一二）。

また、管轄領事官等は、当該管轄領事官等を経由して在外選挙人証を交付された者について、登録市町村名、登録者の氏名、生年月日その他事務処理の明細を記載した在外選挙人証等受渡簿を備えるとともに、その抄本（在外選挙人証交付記録簿）を常時閲覧させることとされている（法三〇の一四、令二三の一〇、二三の一七）。

なお、在外選挙人名簿に関する異議の申出及び訴訟については第七章を参照されたい。

第二章　選挙区と議員定数

第一節　衆議院議員の選挙区と定数

一　選挙区と定数

衆議院議員の選挙制度は、各選挙区において一人を選挙する小選挙区選挙と、全国を一一の選挙区（ブロック）に分けて行う比例代表選挙をそれぞれ別の選挙として実施する小選挙区比例代表並立制である。

衆議院議員の定数は、総定数四六五人で、そのうち二八九人が小選挙区選出議員、一七六人が比例代表選出議員とされている（法四①）。

この定数については、平成六年に小選挙区比例代表並立制が採用された際には、総定数五〇〇人、そのうち小選挙区選出議員三〇〇人、比例代表選出議員二〇〇人とされていた。その後、平成一二年二月に、国家公務員の削減、地方議員の削減、民間の経営合理化への取組などを踏まえ、また、国民の世論の声を十分勘案し、国会においても改革を進めることが大切であるとの考えから、比例代表選出議員の定数を二〇人削減して一八〇人とされ、平成二一年八月執行の第四五回衆議院議員総選挙における一票の較差訴訟に係る平成二三年三月の最高裁大法廷判決（違憲状態合理的期間未経過）を受けて平成二四年一一月に成立した緊急是正法により、小選挙区選出議員の定数を五人削減して二九五人とされた。

その後行われた平成二四年一二月執行の第四六回衆議院議員総選挙における一票の較差訴訟に係る平成二五年一一月の最高裁大法廷判決（違憲状態合理的期間未経過）が出され、与野党協議が続けられたが結論が出ず、平成二六年六月に衆議院に「衆議院選挙制度に関する調査会」が設置された。同調査会の答申を受けて平成二八年五月に成立した衆議院選挙制度改革関連法により、小選挙区選出議員の定数を六人削減して二八九人、比例代表選出議員の定数を四人削減して一七六人とされた。

衆議院小選挙区選出議員の選挙区は、法別表第一に定められており、各選挙区の定数は一である（法一三①）。

都道府県ごとの小選挙区の数（定数）は、平成二八年の改正により、人口比例の配分方式である「アダムズ方式」によることとされた。具体的には、各都道府県の人口をある除数Ａ（各都道府県の人口を除した場合に、その商の小数部分を切り上げた数の合計が総定数に一致することとなる除数）で除し、その商の小数部分を切り上げた数を各都道府県に配分するものである。

定数配分方式については、小選挙区比例代表並立制が導入された際には、小選挙区選出議員の定数三〇〇のうち、まず、各都道府県に一を均等配分し、それに残りの二五三を人口に比例して配分した数を加えた数とする「一人別枠方式」が採られていた。しかしながら、前述の平成二三年三月の最高裁大法廷判決において、「一人別枠方式」に係る規定（旧設置法三②）とこの基準に従って定められた選挙区割り規定（法別表第一）は、憲法の投票価値の平等に反する状態に至っており、できるだけ速やかに「一人別枠方式」を廃止し、投票価値の平等の要請にかなう立法措置を講ずる必要がある旨判示された。これを受けて各党各会派による議論がなされ、平成二四年一一月に成立した緊急是正法により「一人別枠方式」は廃止され、平成二八年五月に成立した衆議院選挙制度改革関連法により「アダムズ方式」を導入することとされた。

また、衆議院小選挙区選出議員の選挙区の改定に関しては、衆議院議員選挙区画定審議会が調査審議し、改定案を作成して内閣総理大臣に勧告することとされており、原則として、一〇年ごとに行われる大規模な国勢調査の結果による人口に基づき行うこととされている。

ここでいう「人口」については、前述の衆議院選挙制度改革関連法により、日本国民が減少する一方、外国人の居住者の数が増加し、外国人人口が都道府県別の定数配分や各選挙区間の較差に影響を与える可能性が以前にも増して高まっていることを踏まえ、最近の国勢調査の結果による「日本国民の人口」とされている。

これまで、小選挙区比例代表並立制導入後の最初の区割り画定（平成六年一一月改正）、平成一二年国勢調査結果に基づく区割り改定（平成一四年七月改正）、平成二二年国勢調査結果に基づく区割り改定（平成二五年六月改正）及び平成二七年国勢調査結果に基づく区割り改定（平成二九年六月改正）はいずれも、衆議院議員選挙区画定審議会の勧告をそのまま法律化したものである。

衆議院比例代表選出議員の選挙区及び選挙区別の定数は、法別表第二に定められている（法一三②）。各選挙区の定数は、各選挙区（ブロック）の人口に比例して配分した数となっている。平成二八年五月の衆議院選挙制度改革関連法により、小選挙区と同様、一〇年ごとの大規模国勢調査に基づきアダムズ方式により配分することとされている（法一三⑦）。

なお、衆議院議員の選挙区制、総定数等の変遷は表４のとおりである。

表４　衆議院議員の選挙区制、総定数等の変遷

	選挙区制	総定数	選挙区数	備　　　考
明治22年	小選挙区制	300	１人区 214 ２人区 43 計 257	原則として１人１区 （例外的に２人区）
明治33年	大選挙区制	369	１人区～13人区で 計 97	府県を選挙区とする。ただし人口３万人以上の市は独立の選挙区
明治35年	同　上	381	１人区～12人区で 計 109	同　　　上
大正８年	小選挙区制	464	１人区 295 ２人区 68 ３人区 11 計 374	原則として１人１区 （例外的に２人区及び３人区）
大正14年	中選挙区制	466	３人区 53 ４人区 38 ５人区 31 計 122	
昭和20年	大選挙区制	468 （沖縄２を含む）	２人区～14人区で 計 54	都道府県を選挙区とする。ただし定数15人以上にあっては、２区に分割。
昭和22年	中選挙区制	466	３人区 40 ４人区 39 ５人区 38 計 117	
昭和25年 （公職選挙法制定）	同　上	同　上	同　上	
昭和28年	同　上	467	上記に１人区が１増え 計 118	「奄美群島の復帰に伴う法令の適用の暫定措置等に関する法律」第３条により定数１増
昭和39年	同　上	486	１人区 1 ３人区 43 ４人区 39 ５人区 40 計 123	法第４条定数 466人 「附則」による定数20人 ①19は定数是正 ②１は「奄美復帰法」の内容を附則に規定
昭和45年	同　上	491	上記に５人区が１増え 計 124	「沖縄住民の国政参加特別措置法」 第４条により、沖縄県定数を５増

昭和46年	同　上	同　上	同　上	「沖縄の復帰に伴う関係法令の改廃に関する法律」により公選法第４条定数を471人に改正
昭和50年	同　上	511	１人区　1 ３人区　47 ４人区　41 ５人区　41 計　130	法第４条定数 471人 「附則」による定数40人 （うち今回の定数是正20）
昭和61年	同　上	512	１人区　1 ２人区　4 ３人区　42 ４人区　39 ５人区　43 ６人区　1 計　130	法第４条定数 471人 「附則」による定数41人 （うち今回の定数是正１）
平成４年	同　上	511	２人区　8 ３人区　39 ４人区　34 ５人区　46 ６人区　2 計　129	法第４条定数 471人 「附則」による定数40人 （うち今回の定数是正△１）
平成６年	小選挙区比例代表並立制	500	小選挙区　300 比例代表　11	小選挙区 300人 比例代表 200人
平成12年	同　上	480	同　上	小選挙区 300人 比例代表 180人
平成25年	同　上	475	小選挙区　295 比例代表　11	小選挙区 295人 比例代表 180人
平成29年	同　上	465	小選挙区　289 比例代表　11	小選挙区 289人 比例代表 176人

二　行政区画の変更と選挙区の関係

衆議院小選挙区選出議員の選挙区は、行政区画その他の区域に変更があっても変更されない。ただし、二以上の選挙区にわたって「市町村の境界変更」が行われたときには選挙区の異動が生ずる（法一三③ただし書）。ここでいう「境界変更」とは、市町村の新設又は廃止すなわち法人格の発生又は消滅を伴わない二以上の市町村間の区域の変更をいうものである。

例えば、甲選挙区のＡ郡ａ町を廃し、その区域を乙選挙区のＢ郡ｂ町に編入した場合や二以上の選挙区にわたって市が設置された場合には、法人格に変動があり、選挙区は異動しない。一方、甲選挙区のａ町と乙選挙区のｂ町の境界を見直し、一部の集落についてのみ所属町の変更を行ったような場合には、当該集落の所属する選挙区は変更する。

選挙区の区域に異動が生じても、現任の議員はその職を失わない（法一六）。

また、衆議院小選挙区選出議員の選挙期日の公示又は告示の日から選挙期日までの間は、二以上の選挙区にまたがって市町村の境界変更があっても、その選挙区は、その選挙については異動しない（法一五の二①）。

また、このほかの形で行政区画その他の区域に変更があっても選挙区は異動しないものである。例えば、指定都市への移行の際に、選挙区をまたいで行政区が設置された場合や市の支所・出張所の区域が異動した場合も、選挙区に異動はない。

また、衆議院比例代表選出議員の選挙区については、二以上の選挙区にわたって市町村の廃置分合が行われたときは、小選挙区を定める別表第一が最初に更正されるまでの間は、選挙区は変更しないものとされている（法一三⑤）。これは、衆議院議員の選挙では重複立候補の制度が認められており、比例代表の選挙区を小選挙区の選挙区がまたぐということになれば不都合が生じるため、設けられている規定である。また、自治法第六条の二第一項の規定による都道府県の廃置分合があっても、選挙区は変更しないこととされている（法一三⑥）。さらに、二以上の選挙区にわたって市町村の境界変更が行われるときは、選挙区は異動すると解されているほか、これら以外の都道府県の廃置分合や境界変更をしようとするときについては、法律で定めることとされているので（自治法六①）、その際、選挙区及び定数についても法律で定められることになろう。

第二節　参議院議員の選挙区と定数

一　概　要

参議院議員の選挙には、全都道府県の区域を通じて行われる選挙（比例代表選挙）と、基本的に各都道府県の区域を単位として行われる選挙（選挙区選挙）とがある。

参議院議員の定数は、総定数二四八人で、そのうち一〇〇人が比例代表選出議員、一四八人が選挙区選出議員とされている（法四①）。

この定数については、平成一二年一一月に一〇人削減して二四二人（うち比例代表選出議員は一〇〇人から九六人、選挙区選出議員は一五二人から一四六人）とされ、平成三〇年一〇月に六人増員して二四八人（うち比例代表選出議員は九六人から一〇〇人、選挙区選出議員は一四六人から一四八人）とされた。これらの定数変更は、参議院議員が三年ごとに半数が改選される制度であるため（憲法四六）、二度の通常選挙を経て実施されている。

二　選挙区選出議員の選挙区と定数

参議院選挙区選出議員の選挙区及び選挙区別の定数は、法別表第三に定められている（法一四①）。

参議院選挙区選出議員の選挙区及び定数の特色としては、

(一)　各選挙区の区域は、基本的に都道府県の区域と一致していること。

(二)　参議院議員の半数改選制度との関係で選挙区別定数がすべて偶数であること。

(三)　定数が二人である選挙区は、三年ごとに行われる選挙において選出すべき定数は一人であり小選挙区であること。

等があげられる。

各選挙区の議員定数は、選挙区の人口に応じて、二人区（三二選挙区）、四人区（四選挙区）、六人区（四選挙区）、八人区（四選挙区）、一二人区（一選挙区）となっている。したがって、具体の選挙では、全体の七割以上の三二選挙区が定数一人の小選挙区として行われる。なお、平成二七年の法改正により、鳥取県選挙区と島根県選挙区、徳島県選挙区と高知県選挙区をそれぞれ一の選挙区とするいわゆる「合区」が行われている。

三　行政区画の変更と選挙区の関係等

市町村の境界の変更によって都道府県の境界が変更したときは選挙区も異動すると解されている一方、自治法第六条の二第一項の都道府県の廃置分合があっても、選挙区は従前の例によることとされている（法一四②）。それ以外の場合、例えば県の合併とか分割とかいった廃置分合や境界変更をしようとする場合については法律で定めることとされているので（自治法六①）、その際、選挙区及び定数についても法律で定めることになろう。

選挙区の異動によって現任者がその職を失わないこと、選挙期間中は境界の変更によって選挙区が異動しないことは衆議院議員の選挙区の場合と同じである（法一六、法一五の二③）。

第三節　都道府県議会議員の選挙区と定数

一　定　数

都道府県の議会の議員の定数は、自治法第九〇条の規定により、条例で定めるものとされている。また、議員の定数の変更は、一般選挙の場合でなければ、これを行うことができない（自治法九〇②）。ただし、例外的に議員の任期中でも都道府県の設置又は編入により著しく人口の増加があったときは、議員の定数を増加させることができる（自治法九〇③）。

二　選挙区

都道府県議会議員の選挙区設定については、従前、原則として郡市の区域によることとされていたところであるが、郡の存在意義が大きく変質している現状等に鑑み、平成二五年一二月に公選法の改正が行われ、全ての選挙区を条例で定めるとともに、一定の要件の下で、市町村を単位として設定すること、指定都市においては、行政区の区域を分割せずに二以上の区域に分けた区域を単位として設定することとされた。改正後の現行制度の概要は以下のとおりである。

㈠　都道府県議会議員の選挙区は、一の市の区域、一の市の区域と隣接する町村の区域を合わせた区域又は隣接する町村の区域を合わせた区域のいずれかによることを基本とし、条例で定める（法一五①）。

㈡　選挙区の人口は、その都道府県の人口を議員定数で除して得た数（議員一人当たりの人口）の半数以上となるようにしなければならない。一の市の区域の人口が議員一人当たりの人口の半数に達しないときは、隣接する他の市町村の区域と合わせて一選挙区を設けるものとする（強制合区）（法一五②）。

ただし、昭和四一年一月一日現在において設けられている選挙区については、強制合区の要件に該当することとなった場合においても、当分の間、合区しないことができることとされている（特例選挙区）（法二七一）。

㈢　一の市の区域の人口が議員一人当たりの人口の半数以上で議員一人当たりの人口に達しないときは、隣接する市町村の区域と合わせて一選挙区を設けることができる（市の区域の任意合区）（法一五③）。

㈣　一の町村の区域の人口が議員一人当たりの人口の半数以上であるときは、当該町村の区域をもって一選挙区とすることができる（法一五④）。

㈤　改正法の施行日（平成二七年三月一日）の前日における選挙区で隣接していない町村の区域を含むものがあるときは、当該選挙区に係る区域の変更が行われるまでは、その区域をもって一選挙区とすることができる（飛地特例選挙区）（改正法附則㈢）。

㈥　一の市町村の区域が、二以上の衆議院小選挙区選出議員の選挙区に属する区域に分かれている場合は、その分割によって生じた各区域をそれぞれ一の市町村の区域とみなすことができるとされており、人口要件を満たす場合には、当該区域をもって独立の選挙区とすることもできる（衆議院小選挙区特例）（法一五⑤）。

㈦　指定都市の区域については、当該指定都市の区域を二以上の区域に分けた区域を単位として選挙区を設定する。この場合においては、区の区域が二以上の衆議院小選挙区選出議員の選挙区に属する区域に分かれている場合を除き、区の区域は分割しないものとする（法一五⑨）。

選挙区を設ける場合には、行政区画、衆議院小選挙区選出議員の選挙区、地勢、交通等の事情を総合的に考慮して合理的に行わなければならない（法一五⑦）。

条例で選挙区を設定、廃止又は変更することができるのは一般選挙（任期満了による一般選挙のほか、議会解散や議員が全て欠けた場合及び当選人が全くない場合の一般選挙を含む）を行う際に限られる。ただし、例外として、新たに市町村の区域の設定又は廃止があった場合、市制施行等があった場合、㈥による分割によって生じた各区域を新たに市町村の区域とみなした場合又は市町村の区域とみなしていた区域がなくなった場合、他の都道府県の区域の全部を編入した場合には、当該市町村の区域の全部又は一部が属していた選挙区の区域等については、議員の任期中であっても条例で選挙区の設定、廃止又は変更ができる（令三）。

三　行政区画の変更と選挙区の関係

選挙区は市町村の区域の変動によって自動的に異動する。

なお、市町村の合併の特例に関する法律第二一条の規定により、市町村の合併に際して、その合併が行われた日から次の一般選挙により選挙される都道府県の議会の議員の任期が終わる日までの間は、条例で、従前の選挙区によることもあるいは合併市町村の区域が従前属していた選挙区の区域を合わせて一選挙区とすることもできるという特例措置を講じることができるものとされている。

選挙区が変更されたときは、選挙は新しい選挙区によって行われるべきものであるが、選挙期日の告示の日から選挙期日までの間に市町村の区域に変更があっても、その間は選挙区は異動せず、選挙は異動前の姿で行われる（法一五の二④）。

選挙区の異動によって、現任の議員はその職を失わないことは衆議院議員等の場合と同じである（法一六）。

四　選挙区別議員定数

各選挙区において選挙すべき議員の定数（選挙区別議員定数）は、人口に比例して条例で定めるところによる

（法一五⑧本文）。

この場合、選挙区別議員定数の配分の基礎となる人口は、最近の国勢調査（又はこれに準ずる全国的な人口調査）による人口で官報で公示されたものによるものとされている（令一四四本文。市町村の議員の定数配分の場合も同じ。）。郡又は市町村の境界に変更があったときの関係区域の人口は、都道府県知事の告示した人口が用いられることになっている（令一四四ただし書）。

ただし、次の特例が認められている。

㈠　特別の事情があるときは、おおむね人口を基準とし、地域間の均衡を考慮して定めることができる（法一五⑧ただし書）。

昭和四四年の法改正までは必ず人口比例による配分によらなければならなかったが、同改正により特別の事情があるときは、厳密に人口に比例しなくとも、それぞれの地域の代表をそれぞれの地域の特殊性に応じて確保し、これによって都道府県行政の円滑な運営を図ることができることとされた。

㈡　東京都議会議員の特別区の区域を区域とする各選挙区において選挙すべき議員数については、総定数について、特別区全体を一の選挙区とみなし、特別区以外の他の選挙区との間で定数の配分を行った後、この特別区全体を一の選挙区とみなして配当された定数を各特別区に配分する方法によることができる（法二六六②）。この場合、特別区全体とそれ以外の選挙区との間での定数配分においても人口比例が原則とされるが、特別の事情があればおおむね人口を基準とし地域間の均衡を考慮して定めることができる（法一五⑧）。

五　選挙区別議員定数の変更時期等

各選挙区別議員定数は、一般選挙の場合でなければ変更できず、例えば選挙区の区域に異動が生じた場合でも変更することはできない。ただし、例外的に、二で既述の議員の任期中であっても条例で選挙区の設定、廃止又は変更ができることとされている場合（新たに市町村の区域の設定又は廃止があった場合、市制施行等があった場合、市町村の区域が二以上の衆議院小選挙区選出議員の選挙区に属する区域に分かれている場合において分割によって生じた各区域を新たに市町村の区域とみなしたとき又は市町村の区域とみなしていた区域がなくなったとき、他の都道府県の全部を編入した場合）においては、その区域の全部又は一部が新たに属することとなった選挙区については、議員の任期中であっても定数の変更ができる（令四）。

任期中の定数変更が行われたときには、関係選挙区の現任議員の選挙区への配当替えが行われる。まず、現在議員の住所により配当されるが、配当数よりその区域に住所を有する議員の方が多いときは、選挙管理委員会がそのうちからくじによって配当すべきものを決めることとされている（令五）。

第四節　市町村議会議員の選挙区と定数

一　定　数

市町村の議会の議員の定数は、自治法第九一条の規定により、条例で定めるものとされている。

また、議員の定数の変更は、一般選挙の場合でなければ、これを行うことができない（自治法九一②）。

ただし、例外的に議員の任期中でも市町村の廃置分合又は境界変更により著しく人口の増減があったときは、議員の定数の増減を行うことができる（自治法九一③）。

二　選挙区及び選挙区別定数

指定都市は、区の区域が選挙区となる（法一五⑥ただし書）。都道府県議会議員のように二以上の区の区域を合わせて選挙区を設定することを認める規定は設けられていない。

指定都市以外の市及び町村については、その区域全域をもって選挙が行われるが、特に必要があるときは、条例で選挙区を設けることができる（法一五⑥本文）。

選挙区別定数は人口に比例して条例で定められるが（法一五⑧本文）、特例として①特別の事情があるときは、おおむね人口を基準とし、地域間の均衡を考慮して定めること（法一五⑧ただし書）、②市町村の廃置分合又は境界変更があったときは、関係区域を区域とする選挙区又は関係区域を編入した選挙区については、人口に比例しないで定めること（令九）が認められている。

選挙区及び選挙区別定数は、次の場合を除き、一般選挙の場合でなければ変更できない。

㈠　市町村の廃置分合又は境界変更によって著しい人口の増減を生じた指定都市以外の市及び町村が自治法第九一条第三項により議員の任期中に議員定数の増減を行う場合には、関係区域を区域とする選挙区の新設、関係区域の既存選挙区への編入又は各選挙区別定数の変更を行うことができる（令八①）。

㈡　指定都市において区の区域に変更があったとき。ただし、選挙区別定数の変更は、区の設置又は廃止があった場合であればできるが、区の設置又は廃止以外の区の区域の異動に過ぎない場合にはできない（令七で準用する令四、令八）。

選挙区別定数の変動に伴い現任議員の配当替えを行うことになるが、その際は現任議員の住所がまず考慮され、次に必要に応じ選挙管理委員会がくじを行うことになる（令七で準用する令五①、令八）。

なお、選挙区の異動によって現任議員はその職を失わない（法一六）。

第三章　選挙の仕組み

第一節　概　要

第一章でも述べたように、選挙の法的意義は、選挙人団による選定行為であるとされているが、本章では、公選法が適用される衆議院議員、参議院議員並びに地方公共団体の議会の議員及び長の選挙について、その具体的な仕組みを述べることとする。

公選法は、選挙人団による衆議院議員等の選定（当選人の決定）に至るまでの間に、選挙人、候補者及び選挙管理機関により数多くの行為が行われることを前提としている。すなわち、選挙管理機関による選挙期日の告示（公示）、候補者の立候補、候補者による選挙運動、選挙人の投票、選挙管理機関における開票等である。

公選法における選挙とは、当選人決定に至るまでのこれら選挙人、候補者及び選挙管理機関の諸行為の集積であり、しかも、これらの行為は、法の定めるルールに適合して行われることを要するとともに、選挙期日の告示（公示）、立候補の届出、投票、開票、当選人の決定というように、時の経過に従い段階的かつ連鎖的に展開されていく。これを知事選挙の場合を例にとって選挙管理機関が行う事務を中心として示せば表５のとおりである。

表５　知事選挙における選挙管理委員会の事務処理日程表（概略）

選挙期日の告示後	選挙期日前	都道府県選管関係事項	市区町村選管関係事項
		立候補予定者説明会 選挙人名簿登録基準日等の告示	選挙人名簿登録基準日 選挙人名簿の登録 ポスター掲示場の告示
告示日	一七	選挙期日の告示 選挙長、同職務代理者の選任告示 その他各種の告示 （選挙会の場所、日時 選挙運動費用支出制限額） 立候補届出受付 各種届出受付開始 （選挙立会人届出 選挙事務所設置届出 出納責任者選任届出 選挙運動事務員等届出 選挙運動用ビラ届出 選挙公報申請 政治団体等の確認申請 確認団体の政治活動用ビラ機関紙誌届出） 公営物資の交付	投票管理者、同職務代理者の選任告示 投票所の告示 開票管理者、同職務代理者の選任告示 開票の場所、日時の告示 各種届出受付開始 （開票立会人の届出 選挙事務所設置届出 公営施設使用の個人演説会開催申出） 期日前投票所における氏名等掲示の掲載順序を定めるくじ

選挙期日の告示後	選挙期日前	都道府県選管関係事項	市区町村選管関係事項
		立候補届出受理後選挙運動 政見放送申込締切日	
一	一六	選挙公報掲載申請期限	期日前投票開始
二	一五		公営施設使用の個人演説会開始
一二	五		投票所告示最終日
一四	三	選挙立会人届出最終日 補充立候補届出最終日	投票立会人の選任、本人への通知期限 開票立会人届出最終日
一五	二	選挙立会人のくじ	選挙公報配布期限 開票立会人のくじ
一六	一	選挙運動最終日（原則）	期日前投票最終日
一七	投票日	投票日 開票結果受理	投票日（投票速報） 当日開票（開票速報）
一八	選挙期日後　一	開票結果受理	翌日開票（開票速報）
		選挙会（当選人の決定） 当選人の告示 当選証書の付与	
三一	一四	選挙の効力に関する異議の申出最終日 当選人の効力に関する異議の申出最終日 （当選人の告示の日から一四日）	
三二	一五	収支報告書提出最終日	

（注）　投票管理者、開票管理者、選挙長（選挙分会長）又はこれらの職務代理者の選任告示については、氏名及び住所を告示することとされているが、令和四年の政令改正により、住所の全部の告示に支障があると認めるときは、住所の一部の告示をもって当該住所の全部の告示に代えることができるとされている（令二五、六六、八一ただし書）。

このように、公選法における選挙は、当選人決定のために一定期間において展開される選挙人、候補者及び選挙管理機関の集合的行為をいうものであるが、その具体的な仕組みを述べるに当たっては、便宜上、主要な行為、行為主体等を個々にとりあげ、それぞれについて説明していくこととする。

第二節　選挙管理機関

一　種　類

選挙に関する事務を管理する常設の選挙管理機関として、中央選挙管理会、参議院合同選挙区選挙管理委員会、都道府県及び市町村の選挙管理委員会並びに特別区の選挙管理委員会が置かれる。また、自治法第二五二条の一九の指定都市には区の選挙管理委員会が置かれる。そのほか、投票所、開票所及び選挙会（選挙分会）の事務についてはそれぞれ投票管理者、開票管理者及び選挙長（選挙分会長）が、不在者投票の事務については不在者投票管理者が、選挙の都度置かれることとなる。

これら各選挙管理機関の職務権限及び組織については後述するが、衆議院比例代表選挙及び参議院比例代表選挙については中央選挙管理会によってのみ管理されるものではなく、また、衆議院小選挙区選挙、参議院選挙区選挙、都道府県の議会の議員及び知事の選挙については都道府県の選挙管理委員会によってのみ管理されるものでもない。その重要な部分は、市町村の選挙管理委員会等に委ねられているところである。

以上述べた各種選挙管理機関及びその関係を選挙の種類に応じて示せば表６のとおりである。

表6　選挙管理機関の種類とその関係

選挙の種類	選挙管理機関：中心となる機関	選挙管理機関：関係の機関	
衆議院比例代表選挙 参議院比例代表選挙	中央選挙管理会	都道府県選挙管理委員会 市（特別区・指定都市の区）町村選挙管理委員会	選挙分会長 （選挙立会人）
参議院合同選挙区選挙	参議院合同選挙区選挙管理委員会	都道府県選挙管理委員会 市（特別区・指定都市の区）町村選挙管理委員会	
衆議院小選挙区選挙 参議院選挙区選挙 都道府県の議会の議員及び知事の選挙	都道府県選挙管理委員会	市（特別区・指定都市の区）町村選挙管理委員会	投票管理者 （投票立会人） 不在者投票管理者 （不在者投票立会人） 開票管理者 （開票立会人） 選挙長 （選挙立会人）
指定都市の議会の議員及び長の選挙	指定都市選挙管理委員会	指定都市の区の選挙管理委員会	
市（指定都市を除く。）町村の議会の議員及び長の選挙	市（指定都市を除く。）町村選挙管理委員会		
特別区の議会の議員及び長の選挙	特別区選挙管理委員会		
財産区の議会の議員の選挙	市町村・特別区選挙管理委員会	（指定都市の区の選挙管理委員会）	

（注）一部事務組合の議会の議員の選挙の方法及び管理者の選任の方法については自治法第二八七条により、広域連合の議会の議員の選挙の方法及び長の選任の方法については同法第二九一条の四及び第二九一条の五により、それぞれ組合規約で定めることとされている。

二　職務権限及び組織

次に、各種選挙管理機関それぞれについて、その職務権限及び組織の概要を述べることとするが、このうち「選挙に関する事務」の具体的内容については、極めて多岐にわたっており、また選挙期日の告示（公示）、選挙運動用資材の交付、選挙公営の執行、投票管理者、開票管理者及び選挙長（選挙分会長）の選任、当選人の告示及び当選証書の付与等選挙の過程全般にわたり、かつ、重要なものであるので、それぞれ関係事項を説明する際に、具体的に触れることとする。

なお、選挙人名簿の調製等も選挙管理委員会の職務であることは前述したとおりであるが、選挙が公明かつ適正に行われるよう、常にあらゆる機会を通して選挙人の政治意識の向上に努めるとともに（常時啓発）、特に選挙に際して、投票の方法、選挙違反その他選挙に関し必要と認める事項を選挙人に周知させること（臨時啓発）も、中央選挙管理会、参議院合同選挙区選挙管理委員会及び各選挙管理委員会の重要な職務である（法六①②）。

㈠　中央選挙管理会

(1)　職務権限

中央選挙管理会は、衆議院比例代表選挙及び参議院比例代表選挙に関する事務を管理し、また、最高裁判所裁判官の国民審査に関する事務も管理することとされている（法五、最高裁判所裁判官国民審査法九）。

したがって、これらの事務について、中央選挙管理会は、都道府県又は市町村の事務の運営その他の事項について適切と認める技術的な助言又は勧告等をすることができる（法五の三～五の五、最高裁判所裁判官国民審査法一〇～一一）。

(2)　組　織

中央選挙管理会は、五人の委員で組織される合議制の機関であり、総務省の特別の機関である。委員は、国会議員以外の者で参議院議員の被選挙権を有する者の中から国会の議決による指名に基づいて、内閣総理大臣により任命され、その任期は三年である。国会が委員の指名を行う場合には、委員と同数の予備委員（委員が欠け又は故障のある場合にその職務を行う。）の指名を行うこととされている。委員が欠けた場合の補充については、新たに国会の指名に基づいて内閣総理大臣が任命するものである。委員及び予備委員については、職務の公正な執行を確保するため、政党制限（それぞれ、同一の政党その他の政治団体に属する者が三人以上となり得ないこと）、罷免等の規定が設けられている。

中央選挙管理会の委員長は、委員の中から互選される。

中央選挙管理会の会議は、委員の半数以上の出席により開かれ、その議事は、出席委員の過半数で決し、可否同数のときは委員長の決するところによるものとされている（法五の二）。

(二)　参議院合同選挙区選挙管理委員会

(1)　職務権限

参議院合同選挙区選挙管理委員会は、二つの都道府県の区域を区域とする選挙区における参議院選挙区の選挙に関する事務を管理する、二つの都道府県の共同の機関である。

したがって、これらの事務について、参議院合同選挙区選挙管理委員会は、市町村の事務の運営その他の事項について適切と認める技術的な助言又は勧告等をすることができる（法五の七〜五の九）。

(2)　組　織

参議院合同選挙区選挙管理委員会は、八人で組織される合議制の機関であり、委員は選挙区内にある二つの都道府県（合同選挙区都道府県）の選挙管理委員会の委員が充てられ、任期は都道府県の選挙管理委員会の委員としての任期である。参議院合同選挙区選挙管理委員会の委員のみを辞することはできない。

参議院合同選挙区選挙管理委員会の委員長は委員の中から互選される。

参議院合同選挙区選挙管理委員会の会議は、五人以上の委員の出席により開かれ、その議事は出席委員の過半数で決し、可否同数のときは委員長の決するところによる。なお、委員長及び委員は、自己若しくは一定の親族の一身上に関する事件又は従事する業務に直接の利害関係のある事件については、原則としてその議事に参与することができない（法五の六、令一の二）。

㈢　都道府県の選挙管理委員会

(1)　職務権限

都道府県の選挙管理委員会は、衆議院小選挙区選挙、参議院選挙区選挙、都道府県の議会の議員及び知事の選挙に関する事務を管理し、また、法令によってその権限とされたその他の選挙に関する事務（例　衆議院比例代表選挙及び参議院比例代表選挙に関する事務）及びこれに関係ある事務（例　選挙又は当選の争訟に関する事務）を管理することとされている。

都道府県の選挙管理委員会は、その担任する事務に関し、市町村の事務の運営その他の事項について適切と認める技術的な助言又は勧告等をすることができる（法五、自治法一八六、二四五の四）。

(2)　組　織

都道府県の選挙管理委員会は、四人の委員で組織される合議制の機関である。委員は、選挙権を有する者で、人格が高潔で、政治及び選挙に関し公正な識見を有するもののうちから議会により選挙され、その任期は四年である。議会による選挙については、議員中に異議がないときは指名推薦の方法によることも差し支えない。議会が委員の選挙を行う場合には、委員と同数の補充員を選挙することとされている。委員が欠けた場合には、委員長が補充員の中から補欠するものである。委員及び補充員については、職務の公正な執行を確保するため、政党制限（それぞれ、同一の政党その他の政治団体に属する者が同時に二人となり得ないこと）、兼職禁止等の規定が設けられている。

都道府県の選挙管理委員会の委員長は、委員の中から互選され、委員長に事故があり又は欠けたときは、委員長の指定する委員がその職務を代理する。

選挙管理委員会の会議は、三人以上の委員の出席により開かれ、その議事は、出席委員の過半数で決し、可否同数のときは委員長の決するところによる。なお、委員長及び委員は、自己若しくは一定の親族の一身上に関する事件又は従事する業務に直接の利害関係のある事件については、原則としてその議事に参与することができない（自治法一八一～一九四）。

(四) 市町村の選挙管理委員会

(1) 職務権限

市町村の選挙管理委員会は、市町村の議会の議員及び長の選挙に関する事務を管理し、また、法令によってその権限とされたその他の選挙に関する事務（例　国、都道府県の選挙に関する事務）及びこれに関係ある事務を管理することとされている。なお、指定都市の選挙管理委員会は、区の選挙管理委員会を指揮監督することとされるが、この指揮監督権には、取消停止権も含まれるものである（法五、自治法一五四の二、一八六、自治令一七四の四七）。

(2) 組　織

市町村の選挙管理委員会の組織は、都道府県の選挙管理委員会のそれと同様である。

(五) 指定都市の区の選挙管理委員会

指定都市には、行政区としての区が設けられているが、この区には選挙管理委員会が置かれる（自治法二五二の二〇）。

(1) 職務権限

区の選挙管理委員会については、自治法上、市の選挙管理委員会に関する規定が準用されるが、公選法においては、指定都市の議会の議員及び長の選挙に関する事務は指定都市の選挙管理委員会が管理し、区の選挙管理委員会は、指定都市の選挙のほか国及び都道府県の選挙における選挙人名簿、投票、開票等に関する事務について一般の市の選挙管理委員会の権限を行使することとされている（自治法二五二の二〇、一八六、法二六九、令一四一の二、一四一の三）。

(2) 組　織

区の選挙管理委員会の組織についても、市の選挙管理委員会に関する規定が準用される結果、市のそれと同様であるが、委員及び補充員は、その区における選挙権を有する者の中から指定都市の議会が選挙することとされている（自治令一七四の四五）。

(六) 特別区の選挙管理委員会

特別区（東京都の区）については、自治法上、原則として市に関する規定が適用され、選挙管理委員会が置かれる（自治法二八三）。

(1) 職務権限

公選法においても、市に関する規定がそのまま特別区に適用される結果、特別区の選挙管理委員会は、特別区の議会の議員及び長の選挙に関する事務を管理するほか、市の選挙管理委員会と同様の事務を管理することとなる（法二六六①、令一三八）。

(2)　組　織

特別区の選挙管理委員会の組織も市の選挙管理委員会のそれと同様である。

(七)　投票管理者及び投票立会人

(1)　投票管理者

投票管理者は、各選挙ごとに置かれ、投票に関する事務を行うこととされているが、具体的な事務には、投票用紙の交付、代理投票の許容、選挙人の確認、投票拒否の決定、仮投票の許容、不在者投票の受理不受理の決定、投票録の作成、投票箱の開票管理者への送致、投票所の秩序維持等がある。

投票管理者は、選挙権を有する者の中から市町村の選挙管理委員会により選任される。また、市町村の選挙管理委員会は、投票管理者に事故があり又は欠けた場合においてその職務を代理すべき者を選挙権を有する者の中からあらかじめ選任しておかなければならない。これは、投票事務を中断することがないようにするためであるが、投票管理者及び職務代理者ともに事故があり又は欠けた場合には、市町村の選挙管理委員会の委員長は、直ちに当該市町村の選挙管理委員又は選挙管理委員会の書記の中から臨時に投票管理者の職務を管掌すべき者を選任しなければならないこととされている（法三七、令二四）。

(2)　投票立会人

投票立会人は、投票事務の執行に立ち会い、これが公正に行われるよう監視することを任務とするが、具体的には、投票手続の立会い、投票管理者が行う投票・代理投票の拒否等に際しての意見の陳述、投票箱の送致の立会い等を行う。

投票立会人は、各選挙ごとに、選挙権を有する者の中から市町村の選挙管理委員会により選任され、その数は、二人以上五人以下とされている。投票立会人については、当該選挙の候補者はこれに選任できないこと、政党制限（同一の政党その他の政治団体に属する者が、一の投票区において二人以上となり得ないこと）等の規定が設けられている（法三八）。

(八) 不在者投票管理者

不在者投票管理者は、各選挙ごとに置かれ、不在者投票に関する事務を行うこととされている。

不在者投票管理者となるべき者は、不在者投票の事由及び不在者投票が行われる場所によっても異なるので、詳細は、不在者投票の項で述べることとする。

(九) 開票管理者及び開票立会人

(1) 開票管理者

開票管理者は、各選挙ごとに置かれ、開票に関する事務を行うこととされているが、具体的な事務には、仮投票の受理不受理の決定、投票の点検、投票の効力の決定、開票の結果の報告、開票録の作成、開票所の取締等がある。

開票管理者は、当該選挙の選挙権を有する者の中から市町村の選挙管理委員会により選任される。その職務代理者及び職務管掌者の選任については、投票管理者の場合と同様である（法六一、令六七）。

(2) 開票立会人

開票立会人は、開票事務の執行に立ち会い、これが公正に行われるよう監視することを任務とするが、具体的には、開票手続の立会い、開票管理者が行う投票の効力の決定に際しての意見の陳述等を行う。

開票立会人の決定手続については、投票立会人が市町村の選挙管理委員会の職権による選任制をとっているのに対し、開票立会人は公益代表的な性格とともに候補者（衆議院小選挙区選挙にあっては候補者届出政党又は候補者、衆議院比例代表選挙、参議院比例代表選挙にあっては名簿届出政党等。以下候補者届出政党、名簿届出政党等を含める場合は「候補者等」という。）の利益代表的な性格をも有していることから、候補者等の届出によることを原則としている。すなわち、候補者等は、当該選挙の開票区ごとに、当該開票区の区域の全部又は一部をその区域に含む市町村の選挙人名簿に登録された者の中から、本人の承諾を得て、開票立会人となるべき者一人を定め、選挙の期日前三日までに、市町村の選挙管理委員会に届け出ることとされ、その結果、届出のあった者が一〇人を超えないときはその者をもって開票立会人とし、一〇人を超えるときはその中から市町村の選挙管理委員会がくじで定めた者一〇人を開票立会人とすることとされている。ただし、候補者等によって届け出られた者が三人に達しない等の場合には、市町村の選挙管理委員会が職権をもって三人に達するまで開票立会人を選任する。また、分割開票区又は合同開票区を設ける場合において、当該開票区を選挙の期日前二日から選挙の期日の前日までに設けた場合には市町村の選挙管理委員会が、選挙の期日以後に設けた場合には開票管理者が、それぞれ職権をもって選任する。開票立会人については、政党制限（同一の政党その他の政治団体に属する候補者等の届出にかかる開票立会人は、一の開票区において三人以上となり得ないこと）、一定の事由が生じたときの失職等の規定が設けられている（法六二）。

㈩　選挙長・選挙分会長及び選挙立会人

(1)　選挙長・選挙分会長

各選挙ごとに、開票の結果を開票管理者からの報告やその他の資料によって確認した上で当選人を決定する選挙会が置かれるが、選挙長は、この選挙会に関する事務を行うこととされる。特に、衆議院比例代表選挙においては、全国一一の選挙区（ブロック）の区域、参議院比例代表選挙においては全都道府県の区域を通じて選挙が行われるので、選挙会の前段階に中間集計機関として各都道府県ごとに選挙分会が置かれ、選挙分会長がこの選挙分会に関する事務を行う。また、参議院合同選挙区選挙においても、二の都道府県の区域で選挙が行われるため都道府県ごとに選挙分会長が置かれる。選挙長及び選挙分会長の行う具体的な事務には、開票結果報告の受理、選挙会（分会）の開催、選挙録の作成、選挙会場（分会場）の取締等があるが、選挙分会長が開票結果調査の報告を選挙長に行うだけであるのに対し、選挙長は、当選人決定の報告を当該選挙に関する事務を管理する選挙管理委員会（参議院合同選挙区選挙については当該選挙に関する事務を管理する参議院合同選挙区選挙管理委員会、衆議院比例代表選挙又は参議院比例代表選挙については中央選挙管理会）に行う等当選人決定関係の事務が含まれる。また、選挙長は、立候補届出（名簿による届出を含む。）・推薦届出の受理、立候補辞退届出（候補者、名簿の取下げ届出を含む。）の受理、名簿登載者に係る記載の抹消、立候補届出・推薦届出の告示・報告・通知等立候補手続関係の事務を行うこともその職務とされている。

選挙長及び選挙分会長は、当該選挙の選挙権を有する者の中から、選挙長については当該選挙に関する事務を管理する選挙管理委員会（参議院合同選挙区選挙については当該選挙に関する事務を管理する参議院合同選挙区選挙管理委員会、衆議院比例代表選挙又は参議院比例代表選挙については中央選挙管理会）、選挙分会長については都道府県の選挙管理委員会により選任される。選挙長及び選挙分会長の職務代理者及び職務管掌者の選任については、投票管理者及び開票管理者の場合と同様である（法六六、七五、八〇、八一、八三、八五、八六、八六の二、八六の三、八六の四、一〇一、一〇一の二、令八〇等）。

⑵　選挙立会人

選挙会及び選挙分会には、選挙立会人が置かれる。選挙立会人は、選挙会又は選挙分会に立ち会い、当選人決定手続に参与するものである。

選挙立会人の決定手続等は、開票立会人とほぼ同様であるが、資格要件は、衆議院小選挙区選挙又は地方公共団体の議会の議員若しくは長の選挙において開票の事務を選挙会の事務に併せて行う場合を除き、当該選挙の選挙権を有する者の中から選任することとされている。また、候補者等が選挙立会人となるべき者を届け出る際の届出先は、選挙長又は選挙分会長とされている（法七六）。

第三節　選挙の種類と選挙期日

一　選挙の種類

(一)　概　説

選挙は、公選法が適用される公職（法三）の種類と選挙を行うべき事由によって分類されるが、その関係を示せば、表7のとおりとなる。

選挙は、このように分類された一の選挙ごとに別々に施行されるのが原則であるが、これらのうちの一定の選挙については、二以上の選挙を一の選挙として施行し（合併選挙）、二以上の選挙の一部を共通した選挙手続で行い（同時選挙）、あるいは二以上の選挙の選挙期日を同日にして行う（同日選挙）場合もある。

(二)　選挙を行うべき事由

選挙を行うべき事由とは、選挙を行わなければならないこととなる法律上定められた事由であり、単に選挙事由ともいわれるが、これには次のようなものがある。

(1)　任期満了

全ての公職には任期の定めがある。任期満了という事由は、本来は任期満了の日の到来をもって発生するものといえるが、この日は時間の経過によって当然自動的に到来するものであるため、当然来るであろう任期満了の日前に選挙が行われるのが通例である（法三一～三三）。

ただし、衆議院総選挙及び参議院通常選挙において選挙を行うべき期間が国会開会中等にかかる場合や同

表７　公職の種類及び選挙事由と選挙の種類（名称）

公職の種類＼選挙事由			任期満了	解散	設置	増員	死亡・選挙無効・当選無効・欠員等：総定数の一部	死亡・選挙無効・当選無効・欠員等：全員
			選挙の種類					
議員に関する公職	国の公職	衆議院議員　小選挙区	総選挙	総選挙	—	※	再選挙　補欠選挙	—
		衆議院議員　比例代表	総選挙	総選挙	—	※	再選挙　補欠選挙	—
		参議院議員　選挙区	通常選挙	—	—	※	再選挙　補欠選挙　便乗による補欠選挙	—
		参議院議員　比例代表	通常選挙	—	—	※	再選挙　補欠選挙　便乗による再選挙　便乗による補欠選挙	—
	地方公共団体の公職	都道府県の議会議員	一般選挙	一般選挙	一般選挙	増員選挙	再選挙　補欠選挙　※※便乗による再選挙　※※便乗による補欠選挙	一般選挙
		市区町村の議会議員	一般選挙	一般選挙	一般選挙	増員選挙	再選挙　補欠選挙　※※便乗による再選挙　※※便乗による補欠選挙	一般選挙
長に関する公職		都道府県知事	長の選挙	—	※	—	—	長の選挙　再選挙
		市区町村長	長の選挙	—	長の選挙	—	—	長の選挙　再選挙

注　1　※印は，理論上はこれを事由とする選挙がありうるが，公選法ではこれに関する規定がないことを示す。
　　2　※※印は，他の公職（地方公共団体の長）の選挙を原因とする便乗選挙であることを示す。

一地方公共団体の議会の議員と長の任期満了日が九〇日以内にある場合の同時選挙（以下「九〇日特例による同時選挙」という。）においては、任期満了の日後に選挙が行われることがある（法三一②、三二②、三四の二）。

⑵　解　散

衆議院及び地方公共団体の議会は、議員の任期の途中において解散されることがある（憲法七、六九、自治法七六～七八、一七八①、地方公共団体の議会の解散に関する特例法二）。解散によって全ての議員が一斉に失職する。

⑶　設　置

新たに地方公共団体が設置されたときは、その議会の議員及び長を新たに選挙する必要が生ずる（法三三③、一一七）。都道府県が設置される場合とは、自治法第六条の二による場合で、市区町村が設置される場合とは、自治法第七条、第二八一条の四、大規模な公有水面の埋立てに伴う村の設置に係る地方自治法等の特例に関する法律第三条及び大都市地域における特別区の設置に関する法律第三条による場合である。選挙事由の発生は、地方公共団体の設置の処分の効力が生ずるに至ったときである。

⑷　増　員

地方公共団体の議会の議員の総定数、選挙区別定数は、法律や条例の改正によって増員される場合がある。しかしながら議員の任期中に増員を行い、増員分だけの選挙を行うことには問題もあるので（関係選挙人は二票行使した結果になる、全数を選挙した場合と著しく異なった結果になる等）、自治法では地方公共団体の議会の議員の総定数の変更は一般選挙の場合でなければならないこととしているが、例外として都道府県の廃止、設置、編入等や市町村の廃置分合、境界変更の際等、特定の場合は議員の任期中に定数の変更が認められる（前出第二章）。

この場合においては、議員定数を増員する条例が施行されることが選挙事由の発生となる。

(5)　選挙争訟及び当選争訟の確定

選挙の効力又は当選の効力に関しては、一定の不服のある者は、その異議の申出、審査の申立て又は訴訟を提起して、その効力を争うことができる（後述第七章）。この争訟の結果によっては、選挙が無効とされ、又は当選人の当選が無効とされる場合がある。

(6)　選挙犯罪による当選無効

当選人の当選無効は、一般的な場合は、(5)の当選の効力に関する争訟手続によって争われるものであるが、当選人本人又は当選人と一定の関係にある者が、当選人を選挙した選挙において、一定の選挙犯罪を犯して刑に処せられた場合は、その当選人を制裁する意味で当選人の当選が無効とされる場合がある（後述第八章）。

(7)　死亡、被選挙権の喪失等

候補者、当選人又は議員若しくは地方公共団体の長が、死亡した場合、被選挙権を喪失した場合等である。なお、この選挙事由がいつ発生するかによって、再選挙になる場合と補欠選挙になる場合とが出てくる。

(8)　便乗すべき選挙が行われること

地方公共団体の長については、右に述べてきた事由（(2)及び(4)を除く。）が生じたときは必ず選挙が行われるが、議員については、後述㈢のように、当選人の不足又は議員の欠員の数が一定数に達しないと原則として選挙は行われない。ただし、その選挙区又はこれを含む区域において一定の他の選挙が行われるときは、当選人の不足又は議員の欠員の数が一定数に達していなくても、この他の選挙と同時に、その選挙を行うこととされている（法一一〇、一一三）。これを一般に便乗選挙といい、このように便乗される一定の選挙のことを俗に親選挙という。このように当選人に不足があり又は議員に欠員がある場合において親選挙が行われることが選挙事由となる。

㈢　一般の選挙と特別の選挙

⑴　一般の選挙

ここで一般の選挙というのは、原則として公職の全定数について選挙区全域で選挙が行われ、この選挙で当選した者は、その公職に定められた任期の全部を在任すべきこととなる選挙を意味している。

この意味での一般の選挙には次のようなものがある。

ア　総選挙

総選挙とは、衆議院議員の定数全員について行われる選挙（比例代表選挙と小選挙区選挙を同一の選挙期日に行う同日選挙）をいい、任期満了による総選挙と解散による総選挙に分けられる（法三一）。総選挙は、内閣の助言と承認により、天皇の公示行為によって行われる（憲法七Ⅲ、Ⅳ、五四）。

イ　通常選挙

参議院議員は、三年ごとのいわゆる半数改選である（憲法四六）。通常選挙は、在任期間を同じくする比例代表選出議員と選挙区選出議員が、その任期を満了することにより改選される選挙（比例代表選挙と選挙区選挙を同一の選挙期日に行う同日選挙）をいう（法三二）。通常選挙も、総選挙の場合と同様に、天皇の公示行為によって行われる（憲法第七条第四号にいう総選挙とは、ここにいう通常選挙を含む観念である。）。

ウ　一般選挙

一般選挙とは、地方公共団体の議会の議員の定数全員について行われる選挙をいい（法三三、三四、三四の二)、その選挙事由には、任期満了のほか、議会の解散、選挙の全部無効、退職、死亡その他の事由によって議員又は当選人が全てなくなった場合や、新たに地方公共団体の設置があった場合(前述(二)(3)参照)も含まれ、特に設置によるものは設置選挙と呼ばれる。

エ　地方公共団体の長の選挙

地方公共団体の長については、一般の長の選挙が行われる(法三三、三四、三四の二)。その選挙事由には、任期満了のほか、直接請求による失職、不信任議決による失職、死亡、退職、被選挙権の喪失その他の事由による失職等、他の公職の場合には、補欠選挙とされる場合も含まれる。なお、当選人がないとき、当選人が死亡者であるとき、当選人が当選を失ったとき等に行われる再選挙(一部無効による再選挙を除く。)もここでいう一般の選挙である。その事由等については(2)のアの再選挙の項で説明する。

一般の選挙であるから、任期は、その選挙から新たに四年となるのが原則であるが、特例として、退職の申立によって行われた選挙で、当該退職の申立をした者が再び当選した場合は、その者の任期は残任期間とされている(法二五九、二五九の二)。

(2)　特別の選挙

ここで特別の選挙とは、前述した一般の選挙以外の選挙をいう。

したがって、この選挙で当選した者の在任期間についていえば、その公職の通常の任期より短い場合が一般である。特別の選挙としては次のようなものがある。

ア　再選挙

選挙が行われても、必要な数だけの当選人が得られない場合がある。また、選挙期日後の事情、例えば死亡、被選挙権の喪失等によってこのような状態が生じることもある。この場合には、まず、選挙を行わずに当選人を決定する更正決定（法九六。一旦選挙会において当選人と決定された者について、その当選の効力が争われ、当選無効が確定した場合に、当選人とならなかった他の候補者のうちから当選人を決定すること。第七節四㈢参照）や繰上補充（法九七、九七の二。選挙会において当選人と決定された者が、議員又は長の身分を取得する前に死亡し、被選挙権を喪失する等により当選人が不足した場合に、当選人とならなかった他の候補者（衆議院小選挙区選出議員又は長の場合は同点者に限る。）のうちから、当選人を決定すること。第七節四㈣参照）によっても、なお必要な数の当選人が得られない場合に、改めて行うこととなる選挙が再選挙である。再選挙を行うこととなる事由は、次のとおりである（法一〇九）。

①立候補者数の不足、②法定得票数（法九五）以上の得票者の不足、③当選人が公職の身分を取得するまでの間に死亡するとか、被選挙権を喪失した場合等（法九九、一〇三②④、一〇四等）、④選挙争訟、当選争訟又は選挙犯罪による当選無効のように一定の争訟手続を経て当選人の身分が失われる場合等（法二〇二～二〇四、二〇六～二〇八、二一〇、二一一、二五一等）、⑤衆議院比例代表選挙、参議院比例代表選挙の場合には、以上のほかに選挙の効力に関する訴訟の結果又は当選の効力に関する訴訟における選挙無効の判決の結果、比例代表選挙の全部又は一部が無効となった場合がある（法一一〇②）。なお、選挙事由の発生時期については、一般にこれらの事由のうち①から③までの事由は、おおむね身分取得前に判明するものが多いが、④及び⑤の場合は争訟の手続を踏んで確定することとなるので、一般には公職の身分を取得した後に判明することが多い。

また、再選挙には、当選人が一人でも不足すれば行うこととなる選挙と、一定の不足数に達するのを待って行うものとがある。一人の不足でも行われる選挙とは、衆議院小選挙区選挙、参議院選挙区選挙及び地方公共団体の長の選挙であり、これに対し、原則として一定の不足数に達してから行われる選挙とは、衆議院比例代表選挙、参議院比例代表選挙及び地方公共団体の議会の議員の選挙である。この「一定数」については、後述する補欠選挙事由に該当する議員の欠員数をも合算して計算されるものとされている（法一一〇①、一一三①）。また、その合算により一定数に達した最後の不足を生じた原因が、今までに述べてきたような「当選人の不足」によって生じたものであればこれを再選挙と呼称し、その最後の原因が「議員の欠員による不足」によって生じた場合には、後述する補欠選挙と呼称して行われることとなる。

なお、衆議院議員、参議院議員の統一対象再選挙（後述二㈠参照）については、当該議員の任期（参議院議員については在任期間を同じくするもの）が終わる日の六月前の日が属する第一期間又は第二期間の初日以後これを行うべき事由が生じた場合には行われない。また、衆議院議員、参議院議員の統一対象再選挙以外の再選挙又は地方公共団体の議会の議員の再選挙については、現在在任する議員の任期（参議院議員については在任期間を同じくするもの）満了前六か月以内にこれを行うべき事由が生じたときは、地方公共団体の議会の議員について現議員の数が総定数の三分の二未満である場合を除き、当該再選挙は行われない（法三三の二⑥、三四②）。

イ　補欠選挙

補欠選挙とは、既に行われた選挙の当選人が、議員の身分を取得した後に死亡、退職等によって欠けた場合、公選法第一一二条による繰上補充（後述）をしてもなお一定数の欠員がある場合に、その欠員を補充するために行う選挙をいうものである（法一一三）。

選挙争訟によって選挙又は当選が無効とされた場合、選挙犯罪により当選が無効とされた場合は、それが議員の身分取得後に確定した場合でも再選挙事由となること、長については、長が任期中に欠けた場合でも一般の選挙が行われることについては先に述べたとおりである。

表8　議員の再選挙又は補欠選挙を行うに必要な当選人の不足又は議員の欠員の数

<table>
<tr><th rowspan="2">種類
事由
公職</th><th colspan="2">再選挙</th><th colspan="2">補欠選挙</th></tr>
<tr><th>当選人の不足数</th><th>当選人の不足及び議員の欠員を通じての数</th><th>議員の欠員数</th><th>議員の欠員及び当選人の不足を通じての数</th></tr>
<tr><td>1 衆議院（小選挙区選出）議員</td><td>1人</td><td>—</td><td>1人</td><td>—</td></tr>
<tr><td>2 衆議院（比例代表選出）議員</td><td>(1)定数の$^{1}/_{4}$超
(2)選挙無効による場合は、1人以上</td><td>左の(1)と同じ</td><td>定数の$^{1}/_{4}$超</td><td rowspan="5">左に同じ</td></tr>
<tr><td>3 参議院（比例代表選出）議員</td><td>(1)定数の$^{1}/_{4}$超（13人以上）
(2)選挙無効による場合は、1人以上</td><td>左の(1)と同じ</td><td>定数の$^{1}/_{4}$超（13人以上）</td></tr>
<tr><td>4 参議院（選挙区選出）議員</td><td>1人以上</td><td>—</td><td>定数の$^{1}/_{4}$超
（埼玉、東京、神奈川、愛知、大阪2人以上
その他 1人以上）</td></tr>
<tr><td>5 都道府県議会議員</td><td>(1)2人以上（1人区では、1人）
(2)選挙無効による場合は、1人以上</td><td>左の(1)と同じ</td><td>2人以上（1人区では、1人）</td></tr>
<tr><td>6 市町村議会議員</td><td>(1)定数の$^{1}/_{6}$超
(2)選挙無効による場合は、1人以上</td><td>左の(1)と同じ</td><td>定数の$^{1}/_{6}$超</td></tr>
</table>

（注）1　この表のほか、便乗による再選挙及び便乗による補欠選挙があり、この場合は1人以上の当選人の不足又は議員の欠員があれば足りる。

2　この表の不足又は欠員は、1の選挙区（選挙区がない場合は選挙の行われる区域）における人数である。

補欠選挙は「不足」を補うという点で再選挙と同種のものであるが、再選挙は「当選人の不足」を、補欠選挙は「議員の不足」を補うものである。

補欠選挙の場合は、前任者の残任期間しか在任し得ないとされている（法二六〇①）。

また、補欠選挙は、欠員が生じた場合に直ちに行われるものではなく、まず、公選法第一一二条の規定による繰上補充に該当する場合はこれにより繰上補充を行い（参議院の選挙区選出議員又は地方公共団体の議会議員の欠員が選挙期日後三か月経過後に生じたときは、当初の選挙会において同点のためくじによって落選人とされた者がいる場合、その者を当選人と定める。）、これを行ってもなお欠員が補充できないときに、その欠員の数が一定の数（表８参照）に達すれば行われる。

なお、補欠選挙事由に該当する議員の欠員のほか、再選挙事由に該当する当選人の不足がある場合（独立して再選挙を行うための不足数に満たない場合）には、その不足数と議員の欠員数を合算して計算されることになっている（法一一〇、一一三）。この合算に当たっては、前述の再選挙の説明の項を参照されたい。

また、衆議院議員、参議院議員の補欠選挙事由が、現在在任する議員の任期（参議院議員については在任期間を同じくするもの）が終わる日の六月前の日が属する第一期間又は第二期間の初日以後に生じたとき及び地方公共団体の議会の議員の補欠選挙事由が、現在在任する議員の任期満了前六か月以内に生じたとき（現議員の数が総定数の三分の二未満である場合を除く。）は、補欠選挙は行われない（法三三の二⑥、三四②）。

ウ　増員選挙

議会の議員の任期中に議員の定数を増員して行う市町村の議会の議員の選挙をいう（前述(二)(4)参照）。

なお、増員選挙の事由が、現在在任する議員の任期満了前六か月以内に生じたときは、当該市町村の議会の現議員が増員後の総定数の三分の二未満である場合を除き、増員選挙は行われない（法三四②）。

〔注〕　公選法上の「特別選挙」

以上の選挙についての公選法の規定のしかたは、二とおりに分けられている。その一は議員又は長の任期満了による選挙、解散による選挙、設置選挙等で、これらの場合、公選法は、選挙が行われることは自明のこととし、その選挙をいつ行うかを規定する形をとっている（法三一～三三、三四の二）。それに対しある種の選挙については、まず一定の事由が生じた場合には選挙を行う旨を定め、ついでその選挙をいつ行うかを規定している（法一〇九～一一七（一一五を除く。）、三三、三三の二、三四）。これが再選挙、補欠選挙、増員選挙、地方公共団体の長が欠けるに至り又はその退職の申立てのあったことによる選挙、議員又はその当選人が全てない場合の一般選挙、設置選挙であって、これらの規定が置かれている公選法第一一章の章名によって「特別選挙」と呼ばれている。この区分は選挙事由の性質をもとにした分類であるので、本文で述べた一般の選挙及び特別の選挙との区分とは一致しないが、実際面では公選法は特別選挙のうち全定数の選挙となる選挙についてはそれぞれに措置して、当選者の任期等について本文の一般の選挙、特別の選挙の区分と合致することとなるよう手当されている。

㈣　選挙のやり方による分類

以上述べてきた選挙には、その選挙のやり方によって次のような種類がある。

(1)　便乗選挙

再選挙及び補欠選挙は当選人の不足なり議員の欠員なりが生じても、それが一定数に達しなければ行われない。このような状態にあるときに、当該選挙区を含む区域において、当該選挙と関係の深い他の選挙が行われることになったときは、これに便乗して、本来なら行われないはずの再選挙、補欠選挙が行われる。こ

表9　便乗選挙と親選挙

親選挙		便乗選挙		
公職の種類	選挙の種類	公職の種類	再選挙	補欠選挙
1 参議院（比例代表選出）議員	通常選挙、再選挙、補欠選挙	在任期間を異にする参議院（比例代表選出）議員	○	○
2 参議院（選挙区選出）議員	(1)再選挙	(1)在任期間の同じ参議院（選挙区選出）議員		○
	(2)通常選挙、再選挙、補欠選挙	(2)在任期間を異にする参議院（選挙区選出）議員		○
3 地方公共団体の長	選挙	当該地方公共団体の議会の議員	○	○
4 地方公共団体の議会の議員	増員選挙等	同上	○	○

（注）　○印は、その欄の便乗選挙が行われることを示す。なお、親選挙の種類中「再選挙」には一部無効による再選挙は含まない。

れを便乗選挙という。便乗選挙には便乗による再選挙と便乗による補欠選挙があり、便乗される選挙を俗に親選挙と呼ぶことは前述した。

便乗選挙を行うためには、その原因となった親選挙の期日の公示又は告示の日の前日（市町村の議会の議員については、親選挙の期日の告示前一〇日）までに、当選人又は議員の欠員が一人以上生じていなければならない（法一一〇④ただし書、一一三③ただし書）。

また、便乗選挙は、親選挙と同種の選挙のときは合併選挙（法一一五。後述）とされるほか、親選挙が地方公共団体の長の任期満了による選挙の場合に、その長の任期満了の日がその議会の議員の任期満了前六か月以内にかかるときは行わない（法一一〇⑥、一一三⑤）。どの選挙がどの選挙の親選挙になるかは、表9のとおりである。

(2)　合併選挙

合併選挙とは、本来別個のものである二以上の議員選挙があり、その選挙で選挙される議員が同一の公職で、かつ、その選挙が行われる地域が同一である場合に、これを併せて一の選挙として行うものである。合併選挙は、一の選挙として行われるものであるので、立候補手続も一つ、選挙人の投票も一票である。要するに、その選挙で選出すべき当選人の数が、合併されたそれぞれの選挙において選挙すべき者の合計数になるわけである。

具体的にどの選挙とどの選挙が合併されるかは、公選法第一一五条第一項に列挙されているが、典型的な合併選挙は、参議院選挙区選出議員の通常選挙の場合に、任期を異にする選挙区選出議員の補欠選挙が合併して行われる例である。

なお、公選法第三三条の二第四項の規定により行われる参議院議員統一対象再選挙又は補欠選挙は、任期を異にする通常選挙と同時に行われることとなるので、合併選挙となるものである。

(3)　同時選挙

同時選挙とは、異なる二以上の選挙を技術的に不可能な部分を除いて、一つの共通した手続によって行うことをいい、地方公共団体の議会の議員及び長の選挙についてのみ行うことができる（法一一九〜一二七、令九七〜一〇七）。

この同時選挙は、横の同時選挙と縦の同時選挙に分けられ、前者は同一の地方公共団体の議会の議員と長の選挙を同時に行うもの（法一一九①）、後者は異なる地方公共団体間の選挙、すなわち都道府県議会議員又は知事の選挙と市町村議会議員又は市町村長の選挙とを同時に行うものである（法一一九②）。

なお、九〇日特例による同時選挙は、ここにいう横の同時選挙である。

同時選挙は合併選挙と異なり、一定の事態が生じた場合に必ず同時選挙にしなければならないものではなく、同時選挙とするかどうかは、横の同時選挙にあっては当該地方公共団体の選挙管理委員会が、縦の同時選挙にあっては都道府県の選挙管理委員会が決定することとされ、同時選挙とするかどうかの決定時期等についての規定が置かれている（法一〇八①、一二〇～一二七）。

(4)　同日選挙

二以上の異なる選挙が、(3)の同時選挙としてではなく単にその選挙期日を同じくして行われるにすぎない場合を、同時選挙と区別する意味で同日選挙という。

例えば、衆議院議員の総選挙の選挙期日と県知事の選挙期日が、同日に行われる場合がこれに当たる。なお、法律上同日選挙となることを予定しているものに、衆議院議員の総選挙（比例代表選挙と小選挙区選挙）、参議院議員の通常選挙（比例代表選挙と選挙区選挙）等がある（法一一〇④、一一三③）。なお、同日選挙は、選挙期日を同じ日にするほかは、選挙手続は別々に行わなければならないが、投票所、開票所、投票管理者等を兼用又は兼任することによって、事務の簡素化、経費の節減を図ることもでき、かつ、選挙人が一回投票所へ出向けば、二つの選挙の投票を済ませることができる等の便宜を図ることもできるものである。

二　選挙期日

(一)　選挙を行うべき期間（選挙期日の決定）

一で述べてきた任期満了、解散、欠員等により、公職の選挙を行うべき事由が生ずると、選挙管理委員会（参議院合同選挙区選挙については当該選挙に関する事務を管理する参議院合同選挙区選挙管理委員会、衆議院比例代表選挙及び参議院比例代表選挙については中央選挙管理会）は、これに必要な準備手続を開始するが、まず決定されなければならないのは、その選挙の投票日（選挙期日）である。この選挙期日については、選挙の種類ごとに期間又は期日が法定されている（法三一①～③、三二①②、三三①～③、三三の二①～⑥、三四①、三四の二①③④）。具体的には、選挙事由のうち、任期満了による場合は原則として任期満了日前三〇日以内に選挙を行うものとされ、衆議院の解散による総選挙や地方公共団体の議会の解散による一般選挙の場合は解散の日から四十日以内に行うものとされている。その他の事由の場合、国会議員の選挙については、一定の事由によるもの（法三三の二①）を除く再選挙（統一対象再選挙）又は補欠選挙は、原則として、九月一六日から翌年の三月一五日まで（第一期間）に事由が発生したものは四月の第四日曜日に、三月一六日からその年の九月一五日まで（第二期間）に事由が発生したものは一〇月の第四日曜日に行うものとされ、一定の事由による統一されない再選挙は、当選人がないとき又は当選人が議員定数に達しないことを事由とするものはこれを行うべき事由が生じた日から四十日以内に、選挙無効の事由によるものは裁判所から訴訟が継続しなくなった旨の通知を当該選挙に関する事務を管理する選挙管理委員会（参議院合同選挙区選挙については当該選挙に関する事務を管理する参議院合同選挙区選挙管理委員会、衆議院比例代表選挙及び参議院比例代表選挙については中央選挙管理会）が受けた日から四十日以内に行うものとされている。また、地方公共団体の議会の議員又は長の再選挙、補欠選挙等については、その選挙事由が生じた日から五〇日以内に行うものとされている。

この法定期間の計算は、原則として選挙事由の生じた日又は欠員、選挙訴訟の確定等、所定の機関からの通知を必要とするものについては、その通知を選挙管理委員会（参議院合同選挙区選挙については当該選挙に関する事務を管理する参議院合同選挙区選挙管理委員会、衆議院比例代表選挙及び参議院比例代表選挙については中央選挙管理会）が受け取った日の翌日を第一日として起算するものとされている（任期満了の場合は任期満了日の前日を第一日として逆算する。）。ただし、設置選挙の場合は、市町村の設置の効力が生じた日から起算するものとされている（表10参照）。

表10　選　挙　期　日

選挙の種類	選挙期日となるべき期間	左の期間の起算日
任期満了による選挙	任期満了日前30日以内 （①　国会議員の選挙については、任期満了日前53日以内の日に国会（参議院の緊急集会を含む。）の会期がかかる場合は、その閉会の日から24日以後30日以内 ②　90日特例による同時選挙については、先に到来する任期満了日の30日前から50日後までの間と後に到来する任期満了日の50日前から当該任期満了日までの間の重複する期間）	任期満了の前日 （①　国会閉会の日の翌日 ②　任期満了日の前日又は翌日）
解散による選挙	解散の日から40日以内	解散の日の翌日
市町村の設置選挙	市町村の設置の日から50日以内	市町村の設置が総務大臣の告示により効力を生じた日
その他の事由による選挙	国会議員の選挙 （①　当選人がないとき又は当選人がその選挙における議員の定数に達しないときは、事由発生後40日以内 　選挙無効によるときは、法220条１項後段の通知を受けた日から40日以内 ②　①以外の再選挙（統一対象再選挙）及び補欠選挙は、 　９月16日から翌年の３月15日まで（第１期間）に事由が発生したものは４月の第４日曜日 　３月16日からその年の９月15日まで（第２期間）に事由が発生したものは10月の第４日曜日 ③　衆議院の統一対象再選挙又は補欠選挙は、参議院議員の任期満了年の３月16日から参議院議員の任期満了日の54日前の日までに事由発生があった場合等は、当該通常選挙の期日 ④　参議院の統一対象再選挙又は補欠選挙は、在任期間を異にする参議院議員の任期満了年の３月16日から通常選挙の期日の公示までに事由発生した場合は、当該通常選挙の期日） その他の選挙　事由発生後50日以内	選挙事由発生の日の翌日。ただし、所定の機関の通知を要するとされている場合については、選挙管理委員会（参議院合同選挙区選挙については当該選挙に関する事務を管理する参議院合同選挙区選挙管理委員会、比例代表選挙については中央選挙管理会）が、その通知を受け取った日の翌日

表11　選挙期日の公示又は告示をすべき日

（（　）内は、一部無効による再選挙の場合）

(1)	衆議院の選挙	選挙期日前少なくとも12日前（10日前）まで
(2)	参議院の選挙	〃　〃　17日前（10日前）〃
(3)	都道府県知事の選挙	〃　〃　17日前（10日前）〃
(4)	都道府県の議会の議員の選挙	〃　〃　9日前（7日前）〃
(5)	指定都市の長の選挙	〃　〃　14日前（7日前）〃
(6)	指定都市の議会の議員の選挙	〃　〃　9日前（7日前）〃
(7)	市の選挙（(5)及び(6)を除く。）	〃　〃　7日前（5日前）〃
(8)	町村の選挙	〃　〃　5日前（5日前）〃

(二)　選挙期日の公示又は告示

選挙を行うべき事由が生じたときは、(一)で述べたとおり選挙期日が定められるが、選挙期日は、その期日の一定期間前に公示又は告示をしなければならないこととされている（法三一④、三二③、三三⑤、三三の二⑧、三四⑥、令一三二、表11参照）。

なお、この公示又は告示は、同時選挙、便乗選挙のようなものであっても、それぞれの選挙ごとの法定の期間が異なる場合は、それぞれ別々の日に行うのが原則である。また、衆議院総選挙と参議院通常選挙の選挙期日の公示は、天皇が詔書をもってこれを行い（憲法七Ⅳ）、国会議員のその他の選挙及び地方公共団体の選挙の選挙期日の告示は、当該選挙に関する事務を管理する選挙管理委員会（参議院合同選挙区選挙については当該選挙に関する事務を管理する参議院合同選挙区選挙管理委員会、衆議院比例代表選挙及び参議院比例代表選挙については中央選挙管理会）が、官報、公報等に掲載して行う。この選挙期日の公示又は告示により、選挙期日（通常の場合の投票日）が確定するばかりでなく、選挙に関する諸手続が開始される（立候補届の受付が開始され、立候補者は選挙運動を適法に行うことができる等）。

選挙期日は、地方公共団体の長の選挙において一定の状況の下で延期される場合（法八六の四⑦。後述第七節参照）を除き、変更されないのが原則である。

なお、選挙を行うべき事由が生じたときは、その事由が任期満了又は衆議院の解散である場合を除き、その旨を当該選挙に関する事務を管理する選挙管理委員会（参議院合同選挙区選挙については当該選挙に関する事務を管理する参議院合同選挙区選挙管理委員会、衆議院比例代表選挙及び参議院比例代表選挙については中央選挙管理会）が告示するものとされている（法一四三⑲、一九九の五④）。また、九〇日特例による同時選挙を行おうとする場合には、当該選挙に関する事務を管理する選挙管理委員会は、先に到来する任期満了日の六〇日前までに、九〇日特例による同時選挙を行う旨の告示をしなければならない（法三四の二②、④）。

選挙を行うべき事由が生じた旨の告示（九〇日特例による同時選挙を行う旨の告示を除く。）は、いわゆる事前ポスターが禁止される一定期間、後援団体や候補者に関する寄附の禁止の例外として認められる寄附のうち、一定のものが禁止されるその一定期間の始期を告げる趣旨で行われるものであるが、選挙が近く行われることを選挙管理機関が公にする意味も有している。

第四節　投　票

選挙の方法には、投票、起立等各種のものがあるが、公選法では、選挙は投票で行うことを明らかにし、投票の具体的な仕組み、方法について規定している。以下その内容を述べることとする。

一　投票区

投票は、一定の区域を単位として行われる。この選挙人が投票を行う単位区域を投票区といい、投票区は原則として市町村の区域によることになっている（法一七①）。しかし、市町村の選挙管理委員会が必要があると認めるときは、市町村の区域を分けて数投票区を設けることができるものとされており（法一七②）、現実には一市町村に数投票区があるのが一般的である。投票区を設けたのは選挙手続の混乱を避け、その公正な執行を期するためである。市町村の選挙管理委員会が、市町村の区域を数投票区に分けた場合は、直ちにその旨を告示することとされている（法一七③）。

なお、再選挙又は補欠選挙の投票区は、総選挙、通常選挙及び一般選挙等が行われた後にその区域に異動があったときは、その異動があった後の区域によるものとされ（令一三〇）、ただ、選挙の一部が無効となったことにより行われる再選挙については、異動前の区域によることとされている（令一三一①）。

二　投票所及び共通投票所

㈠　投票所

各投票区にはそれぞれ投票所が設けられる。投票所とは、実際の投票を行うための施設をいい、市役所、町村役場又は市町村の選挙管理委員会の指定した場所に設けられる（法三九）。

投票所は、選挙の期日から少なくとも五日前までに、市町村の選挙管理委員会が定めて告示しなければならない（法四一①）。

天災その他避けることのできない事故によって、既に告示した投票所を使用することができず、投票所を変更したときは、選挙の当日を除いて直ちに告示しなければならない（法四一②）。

なお、投票日に開票管理者のもとまで投票箱、投票録等を送致することができない状況にある島やその他交通の不便な地については、開票に間に合わせるために適宜投票の期日を繰り上げて投票を行う場合がある。これを繰上投票という（法五六）。繰上投票の期日を定めた場合は、直ちに告示しなければならない（令四六①）。

また、天災その他避けることができない事故によって、あらかじめ告示した投票日に投票を行うことができないとき（火災により投票所が焼失したため投票が行えないとき等）は、更に期日を定めて投票を行わせなければならない。これを繰延投票という。一旦投票の手続を開始し、又は終了した後において天災その他避けることができない事故によって更に投票を行う必要があるときも同様であり、これを再投票という。いずれの場合も新たな投票の期日を定めたときは、当該期日から少なくとも二日前までに告示しなければならない（法五七）。

これら繰上投票、繰延・再投票の場合は、投票管理者、開票管理者等へ通知しなければならない（令四六～四八）。

投票所には、投票に必要な諸設備が置かれる。

すなわち、投票箱、投票記載場所、投票管理者、投票立会人、投票事務従事者用の席等である。このうち、投票記載場所については、他人がその選挙人の投票の記載を見ること又は投票用紙の交換等の不正な手段が用いられることのないような相当の設備をしなければならない旨が特に定められている（令三二）。

また、投票所内の投票記載場所その他適当な箇所に、選挙の種類に応じて以下の事項が掲示されることとなっている（法一七五①）。

①　衆議院小選挙区選挙　候補者の氏名及び当該候補者に係る候補者届出政党の名称

②　衆議院比例代表選挙　名簿届出政党等の名称及び略称（投票所内の投票記載場所）
名簿届出政党等の名称及び略称並びに名簿登載者の氏名及び当選人となるべき順

位（投票所内のその他の適当な箇所）

③　参議院比例代表選挙　名簿届出政党等の名称及び略称並びに名簿登載者の氏名（特定枠名簿登載者については、氏名及び当選人となるべき順位）

④　その他の選挙　候補者の氏名及び党派別

投票所は、原則、選挙の当日午前七時に開き、午後八時に閉じる（法四〇①本文）。ただし、市町村の選挙管理委員会は、選挙人の投票の便宜のため必要があると認められる特別の事情のある場合又は選挙人の投票に支障を来さないと認められる特別の事情のある場合に限って、投票所を開く時刻を二時間以内の範囲内において繰り上げ若しくは繰り下げ、又は投票所を閉じる時刻を四時間以内の範囲内において繰り上げることができる（法四〇①ただし書）。この場合は直ちにその旨を告示するとともに、当該投票所の投票管理者に通知し、かつ、市町村の議会の議員又は長の選挙以外の選挙にあっては、直ちにその旨を都道府県の選挙管理委員会に届け出なければならない（法四〇②）。投票所の開閉時刻とは、その入口の開閉時刻であって、実際の選挙人の投票行為の開始、終結時刻とは必ずしも一致しない。選挙人の投票行為は投票所を開いた後、投票管理者が投票立会人とともに投票所内にいる選挙人の前で投票箱に何も入っていないこと等を点検した後に開始されるし、投票箱が閉鎖されるのは、投票所の閉じる時刻までに投票所に到着している選挙人の全てが投票を終了した後である。

その他、投票所については、秩序保持のために投票所に出入りしうる者の制限（法五八）や秩序保持のための投票管理者の処分請求等（法五九、六〇）の規定が置かれている。

㈡　**共通投票所**

各投票区にそれぞれ設けられる投票所のほか、市町村の選挙管理委員会は、選挙人の投票の便宜のため必要があると認める場合には、いずれの投票区に属する選挙人も投票をすることができる共通投票所を指定した場所に設けることができる（法四一の二①）。

共通投票所は、投票所と同様、選挙の期日から少なくとも五日前までに、市町村の選挙管理委員会が告示しなければならない（法四一の二⑥において準用する法四一①）。

天災その他避けることのできない事故によって、既に告示した共通投票所において投票を行うことができないときは、共通投票所を開かず、又は閉じることができ、この場合、直ちにその旨を告示するとともに（法四一の二③④）、当該共通投票所の投票管理者及び関係のある開票管理者に通知しなければならない（令四八の四）。

共通投票所は、原則、選挙の当日午前七時に開き、午後八時に閉じることとされているが、必要があると認めるときには投票時間を弾力的に設定することができる（法四一の二⑥において準用する法四〇①ただし書）。

なお、共通投票所における投票については、原則として、投票所における投票に関する規定が適用される。

三　投票に関する原則

選挙における投票は、選挙の当日に選挙人が、選挙人名簿の属する投票区の投票所へ行き、選挙人名簿と対照された後、投票用紙の交付を受け、投票管理者、投票立会人の立会いのもとに、投票所内の投票記載場所において、交付を受けた投票用紙に、自ら候補者の氏名（衆議院比例代表選挙にあっては衆議院名簿届出政党等の名称又は略称、参議院比例代表選挙にあっては名簿登載者の氏名又は参議院名簿届出政党等の名称若しくは略称。以下この節において「候補者の氏名等」という。）を記載し、投票箱に投函することによって行われるのが原則である。

なお、選挙人名簿の対照について、選挙人名簿を磁気ディスクをもって調製している場合にあっては、コンピュータのディスプレイに該当事項を表示する方法（オンラインによる対照も含む。）によっても行うことができる（令三五①Ⅱ）。

投票に関する原則を整理すると次のようになる。

㈠　**投票主義**

選挙の方法として公選法が選挙人の投票によることとしている（法三五）のは前述のとおりであるが、投票は、選挙人の数が極めて多数である現在の選挙においては、最も合理的な方法であるといえよう。

なお例外として、選挙経済等の観点から、候補者の数が選挙すべき者の数を超えないときは、投票を行わないで当選人を決定する無投票当選の制度が設けられている（法一〇〇）。

㈡　**一人一票主義**

投票は、各選挙につき、一人一票に限るものとしている（法三六）。一つの選挙につき一票であるから、例えば衆議院議員の総選挙や参議院議員の通常選挙のように、比例代表、小選挙区（選挙区）の二つの選挙が同じ日に行われる場合はそれぞれ一票であることはいうまでもない。

㈢　**選挙人名簿登録主義**

選挙人名簿又は在外選挙人名簿に登録されていない者は、投票をすることができない（法四二本文）。選挙権を行使するためには、選挙権を有していることのみでは足りず、選挙人名簿又は在外選挙人名簿に登録されていることが必要である。

例外として、選挙人名簿に登録されていない者であっても選挙人名簿に登録されるべき旨の決定書又は確定判決書を所持し、選挙の当日投票所に来たときは、投票管理者はその者に投票させなければならないこととされている（法四二①ただし書）。一方、選挙人名簿又は在外選挙人名簿に登録された者であっても、選挙人名簿又は在外選挙人名簿に登録されることができない者であるときは投票をすることができない（法四二②）。また、有効に登録された者であっても、選挙の当日（期日前投票にあっては、投票の当日）選挙権を有しない者は投票できない（法四三）。

㈣　**投票当日投票所投票主義**

選挙人は、選挙の当日、自ら、自己の属する投票所に行き、選挙人名簿又はその抄本との対照を経なければ、投票をすることができない（法四四①②）。これは、委任による投票とか、代人による投票とかを認めない趣旨である。自己の属する投票所とは自己の登録されている選挙人名簿の属する投票区の投票所である。なお、この投票当日における投票の例外が期日前投票制度（後述）及び不在者投票制度（後述）である。

㈤　**投票用紙公給主義**

投票用紙は、選挙の当日、投票所において選挙人に交付する（法四五①）。投票用紙の様式は、衆議院議員及び参議院議員の選挙については総務省令でこれを定め、地方公共団体の議会の議員及び長の選挙については、当該選挙に関する事務を管理する選挙管理委員会がこれを定めるものとされている（法四五②）。なお、この公製公給の所定の投票用紙を用いない投票は無効投票となる（法六八①Ⅰ、②Ⅰ、③Ⅰ）。

㈥　**単記自書投票主義**

選挙人は投票用紙に自ら一の候補者の氏名等を記載し、これを投票箱に入れなければならない（法四六①②③）。

二以上の候補者の氏名等を記載した投票、他人の加筆、ゴム印等による氏名等の捺印等は、無効投票となる（法六八）。

例外として、自書能力のない者のために代理投票制度がある（法四八、後述七参照）。また、記号式投票制度（法四六の二、後述四参照）及び点字投票（法四七、後述六参照）もこの例外としての側面をもっている。

(七) 秘密投票主義

投票用紙には選挙人の氏名を記載してはならない（法四六④）。また、何人も選挙人の投票した被選挙人の氏名等を陳述する義務はない（法五二）。

このほか、公選法では秘密投票を確保するため、管理面では投票記載場所の設備の整備（令三二）、投票用紙の紙質の確保、開票に当たっては投票用紙の混同（法六六②）等の規定を設け、また、罰則面でも職権濫用による選挙の自由妨害罪（法二二六）、投票の秘密侵害罪（法二二七）等の規定を設けている。

なお、投票用紙に、候補者の氏名等のほか選挙人の氏名をも記載した投票は、他事記載のある投票として無効となる（法六八①～③）。

以上が投票に関する基本的な原則であるが、これらの原則の中には例外があり、重要な役割を担っているものがある。

四　記号式投票

記号式投票制度は、地方公共団体の議会の議員及び長の選挙に限り、その条例で定めるところにより採用できることとされている（法四六の二）。

記号式投票ではあらかじめ投票用紙に候補者の氏名が印刷されており、これに対し○の記号を記載することによって投票する。記号式投票は投票の有効無効の判定が比較的容易であり、無効投票の減少、さらには開票事務の簡素化に資するものである。

この場合、〇の記号の記載方法については、当該選挙に関する事務を管理する選挙管理委員会の定めるところにより、〇の記号を自書する方法若しくは〇の記号を表す印を押す方法又はこれらの方法を併せた方法によるものとされている（令四九の三）。

また、投票用紙に印刷する候補者の氏名の順序は、公選法第一七五条第八項前段のくじで定める順序により、補充立候補に係る事由が生じた場合には、補充立候補期間経過後当該選挙に関する事務を管理する選挙管理委員会が、くじで定めることとされている（令四九の四）。

記号式投票で行われる選挙についても、期日前投票、不在者投票及び点字投票については、自書式により行われる。これは、記号式投票の場合は投票用紙が立候補締切後に作成されるため、選挙期日前に行われる投票に間に合わないこと、点字になじまないこと等の理由による。

そのほか、候補者が死亡した場合の取扱等について規定が置かれている。

五　電磁的記録式投票

電磁的記録式投票制度は、地方公共団体の議会の議員及び長の選挙に係る電磁的記録式投票機を用いて行う投票方法等の特例に関する法律（以下「電磁的記録式投票法」という。）により、地方公共団体の議会の議員及び長の選挙について、条例の制定によって、公選法の定める投票の方法によらずに、電磁的記録式投票機を用いて投票することを可能とする制度である。

電磁的記録式投票機とは、選挙人が候補者の選択を行う際に使用する機械であり、電磁的記録媒体にその結果を記録することにより、開票所において当該電磁的記録媒体を電子計算機により集計して、選挙の結果を出すことができるものである。

これにより、紙による投票の場合に生じていた疑問票や無効票が生じなくなり、投票の集計も電子計算機を用いることにより大幅に開票作業の迅速化が図られること等のメリットがある。電磁的記録式投票法は、そのために必要な公選法の特例措置を定めたものである。

選挙人が操作する電磁的記録式投票機には、候補者の氏名及び党派別の情報が表示され（電磁的記録式投票法五）、その中から投票したい一人を選択し、電磁的記録媒体に記録する方法により、投票が行われる。

この電磁的記録式投票を実施する場合には、市町村の選挙においては当該市町村が、都道府県の選挙においては当該都道府県が条例に定めることが必要となる。この場合、都道府県の選挙においては、市町村の選挙において電磁的記録式投票を行うこととしている市町村のうち当該都道府県の条例で定めたものが対象とされており、市町村単位で電磁的記録式投票を採用することが可能とされている。これは、県内全ての市町村で電磁的記録式投票が実施されなければならないこととすると、有権者の少ない町村等必ずしも電磁的記録式投票を望まない団体がある場合、当該都道府県では電磁的記録式投票を導入することができなくなることや、一方で既に市町村で電磁的記録式投票を実施している場合に都道府県の選挙においても実施することが効率的であること、開票事務は市町村単位で実施されることから市町村単位で投票方法を変えたとしても開票手続の同一性、一体性が損なわれることがないこと等からである。なお、指定都市における導入についても同様の理由により行政区単位での採用ができることとされている（電磁的記録式投票法三）。

電磁的記録式投票機には、二重投票の防止のほか、投票の秘密保持、候補者のいずれを選択したか選挙人が確認できるものであること等の機能を具備すべきことが定められている（電磁的記録式投票法四）。市町村は、その条件を具備した電磁的記録式投票機をあらかじめ指定しなければならない（電磁的記録式投票法六）。

心身の故障等により自ら候補者の氏名を記載することができない選挙人に認められる代理投票は、この電磁的記録式投票においても行うことができる。さらに、電磁的記録式投票機の操作が困難な選挙人に対しては、操作補助を行うこともできることとされている（電磁的記録式投票法七）。

また、電磁的記録式投票が行われる場合であっても、紙による投票は実施される。点字投票、不在者投票及び仮投票である。これらは、電磁的記録式投票法の適用を受けず、公選法の規定により投票することとなる。

電磁的記録式投票により実施される選挙においては、後述の期日前投票についても、電磁的記録式投票機を用いて実施される。期日前投票のみ自書式とする、又は電磁的記録式投票とするということはできない。しかし、電磁的記録式投票では、あらかじめ候補者の氏名及び党派別を電磁的記録式投票機に記録しておかなければならないため、期日前投票の期間中に候補者が死亡したこと等により補充立候補が行うことができる場合には、補充立候補事由が生じた時点で、補充立候補ができる期間中、電磁的記録式投票機を用いた期日前投票を中止し、紙による期日前投票を行うこととされている（電磁的記録式投票法一三の二）。

六　点字投票

盲人は点字を用いて投票をすることができる。すなわち、公選法施行令別表第一に定める点字は、文字とみなし（法四七）、盲人である選挙人は、点字投票をしようとする場合、投票管理者にその旨を申し立てることとし、投票管理者は、この場合に投票用紙に点字投票である旨の表示をした投票用紙を交付する（令三九）。

不在者投票及び在外投票の場合にも投票用紙及び投票用封筒の請求、交付に関し同様の定めがある（令五〇③④、五一②、五三③、五四②、五九の五の四②⑧、六五の三②④）。なお、郵便等（郵便又は一般信書便事業者等による信書便をいう。以下同じ。）による不在者投票については、本人確認の観点から、点字により署名した文書で郵便等投票証明書及び投票用紙等の交付申請をすることができず、また郵便等による在外投票については、点字により署名した文書で投票用紙等の交付請求をすることができず、かつ、いずれも投票の方法は自書によることとされているので（令五九の三①、五九の四①、五九の五、六五の一一①、六五の一二①）、点字によって郵便等による不在者投票及び在外投票を行うことはできない。

七　代理投票

選挙人が心身の故障その他の事由により、自ら、投票用紙に候補者の氏名等を記載することができない場合には、その選挙人に代わって投票を補助すべき者が投票用紙に記載する代理投票の方法が認められている（法四八）。選挙人が自らの選挙権の行使を他人に委ねる意味の代理投票ではなく、いわゆる代筆投票である。具体的には、選挙人が投票管理者に申請し、投票管理者は、選挙人に代理投票事由があると認めたときは、投票立会人の意見を聴いて、投票所の事務に従事する者のうちから当該選挙人の投票を補助すべき者二人を定め、その一人に選挙人の指示する候補者の氏名等を記載させ、他の一人をこれに立ち会わせるものである（法四八②③）。代理投票は、不在者投票及び在外投票の場合でも行うことができる（令五六④、五七③、五八④、五九の五の四⑫、五九の六⑪、五九の八④、六五の四③）が、投票管理者がいない郵便等による不在者投票及び郵便等による在外投票の場合は、行うことができない（郵便等による不在者投票については、別途、代理記載制度が設けられている。また、郵便等による在外投票については、本人の自書による署名が必要で、かつ、代筆記載を認めていない。（令五九の五、五九の五の二、六五の一二、後述九、十参照））。

投票管理者は、申請人に代理投票の事由がないと認めたときは、投票立会人の意見を聴き、代理投票の拒否を決定することができるが、選挙人がこれに不服である場合は、投票管理者は、代理投票の仮投票をさせなければならない（令四一①②）。この代理投票の仮投票の仕組みは、不在者投票及び在外投票を代理投票で行う場合についても同様である（令五六⑤、六五の四④）。

なお、郵便等による不在者投票ができる選挙人で、自ら投票の記載をすることができない者については、代理記載制度が設けられている。投票管理者の下で投票管理者が投票事務従事者のうちから定める二人の補助者により行う代理投票と異なり、投票管理者が存在しない場所で選挙人が選任した者に行わせる点で、代理投票と区別されるべきものであることから、代理記載制度と呼んでいる（令五九の五の二）。

八　期日前投票

期日前投票は、選挙の当日、一定の事由に該当すると見込まれる選挙人が、その選挙人が登録されている選挙人名簿の属する市町村（以下本節で「所属地」という。）選管において、選挙期日前においても、選挙期日における投票と同様に直接投票箱に投票用紙を入れて投票をすることができる制度である（法四八の二）。

なお、所属地以外（他市町村選管や指定施設）で投票を行う場合や投票時点において選挙権を有していない者（投票時点においては十八歳未満であるが選挙人名簿に登録されている者等）の投票については、期日前投票の対象とならず、不在者投票の手続により投票することとなる。

期日前投票制度は、投票箱を使用する等、選挙期日の投票所における投票と類似した手続であるが、不在者投票と同様、選挙期日前にあらかじめ投票させる制度であり、投票当日投票所投票主義の例外となるものである。

㈠　期日前投票を行うことができる者

選挙の当日、次のいずれかの事由に該当すると見込まれる選挙人は、選挙の期日の公示又は告示の日の翌日から選挙期日の前日までの間、所属地の期日前投票所において投票をすることができる（法四八の二①）。
⑴　区域を問わず、職務若しくは業務又は葬式の喪主等冠婚葬祭の主宰をする者、その者の親族その他社会通

念上これらの者に類する地位にあると認められる者が当該冠婚葬祭において行うべき用務に従事すること（一号事由、規則一五の四）。

(2)　(1)以外の用務又は事故のためにその属する投票区の区域外に旅行又は滞在すること（二号事由）。

(3)　疾病、負傷、妊娠、老衰若しくは身体の障害のため若しくは産褥にあるため歩行が困難であること又は刑事施設、労役場、監置場、少年院、少年鑑別所若しくは婦人補導院に収容されていること（三号事由）。

(4)　交通至難の島その他の地で公選法施行規則別表第一で定める地域に居住していること又はその地域に滞在をすること（四号事由、規則一六）。

(5)　その属する投票区のある市町村の区域外の住所に居住していること（五号事由）。

(6)　天災又は悪天候により投票所に到達することが困難であること（六号事由）。

(二)　期日前投票の仕組み

期日前投票は選挙期日における投票と同様に確定投票であることから、原則として公選法の投票に関する規定が準用される。投票所の規定を準用した期日前投票所が置かれ、投票管理者及び二名の投票立会人が選任され、投票所における手続同様に期日前投票が実施されることとなる。

(1)　期日前投票所

期日前投票を行う場所として、市役所、町村役場又は市町村の選挙管理委員会の指定した場所に期日前投票所が設けられる。期日前投票所は、選挙の期日の公示又は告示の日の翌日から選挙期日の前日までの間、各市町村に最低一箇所は設けられる。各市町村の選挙管理委員会は、期日前投票所を複数設置することができ、その場合、一の期日前投票所を除き、市町村の選挙管理委員会が期日前投票所を設ける期間を指定する（法四八の二⑥による読替え後の法三九）。

投票時間は、原則として午前八時三十分から午後八時までである。ただし、市町村の選挙管理委員会は、期日前投票所が一箇所の場合には、期日前投票所を開く時刻を二時間以内の範囲内において繰り上げ、又は閉じる時刻を二時間以内の範囲内において繰り下げることができる。また、期日前投票所が二箇所以上である場合には、午前八時三十分から午後八時までの間において、いずれか一箇所以上の期日前投票所が開いている限り、各期日前投票所の開閉時間を弾力的に設定できる（法四八の二⑥による読替え後の法四〇）。

市町村の選挙管理委員会は、選挙の期日の公示又は告示の日に期日前投票所の場所（複数設ける場合にあっては期日前投票所の場所及び当該期日前投票所を設ける期間）を告示しなければならず、天災その他避けることができない事故により告示した期日前投票所を変更したときは、市町村の選挙管理委員会は、直ちにその旨を告示しなければならない（法四八の二⑥による読替え後の法四一）。

なお、期日前投票所においては、投票に必要な諸設備が選挙期日における投票所と同様に置かれる。

複数の選挙が実施される場合にあっては、原則的には選挙期日における投票所と同様、複数の投票箱を設置するのが望ましいが、期日前投票所の広さの関係から複数設置することが困難な場合は、一の投票箱を複数の選挙の投票箱として使用しても差し支えない。ただし、複数の選挙の開票区が異なる場合は、票の仕分ができないことから、投票箱は別のものを使用するべきである。

また、複数の選挙が行われる場合における投票用紙の交付についても、別々に交付することが望ましいが、場所的限界がある場合は同時に交付することとしてもやむを得ない。その場合、投票用紙への記載間違い等が起こらないよう十分に選挙人に注意喚起する必要がある。

⑵　投票管理者

期日前投票所における投票管理者は、選挙期日における投票管理者と同様、選挙権を有する者の中から市町村の選挙管理委員会により選任される（法三七）。投票管理者は、日毎に交替することや同一の日に時間を分けて交替することも可能である。

なお、投票管理者に事故があり、又は投票管理者が欠けた場合において、その職務を代理すべき者（職務代理者）は、選挙権を有する者の中からあらかじめ選任しておくこととされている（令二四）。

期日前投票の投票管理者及びその職務代理者を選任したときは、直ちにその者の住所及び氏名並びにその者が職務を行うべき日（同一の日に二人以上の投票管理者又は職務代理者を選任した場合は、併せて、これらの者の職務を行うべき時間）を告示しなければならない。ただし、住所の全部の告示に支障があると認められるときは、当該住所の一部の告示をもって代えることができる（令四九の七による読替え後の令二五）。

また、期日前投票所における投票管理者の職務権限は、選挙期日の投票所における投票管理者と同様であり、具体的な事務としては、投票用紙の交付、代理投票の許容、選挙人の確認、投票拒否の決定、仮投票の許容、不在者投票の受理不受理の決定、投票録の作成、投票箱の開票管理者への送致、投票所の秩序維持等の規定も適用される。

ただし、数日間にわたり投票事務を執り行うことから、期日前投票所を設置する期間中、期日前投票所の閉鎖（法四八の二⑤による読替え後の法五三）、投票箱の施錠及び鍵の封印（令四九の七による読替え後の令四三）、投票録の作成（令四九の一〇）等の事務は毎日実施されることとなり、また、投票箱の送致については期日前投票の期間の最終日における投票箱の閉鎖後、選挙管理委員会へ送致されることとなる（法四八の二⑤による読替え後の法五五）。

(3)　投票立会人

期日前投票所における投票立会人についても、選挙権を有する者の中から市町村の選挙管理委員会により二人選任される（法四八の二⑤による読替え後の法三八）。選挙期日の投票立会人は、選挙権を有する者の中から二人以上五人以下選任されることとされており人数が異なっている。なお、選挙期日における投票立会人と同じく、政党制限等の規定が適用される。

選挙管理委員会は、期日前投票の投票立会人を選任したときは、直ちに本人に通知するとともに、その者の住所、氏名、党派別及び立ち会うべき日（交替して投票に立ち会わせる投票立会人を選任したときは、併せて、これらの者の立ち会うべき時間）を当該期日前投票所の投票管理者に通知しなければならない（令四九の七による読替え後の令二七）。

また、職務内容も選挙期日における投票立会人と同様、投票手続の立会い、投票管理者が行う投票・代理投票の拒否等に際しての意見の陳述等を行うこととされているが、毎日投票箱の鍵の封印を行うこと及び期日前投票の期間の最終日における投票箱の送致に立ち会う必要のない点が異なっている。

㈢　期日前投票の手続

選挙期日において、㈠の期日前投票の事由のいずれかに該当すると見込まれる選挙人は、選挙の期日の公示又は告示の日の翌日から選挙期日の前日までの間に、所属地の期日前投票所において、選挙の当日、期日前投票事由のいずれかに該当すると見込まれる旨を申し立て、かつ、当該申立てが真正であることを誓う旨の宣誓書を提出する（令四九の八）。

投票管理者は、当該宣誓書を提出した選挙人につき、本人であること、選挙権を有することを選挙人名簿と対照して確認の上、直接投票用紙を交付する（法四四②、法四八の二⑤による読替え後の法四五）。

投票用紙の交付を受けた選挙人は、投票記載台で候補者等の氏名を記載し、直接投票箱へ投函する（法四八の二⑤による読替え後の法四六）。

このように、期日前投票の手続は、宣誓書の提出が義務付けられているほかは、選挙期日の投票所における手続と同じである。

また、投票管理者は、選挙人が投票をする前に、投票箱に何も入っていないことを示すこととされており（令四九の七による読替え後の令三四）、期日前投票所を設置する期間の初日において、最初に訪れた選挙人に対し実施する必要がある。

期日前投票所を閉じるべき時刻となった場合においては、投票管理者はその旨を告げ、期日前投票所を閉鎖することとなるが、この手続も選挙期日の投票所における手続と同様である。しかし、投票箱は翌日以降も投票させることとなるため、投票箱の閉鎖後、一の鍵は投票立会人が封印し、他の鍵は投票管理者が封印することとされ（令四九の七による読替え後の令四三）、翌日、期日前投票所を開く時刻になったときは、投票管理者は当該投票箱を開かなければならないこととされている（法四八の二⑤による読替え後の法五三）。

期日前投票の期間中は毎日投票録を作成し、投票管理者及び投票立会人はこれに署名しなければならないこととされ（令四九の一〇）、期日前投票の期間の最終日において、期日前投票所を閉鎖した後、投票箱、選挙人名簿の抄本等と併せて市町村の選挙管理委員会に送致しなければならないこととされ、選挙の期日において市町村の選挙管理委員会は当該投票箱等を開票管理者に送致しなければならないとされている（法四八の二⑤による読替え後の法五五）。その際、投票箱の鍵についても併せて送致することとされている（令四九の一一）。

九　不在者投票

不在者投票は、投票当日投票所投票主義の例外として、選挙期日前にあらかじめ投票させる制度であり、不在者投票管理者の管理の下に投票する一般的な不在者投票制度（法四九①）と、身体に重度の障害のある選挙人が自宅等現在する場所において投票する郵便等による不在者投票制度（法四九②）のほかに、国外における不在者投票制度（法四九④）、洋上投票制度及び洋上特別投票制度（法四九⑦⑧）、南極投票制度（法四九⑨）とがある。

㈠　**一般的な不在者投票**

不在者投票をすることができる選挙人は、前述した期日前投票と同様、選挙の当日、次のいずれかの事由に該当すると見込まれる者である。

(1)　区域を問わず、職務若しくは業務又は葬式の喪主等冠婚葬祭の主宰をする者、その者の親族その他社会通念上これらの者に類する地位にあると認められる者が当該冠婚葬祭において行うべき用務に従事すること（一号事由、規則一五の四）。

(2)　(1)以外の用務又は事故のためその属する投票区の区域外に旅行又は滞在すること（二号事由）。

(3)　疾病、負傷、妊娠、老衰若しくは身体の障害のため若しくは産褥にあるため歩行が困難であること又は刑事施設、労役場、監置場、少年院、少年鑑別所若しくは婦人補導院に収容されていること（三号事由）。

(4)　交通至難の島その他の地で公選法施行規則別表第一で定める地域に居住していること又はその地域に滞在をすること（四号事由、規則一六）。

(5)　その属する投票区のある市町村の区域外の住所に居住していること（五号事由）。

(6)　天災又は悪天候により投票所に到達することが困難であること（六号事由）。

一般的な不在者投票における不在者投票管理者は、所属地の選管委員長又は当該選挙人が現に所在し若しくは居住する地の市町村（以下本節で「所在地等」という。）の選管委員長である。ただし、その選挙人が都道府県選管の指定する病院、老人ホーム等々に入院中等の場合にはその院長等が不在者投票管理者となる（令五五）。

投票に至る具体的手続のあらましは以下のとおりである。

(1)　所属地選管において投票する場合

所属地選管における投票は、原則として前述の期日前投票によるところである。しかしながら、期日前投票は確定投票であるため、投票の時点で選挙権を有している必要があることから、投票時点においては一八歳未満であるが、選挙人名簿に登録されている者（選挙期日現在において選挙権を有している者）等が所属地選管で投票を行う場合は、以下の不在者投票の手続により投票を行うこととなる。

ア　不在者投票事由に該当する選挙人は、選挙期日の前日までに、所属地の選管委員長に対し、不在者投票事由のいずれかに該当すると見込まれる旨の宣誓書を提出し、投票用紙等を請求する（令五〇、五二）。

イ　請求を受けた選管委員長は、不在者投票事由があると認めたときは、当該選挙人に投票用紙と不在者投票用封筒を直接交付する（令五三）。

ウ　不在者投票管理者である選管委員長は、その管理する不在者投票記載場所で、選挙人に投票用紙に記入させ、これを不在者投票用内封筒に入れさせ、更に外封筒に入れて封をさせ、その外封筒の表面に署名させて提出させる。なお、投票行為を行わせるに当たって、不在者投票管理者は、選挙権を有する者を最低一人選任し、立会人として立ち会わせなければならない（令五七）。

立会人は、不在者投票管理者若しくはその事務従事者又は代理投票の補助者を兼ねることができない。

エ　このようにして提出された封筒の裏面の所定欄には、その投票が行われた年月日と投票の場所を記載し、不在者投票管理者が記名し、立会人が署名又は記名押印した後に、これを他の適当な封筒に入れて封をし、その表面に投票が在中する旨を明記し、その裏面に不在者投票管理者が記名して印を押し、投票当日の投票箱の閉鎖時刻までに本人の属する投票区の投票所の投票管理者（当該投票区が指定関係投票区であるときは、指定投票区の投票管理者）あて送致されることとなる（令六〇）。

指定投票区とは、市町村選管における不在者投票事務にかかる時間、労力の軽減のため、受理・不受理の決定及び投函のために各投票所へ仕分けして送致していた不在者投票を一括して処理することができる、市町村選管が指定した一ないし数投票区をいう。なお、指定投票区においてその事務の一部が行われる投票区を指定関係投票区という。

(2)　所在地等選管において投票する場合

ア　不在者投票事由に該当する選挙人は、所属地の選管委員長に対し直接又は郵便等によって、投票用紙等を請求する。このとき先述した宣誓書を提出し、同時に、所在地等の選管において投票をしようとする旨を申し立てなければならない（令五〇、五二）。

イ　請求を受けた選管委員長は、不在者投票事由があると認めたときは、当該選挙人に投票用紙、不在者投票用封筒、不在者投票証明書を直接又は郵便等によって交付する（令五三）。

ウ　選挙人はこれを所在地等の選管委員長に提示し、点検を受け、(1)と同様の手続によって投票する（令五六）。投票は所在地等の選管委員長によって所属地の選管委員長へ、更に投票管理者へと送られることになる。このように投票用紙等文書の往復に時間を要するので、それに必要な時間を十分見込むことが必要である。

(3)　指定病院等において投票する場合

不在者投票管理者が指定病院等の長であることを除き、(2)に準じる。なお、選挙人は当該指定病院等の長を通じて投票用紙等の請求をすること（代理請求）が認められている。

選挙人が船員である場合には、その性格上更にいくつかの特例が設けられている。所属地以外の市町村（総務省令で指定されている港湾所在地）の選管委員長から投票用紙の交付を受けることができること、船長を不在者投票管理者として船舶内で投票することができることである（令五一、五四、五八）。このほか、特殊な投票手続として、指定船舶等があらかじめ投票送信用紙の交付を受けて出航し、その船舶の中で投票の記載をし、ファクシミリ装置を用いて送信する方法により投票する方法（以下「洋上投票」という。）（法四九⑦、令五九の六）などが認められているが、これについては㈣において述べる。

また、先に述べた点字投票、代理投票等の規定は一般的な不在者投票の場合にも適用される（なお、洋上投票及び南極投票については点字投票は認められていない。）ので、そのための手続についての規定が設けられている。

なお、指定病院等の不在者投票管理者は、市町村の選挙管理委員会が選定した外部立会人を立ち会わせる等の方法により、不在者投票の公正な実施の確保に努めなければならないとされている（法四九⑩）。

㈡　郵便等による不在者投票

郵便等による不在者投票とは、前述した一般的な不在者投票の方法も行うことができないような身体に重度の障害のある選挙人のために設けられた制度である。一般の不在者投票がいずれも不在者投票管理者の管理する場所で行われるものであるのに対し、不在者投票管理者のいない選挙人の自宅等現在する場所において、選挙人が投票用紙に記載し、これを郵便等によって所属地の市町村の選管委員長あて送付する制度である（法四九②）。

郵便等による不在者投票を行い得る者は、身体障害者福祉法に規定する身体障害者又は戦傷病者特別援護法に規定する戦傷病者のうち公選法施行令第五九条の二で定める一定の障害を有する者及び介護保険法に規定する要介護者のうち要介護五である者に限られている。

具体的な手続は、おおむね次のとおりである。

(1)　右に該当する者は、あらかじめ所属地の選管委員長に対し、身体障害者手帳、戦傷病者手帳若しくは都道府県知事等がその障害の程度を証した書面又は介護保険の被保険者証を添付し、本人の自署（点字を除く。）による郵便等投票証明書交付申請を文書によって行い、郵便等投票証明書の交付を受けなければならない（令五九の三）。

(2)　郵便等投票証明書（七年間有効。要介護五である者については要介護認定の有効期間の末日まで有効（規則一〇の三④））の交付を受けた選挙人は、選挙の期日前四日までに、選挙人が署名した文書によって投票用紙等の交付申請を所属地の選管委員長にしなければならない。この請求には、郵便等投票証明書の提示（添付）が必要とされている（令五九の四①）。

(3)　請求を受けた市町村の選管委員長は、申請人が郵便等による不在者投票ができる者であると認めたときは、投票用紙と必要事項を記載した郵便等による不在者投票用封筒を本人あて、必ず郵便等をもって送付する（令五九の四④）。

(4)　選挙人は、次のような順序で投票を行う（令五九の五）。

ア　投票用紙に自ら候補者の氏名等を記載する。なお、点字による記載は認められない。

イ　記載した投票用紙を、まず郵便等による不在者投票用内封筒に入れて封をし、更に外封筒に入れて封をする。

ウ　封をした外封筒の表面に投票を記載した年月日と場所を記載し、氏名欄に本人が署名する。

エ　記載が終わったものを更に他の適当な封筒に入れて封をし、その表面に投票が在中する旨を明記し、所属地の選管委員長に対し、当該選挙人が属する投票区の投票所（当該投票区が指定関係投票区である場合には、当該投票区に係る指定投票区の投票所）を閉じる時刻までに投票管理者に送致できるよう、速やかに必ず郵便等により送付する。郵便等によることなく、使者によって送付された場合は不受理とされる。

(5)　郵便等による不在者投票については、自ら投票の記載をすることができない選挙人は、あらかじめ所属地選管の委員長に届け出た者（代理記載人）に投票に関する記載をさせることができる代理記載制度が設けられている（法四九③）。

この代理記載制度の対象となる選挙人（以下「代理記載ができる選挙人」という。）は、身体障害者手帳に上肢又は視覚の障害の程度が一級である者として記載されている者及び戦傷病者手帳に上肢又は視覚の障害の程度が特別項症から第二項症までである者として記載されている者である。ただ、上肢、視覚の障害が一級、特別項症、第一項症、第二項症であっても、郵便等による不在者投票をすることができる選挙人でなければ、代理記載制度によって郵便等投票を行うことはできない。

右に該当する者は、あらかじめ所属地選管の委員長に対し、身体障害者手帳、戦傷病者手帳又は都道府県知事等がその障害の程度を証した書面を添付し、郵便等投票証明書に代理記載ができる選挙人に該当する旨を記載することを文書で申請し、郵便等投票証明書に代理記載ができる選挙人に該当する旨の記載を受けなければならない（令五九の三の二）。

右の「該当する旨」の記載のある郵便等投票証明書の交付を受けた選挙人は、あらかじめ所属地選管の委員長に対し、郵便等投票証明書、代理記載人の同意書等を添付し、代理記載人一人（選挙権を有する者に限る。）の氏名、住所等を文書によって届け出なければならない。選管の委員長は、郵便等投票証明書に代理記載人となるべき者の氏名を記載し、代理記載ができる選挙人に郵便等をもって送付しなければならない（令五九の三の三）。

投票用紙等の請求及び所属地選管からの投票用紙等の交付については、⑵⑶と同様であるが、代理記載ができる選挙人の自書による請求ではなく、代理記載人が署名した文書によって請求を行うこととなる（令五九の四②）。

投票用紙等の交付を受けた場合には、代理記載人が、投票用紙に代理記載ができる選挙人の指示する候補者の氏名等を記載し、これを投票用封筒に入れて封をし、投票用封筒の表面に投票の記載の年月日及び場所並びに代理記載ができる選挙人の氏名を記載するとともに、署名を行うこととなる（令五九の五の二）。その後は、⑷エと同様である。

以上のように、郵便等による不在者投票は、その要件、手続が複雑かつ厳格となっているが、投票の公正を確保するためやむを得ないものである。

㈢　国外における不在者投票

⑴　国外における不在者投票とは、国内に住所を有しながら一時的に国外に滞在する選挙人について、船員による船舶内投票や洋上投票の対象とならない場合には、国外において投票をする方法がなく、実質的に投票することができないことから、特定国外派遣組織に属する選挙人については当該特定国外派遣組織の長を不在者投票管理者として、国外にある当該特定国外派遣組織の長の管理する投票を記載する場所において投票をすることができるようにしたものである（法四九④）。

「特定国外派遣組織」とは、法律の規定に基づき国外に派遣される組織のうち、①当該組織の長が当該組織の運営について管理又は調整を行うための法令に基づく権限を有すること、②当該組織が国外の特定の施設又は区域に滞在していること、のいずれにも該当する組織であって、当該組織において国外不在者投票が適正に実施されると認められるものとして政令で定める組織をいうものであり（法四九⑤）、次の組織が特定国外派遣組織となり得る組織として政令で規定されている（令五九の五の三①）。

ア　海賊行為の処罰及び海賊行為への対処に関する法律（いわゆる海賊対処法）に基づき国外に派遣される自衛隊の部隊

イ　国際平和協力隊（いわゆるＰＫＯ協力隊）

ウ　防衛省設置法に規定する教育訓練を国外において行う自衛隊の部隊等

エ　国際緊急援助隊

これらの組織であっても、派遣の規模、期間は様々であることから、実際に派遣される際に、総務大臣が関係大臣と協議して指定することにより特定国外派遣組織となる。具体的には、十人以上の選挙人により構成され、一週間以上の派遣期間を有する組織が、一般的には指定されることとなる。なお、この「指定」は、当該組織の名称、国外派遣期間、構成員の概数及び派遣先の地域を官報に告示することにより行うこととされている（令五九の五の三②、規則一〇の五の二）。

(2)　特定国外派遣隊員（特定国外派遣組織に属する選挙人をいい、特定国外派遣組織に属するとみなされる選挙人を含む。）は、当該特定国外派遣組織の長に国外不在者投票を行う旨の申出をし（令五九の五の四①）、申出を受けた特定国外派遣組織の長又はその代理人は、申出をした特定国外派遣隊員の所属地選管の委員長に対し、文書により、投票用紙等の請求をする。この請求は、特定国外派遣組織の長による請求に限られており、その際には、請求をする者が特定国外派遣組織の長であることを証明する書面を提示しなければならない。なお、この請求は、選挙の期日の公示又は告示の日前においてもすることができる。

また、特定国外派遣隊員の特定国外派遣組織の長に対する申出は選挙の期日前五日まで、特定国外派遣組織の長の所属地選管の委員長に対する投票用紙等の請求は選挙の期日前三日までとなっている（令五九の五の四①⑤）。

(3)　請求を受けた所属地選管の委員長は、選挙人名簿又はその抄本と対照し、不在者投票事由に該当すると見込まれると認めたときは、直ちに請求をした特定国外派遣組織の長又は代理人に対して投票用紙等を交付する（令五九の五の四⑦）。この場合において、選挙の期日の公示又は告示の日以前においても市町村の選挙管理委員会の定める日以後は交付することができる。

(4)　投票用紙等の交付又は引渡しを受けた特定国外派遣組織の長は、選挙の期日の公示又は告示の日の翌日以降、国外不在者投票を行う旨の申出をした特定国外派遣隊員のうち、国外において当該特定国外派遣組織の業務に従事するもので、選挙の当日不在者投票事由に該当すると見込まれるものから投票用紙等の交付の請求があった場合には、直ちにこれを交付する（令五九の五の四⑩）。

(5)　投票用紙等の交付を受けた特定国外派遣隊員は、直ちに、特定国外派遣組織の長が管理する投票を記載する場所で投票の記載をし、これを投票用封筒に入れて封をし、投票用封筒に署名して、これをその不在者投票管理者（特定国外派遣組織の長）に提出する（令五九の五の四⑪）。この不在者投票の方法は、指定施設等における不在者投票と同様である。

(6)　投票記載済みの投票用紙が入った投票用封筒の提出を受けた特定国外派遣組織の長は、これを所属地選管へ送致し、又は郵便等により送付する（令五九の五の四⑬）。なお、投票用封筒への必要事項の記載その他の処置の内容についても、指定施設等における不在者投票と同様である。

㈣　洋上投票

洋上投票とは、外洋を航行中の船員について、既存の不在者投票の制度では投票の送致が困難であるという問題を解決するために、従来の指定船舶に乗船している船員の不在者投票の特例における投票方法を改善し、ファクシミリ装置を用いて投票することができるようにしたものである（法四九⑦）。

この制度により投票を行い得る者は、遠洋区域を航行区域とする船舶等（指定船舶等）に乗って、日本国外の区域を航海する船員（予備船員とみなされる者や実習生を含む。）で選挙の当日職務又は業務に従事することが見込まれるものであり、対象となる選挙は、衆議院議員の総選挙及び参議院議員の通常選挙とされている。また、洋上投票も不在者投票の一環であることから、船員が投票できる期間は、選挙の期日の公示の日の翌日から当該選挙の期日の前日までの間とされている（令五九の六⑧）。

具体的な手続は次のとおりである。

⑴　指定船舶等に乗って、日本国外の区域を航海しようとする船員は、当該指定船舶等の船長に洋上投票を行う旨の申出をし（令五九の六①）、申出を受けた船長又はその代理人は、出港前に、指定市町村（規則一七の二の二、別表第三で指定する市町村をいう。以下この節で同じ。）の選挙管理委員会の委員長に対して、郵便等によることなく、文書により、当該船員の選挙人名簿登録証明書を提示して、投票送信用紙及び投票送信用紙用封筒の交付を請求する（令五九の六②）。なお、この請求は選挙の期日の公示の日前においてもすることができる。

⑵　請求を受けた指定市町村の選挙管理委員会の委員長は、投票送信用紙の必要事項記載部分に所要の事項を記入し、投票送信用紙及び投票送信用紙用封筒を保管箱又は保管用封筒に入れ、封をして交付する（令五九の六④）。

⑶　投票送信用紙等の交付又は引渡しを受けた船長は、選挙の期日の公示の日の翌日から選挙の期日の前日ま

での間が航海期間中にかかる場合において、(1)の申出をした船員で選挙の当日職務又は業務に従事することが見込まれるものが、選挙人名簿登録証明書を提示して投票送信用紙及び投票送信用紙用封筒の請求をしたときは、直ちに投票送信用紙の必要事項記載部分に所要の事項を記載するとともに署名をし、さらに立会人に署名をさせ、交付する（令五九の六⑧）。

(4)　投票送信用紙等の交付を受けた船員は、船内で不在者投票管理者である船長の下で投票の記載を行い、ファクシミリ装置を用いて指定市町村の選挙管理委員会の委員長に投票の送信をした後（令五九の六⑨）、直ちに、自ら、投票送信用紙の投票記載部分と必要事項記載部分とを切り離し、投票記載部分を投票送信用紙用封筒に入れて封をし、必要事項記載部分をその封筒に貼り付け、船長に提出する（令五九の六⑩）。

(5)　投票を受信した指定市町村の選挙管理委員会の委員長は、受信用紙を投票送信用紙の投票記載部分を受信した部分と投票送信用紙の必要事項記載部分を受信した部分とに切り離し、直接外部から見ることができないような覆いが設けられた投票送信用紙の投票記載部分を受信した部分を投票用封筒に入れて封をし、その封筒に投票送信用紙の必要事項記載部分を受信した部分を貼り付け、更にこれを他の適当な封筒に入れて封をし、所要の事項を記載して、船員の所属地の選挙管理委員会の委員長に送致又は郵便等により送付し、更に投票管理者に送致される（令五九の六⑭）。

また、船長は、当該指定船舶等が帰港した場合等においては、船員から提出を受けた投票送信用紙用封筒等を指定市町村の選挙管理委員会の委員長を経て、船員の所属地の選挙管理委員会の委員長に送致又は郵便等により送付する（令五九の六⑮～⑰）。

なお、投票行為を行わせるに当たって、船長は、選挙権を有する者を最低一人選任し、立会人として立ち会わせなければならない（令五九の六⑪による読替後の令五六③）。立会人は、不在者投票管理者としての船長若しくはその事務従事者又は代理投票の補助者を兼ねることができない。

また、点字投票は認められていないが、代理投票や代理投票の仮投票は認められている（令五九の六⑪による読替後の令五六④⑤）。

㈤　**洋上特別投票**

洋上特別投票とは、洋上投票の対象となる船員である選挙人のうち、指定船舶等に乗る日本国民たる船員の数が二人以下である場合に、特別に、洋上投票と同様にファクシミリ装置を用いて投票することができるようにしたものである（法四九⑧令五九の六の二）。

投票の手続については、洋上投票における投票手続と基本的に同様であるが、投票送信用紙等の交付時に確認書（指定市町村の選挙管理委員会と当該船員との間の投票送信用ファクシミリ装置による通信を確認するための書面）が交付されること（令五九の六の三③）や、投票時に船員が当該確認書に署名し、指定市町村の選挙管理委員会に送信するとともに、電話等により受信したことの確認を受ける必要がある（令五九の六の三⑥、規則一〇の七の二②）ことなど、若干の違いがある。

㈥　**南極投票**

南極地域観測隊員については、南極地域において観測業務等の活動を行っており、投票用紙の送致を伴う既存の不在者投票の制度では実施が困難であり、また、船員でないため㈣の洋上投票をすることができないことから、洋上投票に準じて、ファクシミリ装置を用いて投票することができるようにしているものである（法四九⑨）。

この制度により投票を行い得る者は、国が行う南極地域における科学的調査の業務を行う組織（いわゆる南極地域観測隊）に属する選挙人（いわゆる南極地域観測隊員。同行する者を含む。）で、南極地域にある施設（昭和基地）又は南極地域観測隊を輸送する船舶（しらせ）に滞在するもので、選挙の当日職務又は業務に従事することが見込まれるものであり、対象となる選挙は、衆議院議員の総選挙及び参議院議員の通常選挙とされている。南極投票も不在者投票の一環であることから、南極地域観測隊員等が投票できる期間は、選挙の期日の公示の日の翌日から当該選挙の期日の前日までとされている（令五九の八）。

具体的な手続は、洋上投票と同様であるが、南極地域調査組織の長（越冬隊長及び夏隊長）が南極投票指定市町村（東京都港区及び中央区。規則一七の二の三）の選管に投票送信用紙等を請求する際には、南極選挙人証の提示が必要とされている。南極選挙人証については、南極地域観測隊員が、所属地選管の委員長に対して交付申請を行い、所属地選管の委員長から交付される（令五九の七）。

また、南極地域観測隊を輸送する船舶に乗船している海上自衛隊員については、当該輸送船が洋上投票ができる指定船舶等である（規則一七の二①Ｖ）ことから、洋上投票をすることが可能である。

また先に述べたとおり、点字投票は認められていない。

(七) 不在者投票の送致・受理不受理等の決定

不在者投票は、いずれの方法による場合も、所属地の選管委員長から選挙人の属する投票区（当該投票区が指定関係投票区である場合には、当該投票区に係る指定投票区）の投票管理者に送致されることになる。投票所閉鎖時刻までに投票管理者の下に到達した不在者投票については、投票管理者は投票箱を閉じる前に投票立会人の意見を聞いてこれを受理するかどうかを決め、受理と決定したものは直ちにその投票用封筒を開いて（洋上投票の場合は覆いを外して）投票用紙を投票箱に入れるが、不受理とされたものはそのまま開票管理者に送致される（令六〇、六二）。

十　特例郵便等投票

特例郵便等投票制度は、特定患者等の郵便等を用いて行う投票方法の特例に関する法律（以下「特例郵便等投票法」という。）に基づく投票方法である。この制度は、新型コロナウイルス感染症及びそのまん延防止のための措置の影響により、特定患者等が投票をすることが困難となっていた状況に鑑み、当分の間の措置として、特定患者等が郵便等を用いて投票することを可能とするものとして令和三年六月に新たに制定された。同法は、㈠で述べるように特例郵便等投票の対象者を規定しているが、新型コロナウイルス感染症の感染症法上の位置付け変更により、特例郵便等投票制度の対象者はいない状態となっている。

㈠　**特例郵便等投票を行うことができる者**

特例郵便等投票の対象者は、選挙人で特定患者等（新型コロナウイルス感染症の患者又は新型コロナウイルス感染症の病原体に感染したおそれのある者であって、次のいずれかに該当するものをいう。）であるもの（以下「特定患者等選挙人」という。）である（特例郵便等投票法二、三①）。

⑴　感染症の予防及び感染症の患者に対する医療に関する法律第四四条の三第二項又は検疫法第一四条第一項（第三号及び第四号に係る部分に限る。）の規定による宿泊施設又は当該者の居宅若しくはこれに相当する場所から外出しないことの求め又は指示（外出自粛要請等）を受けた者

⑵　検疫法第一四条第一項第一号又は第二号に掲げる措置（隔離・停留の措置）により宿泊施設内に収容されている者

特定患者等選挙人が、特例郵便等投票を行うためには、投票用紙及び投票用封筒の請求時に外出自粛要請等又は隔離・停留の措置に係る期間（以下「外出自粛要請等期間」という。）が投票をしようとする選挙の期日の公示又は告示の日の翌日から当該選挙の当日までの期間にかかると見込まれる必要がある。

なお、在外選挙人名簿に登録されている選挙人（法第四九条の二第一項に規定する政令で定めるものを除く。）については、衆議院議員又は参議院議員の選挙における投票に限り、特例郵便等投票が認められてい

る（特例郵便等投票法三①）。

㈡　特例郵便等投票の手続

(1)　特定患者等選挙人は、投票用紙等の請求時において外出自粛要請等期間が投票をしようとする選挙の期日の公示又は告示の日の翌日から選挙の当日までの期間にかかると見込まれるときは、当該選挙の期日前四日までに、登録されている選挙人名簿又は在外選挙人名簿の属する市町村の選管委員長に対して、本人が署名をした文書により、かつ、外出自粛要請等又は隔離・停留の措置に係る書面を提示して、投票用紙等の交付を請求する。ただし、当該書面の提示をすることができない特別の事情があり、かつ、理由を付してその旨を申し出た場合において、当該市町村の選管委員長が㈢による情報の提供を受けて当該特定患者等選挙人が特定患者等である旨及び請求時に外出自粛要請等期間が選挙期間にかかると見込まれる旨の確認をすることができるときは、当該確認をもって当該書面の提示に代えることができる（特例郵便等投票法三②、特定患者等の郵便等を用いて行う投票方法の特例に関する法律施行令（以下「特例郵便等投票令」という。）一①）。

なお、投票用紙等の請求をする場合には、当該市町村の選管委員長に対し、特定患者等選挙人の種類に応じて、それぞれ次に示す行為が必要となる（特例郵便等投票令一②）。

ア　法第九条第三項の規定により都道府県の議会の議員又は長の選挙の選挙権を有する特定患者等選挙人が当該選挙において請求する場合に、引続居住証明書類を提示し又は引き続き当該都道府県の区域内に住所を有することの確認を申請すること

イ　選挙人名簿登録証明書の交付を受けている船員である特定患者等選挙人が請求する場合に、選挙人名簿登録証明書を提示すること

ウ　南極選挙人証の交付を受けている特定患者等選挙人が衆議院総選挙又は参議院通常選挙において請求する場合に、南極選挙人証を提示すること

エ　在外選挙人証の交付を受けている特定患者等選挙人（当該特定患者等選挙人のうち選挙人名簿に登録されているもので令第六五条の二に規定する者を除く。）が衆議院議員又は参議院議員の選挙において請求する場合に、在外選挙人証を提示すること

(2)　請求を受けた市町村の選管委員長は、請求をしてきた選挙人が特例郵便等投票ができる者であると認めたときは、投票用紙と必要事項を記載した特例郵便等投票用封筒を本人あて、必ず郵便等をもって送付する。この場合において、選挙人名簿登録証明書、南極選挙人証又は在外選挙人証の提示を受けたときは、当該選挙人名簿登録証明書等に、当該選挙の種類及び期日並びに当該選挙の特例郵便等投票の投票用紙等を交付した旨を記入しなければならない（特例郵便等投票令一③）。

(3)　選挙人は、次のような順序で投票を行う（特例郵便等投票令一④）。

ア　投票用紙に自ら候補者の氏名等を記載する。なお、点字による記載は認められない。

イ　記載した投票用紙を、まず特例郵便等投票用内封筒に入れて封をし、更に外封筒に入れて封をする。

ウ　封をした外封筒の表面に投票を記載した年月日と場所を記載し、氏名欄に本人が署名する。

エ　記載が終わったものを更に他の適当な封筒に入れて封をし、その表面に投票が在中する旨を明記し、選挙人が属する市町村の選管委員長に対し、当該選挙人が属する投票区の投票所（当該投票区が指定関係投票区である場合には、当該投票区に係る指定投票区の投票所）を閉じる時刻までに投票管理者に送致できるよう、速やかに必ず郵便等により送付する。郵便等によることなく、使者によって送付された場合は不受理とされる。

㈢　情報の提供

都道府県知事（保健所を設置する市又は特別区にあっては、市長又は区長）及び検疫所長は、市町村の選管委員長から特例郵便等投票に係る情報の提供の求めがあったときその他特例郵便等投票に関する事務の円滑な実施のために必要があると認めるときは、市町村の選管委員長に対して、当該事務の実施に必要な範囲内において、当該事務に必要な情報を提供することができる（特例郵便等投票法四）。

㈣　特定患者等選挙人の努力

特定患者等選挙人は、特例郵便等投票を行うに当たっては、新型コロナウイルス感染症の感染の拡大の防止に努めなければならない（特例郵便等投票法五）。

十一　在外投票

在外選挙人名簿に登録されている在外選挙人が衆議院議員又は参議院議員の選挙において投票しようとするときは、在外投票を行うことができる。

在外投票には、在外選挙人自らが在外公館の長（各選挙ごとに総務大臣が外務大臣と協議して指定する在外公館の長を除く。）の管理する投票を記載する場所（以下「在外公館等投票記載場所」という。）に出向いて行う在外公館投票、在外選挙人が登録地の選挙管理委員会に投票用紙等を請求し、投票の記載をした後、投票用紙等を郵便等により送付する郵便等投票、一時帰国している場合などに国内の投票方法（選挙当日の投票、期日前投票、不在者投票）を利用して行う日本国内における投票の三つの方法がある（法四九の二）。

なお、在外投票については、九の㈡～㈥の郵便等による不在者投票、国外における不在者投票、洋上投票等及び南極投票は適用されない。

㈠　**在外公館投票**

在外選挙人名簿に登録されている者は、在外公館等投票記載場所において、選挙の期日の公示又は告示の日の翌日から当該選挙の期日の六日前（投票の送致に日数を要する地の在外公館であることその他特別の事情があると認められる場合は、あらかじめ総務大臣と外務大臣が協議して指定する日）まで投票を行うことができる。

⑴　在外選挙人は在外公館の長に対して、文書により、在外選挙人証及び旅券等を提示して、投票用紙及び投票用封筒の交付を請求する（令六五の三①、六五の五）。

⑵　請求を受けた在外公館の長は、提示された在外選挙人証及び旅券等から本人確認をし、直ちに、当該在外選挙人に投票用紙及び投票用封筒を交付する。この場合においては、当該在外選挙人の在外選挙人証に所要事項の記入を行い返却する（令六五の三③）。

⑶　⑵により投票用紙等の交付を受けた在外選挙人は、直ちに在外公館等投票記載場所において、投票用紙に自ら記載し、これを内封筒に入れて封をし、さらに外封筒に入れて封をし、その外封筒の表面に所要事項を記載し、及びこれに署名して直ちに在外公館の長に提出する（令六五の四①）。

なお、投票行為を行わせるに当たって、在外公館の長は、選挙権を有する者を最低一人選任し、立会人として立ち会わせなければならない（令六五の四②）。立会人は、在外公館の長若しくはその事務従事者又は代理投票の補助者を兼ねることができない。

⑷　このようにして提出された封筒の裏面に、在外公館の長は、所要事項を記載し、さらにこれを送付用封筒に入れて封をし、所要事項を記載し、直ちに外務大臣を経由して登録地の選挙管理委員会に送付しなければならず、登録地の選挙管理委員会の委員長はこれを当該在外選挙人が属する指定在外選挙投票区の投票管理

者に送致しなければならないとされている（令六五の七）。

なお、点字投票や代理投票、代理投票の仮投票も認められる（令六五の三②④、六五の四③④）。在外公館投票ができる時間は、午前九時三〇分から午後五時までの間とされ、この時間により難い特別の事情があると認められる在外公館等投票記載場所については、別に定めることとされている（令一四二④⑤）。

(二)　郵便等投票

郵便等投票は、在外選挙人が、投票用紙及び投票用封筒を郵便等により送付する方法による投票である。投票の記載は、選挙の期日の公示又は告示の日の翌日以降に行い、当該在外選挙人が属する指定在外選挙投票区の投票所を閉じる時刻までに投票の送致ができるように、登録地の選挙管理委員会の委員長に郵便等により送付しなければならない（令六五の一二①）。

(1)　在外選挙人は、選挙の期日の四日前までに、登録地の選挙管理委員会の委員長に対して、当該在外選挙人が署名（点字によるものを除く。）をした文書により、直接に、又は郵便等をもって、かつ在外選挙人証を提示して、投票用紙及び投票用封筒の交付を請求する（令五九の三①、六五の一一①）。

(2)　請求を受けた登録地の選挙管理委員会の委員長は、在外選挙人名簿又はその抄本と対照して、直ちに（選挙の期日の公示又は告示の日前に請求を受けた場合には、衆議院議員の総選挙の場合には任期の満了の日前六〇日に当たる日又は衆議院の解散の日のいずれか早い日から、参議院議員の通常選挙の場合には任期の満了の日前六〇日に当たる日から等）投票用紙及び投票用封筒を郵便等をもって発送しなければならない。この場合においては、当該在外選挙人の在外選挙人証に所要事項の記入を行う（令六五の一一②、在外則二三）。

(3)　(2)により投票用紙及び投票用封筒の交付を受けた在外選挙人は、その現在する場所において、自ら投票用紙に記載を行う。点字による記載、代理人による代筆は認められない。これを内封筒に入れて封をし、さらに外封筒に入れて封をし、その外封筒の表面に所要事項を記載し、及びこれに署名（点字によるものを除く。）をし、さらにこれを送付用封筒に入れて封をし、その表面に所要事項を記載したうえで、登録地の選挙管理委員会の委員長に対し、郵便等をもって送付しなければならない。送付を受けた登録地の選挙管理委員会の委員長は、これを当該選挙人が属する指定在外選挙投票区の投票管理者に送致しなければならない（令六五の一二）。

㈢　**国内における投票**

国内における投票は、在外選挙人が一時的に日本国内に滞在する場合、帰国後間もないため日本国内の選挙人名簿に登録されていない場合に国内における投票制度を活用するものであり、選挙の期日の公示又は告示の日の翌日から当該選挙の期日の前日までの間は期日前投票又は不在者投票を、選挙の当日は投票所における投票を行うことができる。なお、国内における投票については、九の㈠の⑶の指定病院等における不在者投票は適用されない（郵便等による不在者投票、国外における不在者投票、洋上投票等及び南極投票が適用されないことは、前述のとおり。）。

具体的な投票手続は国内の投票手続と同様であるが、在外選挙人証を提示しなければならない（法四九の二②による読替え後の法四四②）。

十二　仮投票

仮投票とは、投票の拒否の決定を受けた選挙人において不服があるとき、又は投票管理者が投票の拒否の決定をしたこと若しくは拒否の決定をしなかったことについて投票立会人に異議のあるとき等において、投票管理者が当該選挙人に仮に行わせる投票をいう。投票管理者は、選挙人が本人であるかどうか確認できないときは本人であることの宣言をさせなければならず（法五〇①）、選挙人がその宣言をしないとき、又は選挙人名簿や在外選挙人名簿に登録されている者について誤載、失権等により実質的選挙権を有しないものと認められるときは、投票立会人の意見を聴いて投票の拒否を決定するが（法五〇②）、この投票の拒否について選挙人又は投票立会人に異議があるとき又は投票を拒否しないことについて投票立会人に異議があるときは、仮投票させなければならないとされている（法五〇③⑤）。また、公選法第四八条第一項の規定によって心身の故障その他の事由により代理投票を申請した選挙人について、投票管理者がその事由がないものと認めた場合にも代理投票の拒否を決定することができることとされており、この拒否の決定について選挙人に不服があるとき又は代理投票をすることにつき投票立会人に異議があるときも仮投票させなければならないものとされている（法五〇④）。

仮投票の方法は、通常の手続により、投票用紙に候補者の氏名等を記載させた後、別途交付する仮投票用封筒にこれを入れて封をし、封筒の表面に選挙人にその氏名を記載させ、投票箱に投入させるものとされている（令四一）。

また、代理投票の仮投票の場合は、選挙人に代わって候補者の氏名等を記載した者が、選挙人及び投票立会人の面前でその投票用紙を仮投票用封筒に入れて封をし、封筒の表面に選挙人及び代理記載した者の氏名を記載して投票箱に投入させることとしている（令四一④）。この代理投票の仮投票の仕組みは、不在者投票及び在外投票における代理投票の仮投票についても同様である（令五六⑤、五七③、五八④、六五の四④）。

なお、仮投票は、一般の投票とともに開票所に送られ、開票管理者が開票立会人の意見を聴いて、その仮投票を受理するか否かを決定するものとされている（法六六①、令七一）。

第五節　開　票

開票は、選挙人が行った投票を点検し、その有効無効を決定し、各候補者（衆議院比例代表選挙にあっては名簿届出政党等、参議院比例代表選挙にあっては名簿登載者及び名簿届出政党等。以下開票、選挙会及び選挙分会の節において「候補者等」という。）の得票数を計算する手続である。以下その具体的な仕組み、方法について述べることとする。

一　開票区

開票は、一定の区域を単位として行われる。この単位区域を開票区という。

開票区は、原則として市町村の区域によることになっているが、衆議院小選挙区選挙又は都道府県の議会の議員の選挙において市町村が二以上の選挙区に分かれている場合や、市町村の議会の議員の選挙において条例により選挙区が設けられている場合（法一五⑥）には、この選挙区の区域によることになる（法一八①）。

なお、市町村の合併が行われた場合、市町村の合併の特例に関する法律第二一条第一項の規定により、一市町村が都道府県の議会の議員の二以上の選挙区に分かれることがあるが、この場合には、それぞれの選挙区の区域により開票区を設けるものとされている（合併特例法二一③）。

以上の場合以外においても、都道府県の選挙管理委員会は、特別の事情があると認めるときに限り、市町村の区域を分けて、又は数市町村の区域の全部若しくは一部を合わせて、開票区を設けることができるものとされている（法一八②）。投票区の増設の場合と異なり、開票区の増設等を特別の事情があると認めるときに限り、しかも都道府県の選挙管理委員会が行うこととされたのは、みだりに開票区を増設することは秘密投票の趣旨から好ましいことでなく、また、開票事務の公正かつ能率的な処理に支障をきたすおそれもあるからである。

　このように都道府県の選挙管理委員会が開票区の増設又は合併を行ったときは、直ちにその旨を告示しなければならないこととされている（法一八③）。

二　開票所

　各開票区にはそれぞれ開票所が設けられる。

　開票所とは、開票に関する事務を行うための施設をいい、市役所、町村役場又は市町村の選挙管理委員会の指定した場所に設けられる（法六三）。

　なお、前述したところにより都道府県の選挙管理委員会が数市町村の区域の全部又は一部を合わせて一開票区を設けた場合は、開票所の場所の指定告示は、関係市町村の選挙管理委員会が協議して定めた市町村の選挙管理委員会が行い、協議が整わない場合は、都道府県の選挙管理委員会が行うこととされている（令七〇の三⑤）。

　開票は、全ての投票箱の送致を受けた日又はその翌日に行われる（法六五）。

　開票の場所、日時は、市町村の選挙管理委員会が定めて、あらかじめ告示しなければならない（法六四）。

　なお、天災その他避けることができない事故によって、あらかじめ告示した開票日に開票を行うことができないとき（開票区内のある投票区からの投票箱等の送致が、天災その他避けることができない事故によって遅延し開票を行うことができない場合等）は、更に期日を定めて開票を行わなければならない。これを繰延開票という。また、天災その他避けることができない事故によって、更に開票を行う必要があるときも同様であり、これを再開票という（法七三）。

その他、開票所については、選挙人の参観の規定（法六九）や投票所におけると同様、秩序保持のために開票所に出入りできる者の制限、秩序保持のための開票管理者の処分請求（法七四）等の規定がおかれている。

三　開票の手続

開票は、投票所閉鎖後に、各投票区の投票管理者からの投票箱、投票箱の鍵、投票録、不在者投票の調書、選挙人名簿等の開票管理者に対する送致を待って行われる。

開票管理者は開票所でこれらが間違いなく送致されたかどうか点検した後に、受領し、開票が開始されるまでの間これを保管する。

開票事務の手続を、順をおって述べれば次のとおりである。

(一)　開票管理者は、あらかじめ告示されている開票開始時刻になると、開票立会人が三人以上参会していること（法六二⑨）及び全ての投票箱を各投票管理者から受領していることを確認の上、開票の開始を宣言し、投票箱を開披する（法六五、六六①）。

(二)　開票管理者は、投票の点検前に、仮投票、代理投票の仮投票並びに不受理又は拒否の決定を受けた不在者投票及び在外投票（不受理又は拒否の決定を受けた投票は送致用封筒に入れられ、投票箱に入っている。）を調査し、開票立会人の意見を聴き、その投票の受理、不受理の決定をしなければならない（法六六①、令七一）。なお、この判断基準は、仮投票については正当に投票する資格があったかどうか、代理投票の仮投票については代理投票を行うことができる事由があったかどうか、不受理の決定を受けた不在者投票については不在者投票の手続が正当であったかどうか及びその者が選挙権を有していたかどうかである。

また、受理と決定した仮投票等は、封筒から取り出し、一般投票と混同する（法六六②）。不受理と決定した仮投票等は、開票所を閉じた後に開票管理者が送致を受けた不在者投票とともに、別の封筒に入れ、開票立会人とともに封印をする。

㈢　投票の点検は、各投票につきその効力を決定し各候補者等別に計算することであり、各投票所の投票を開票区ごとに混同した後行わなければならない（法六六②）。投票の点検を行う場合には、開票事務に従事する者二人に各別に同一の候補者等の得票数を計算させなければならない（令七二）。

㈣　開票管理者は、投票の点検終了後に、①各候補者等の得票数の朗読（令七三）、②開票録の作成（法七〇）、③投票点検結果を選挙長又は選挙分会長に直ちに報告し（法六六③）、その際併せて開票録の写（市町村の選挙にあっては開票録）を送付すること（令七四）、④点検済の投票の有効無効を区別して、それぞれ別の封筒に入れ、開票立会人とともに封印し、これを投票録、開票録その他の書類とともに市町村の選挙管理委員会に送付すること等の措置を講じなければならない（令七六①）。

四　投票の効力

開票事務において最も問題となるのは、投票の有効、無効（投票の効力）の決定である。

投票が有効であるためには、選挙権を有効に行使しうる選挙人の投票で適法な投票手続等によりなされたものでなければならないが、開票に際しての投票の効力の決定は、適法な投票用紙が使用され、なおかつ、適法な記載がなされているか等の投票自体の形式的な要素を基準として行うものである。

この投票の効力の決定は、開票管理者がまず開票立会人の意見を聴取し、最終的には開票管理者自らの判断により行わなければならない。その場合、開票管理者は、次に述べる投票が無効とされる場合に該当しない限りにおいては、用いられた投票用紙及び記載自体等専ら形式的要素からみて選挙人の意思が明白であれば、その投票を有効とするようにしなければならないとされている（法六七）。

公選法の規定（法六八）により、投票が無効とされる場合は次のとおりである。

(一)　衆議院比例代表選挙又は参議院比例代表選挙以外の選挙の場合

(1)　所定の用紙を用いないもの（法六八①Ⅰ）

所定の用紙とは、投票用紙の公製公給主義（法四五）の基本原則からして当然に公給用紙であり、これを用いない投票は無効である。

すなわち、名刺、普通の紙片等による投票は、所定の用紙を用いない投票として無効となる。

また、同時選挙又は同日選挙において投票用紙を取り違えてなした投票等も所定の用紙ではないので無効である。

(2)　公職の候補者でない者、又は公職の候補者となることができない者の氏名を記載したもの（法六八①Ⅱ）

公職の候補者でない者の氏名を記載したものとは、他の選挙又は他の選挙区の候補者の氏名を記載したり、立候補を辞退した者、投票開始前に死亡した候補者等の氏名を記載した投票である。

公職の候補者となることができない者とは、被選挙権を有しない者、重複して立候補している者（法第八六条の二第四項の規定により衆議院名簿の登載者とされたものを除く。）、投票管理者、開票管理者、選挙長、選挙分会長等の選挙事務関係者、連座制の適用又は衆議院小選挙区選出議員若しくは参議院選挙区選出議員たることを辞したこと等によって立候補制限を受けている者であり、これらの者に対する投票は無効である。

(3)　候補者届出政党としての要件を欠く政党その他の政治団体の届出に係る候補者、候補者届出政党に所属する者でなくなった旨の届出がなされた候補者などの氏名を記載したもの（法六八①Ⅲ）

候補者届出政党の要件については、第七節三㈠⑴（一五二頁）参照。
候補者届出政党としての要件を欠く政党その他の政治団体の届出に係る候補者、除名、離党その他の事由により、候補者届出政党に所属する者でなくなった旨の届出が選挙の期日の前日までになされた候補者の氏名を記載した投票は無効である。また、候補者届出政党は、同一選挙区で重ねて候補者の届出をすることができない（法八七③）ので、重ねて候補者の届出をした政党に係る候補者の氏名を記載した投票も無効である。

⑷　一投票中に二人以上の公職の候補者の氏名を記載したもの（法六八①Ⅳ）
一の投票用紙に二人以上の候補者の氏名を記載することは、単記投票の原則（法三六、四六①）に違反し、当然に無効となる。

⑸　被選挙権のない公職の候補者の氏名を記載したもの（法六八①Ⅴ）
ここにいう被選挙権のない公職の候補者とは、選挙当日に被選挙権を有しない候補者である。
したがって、投票の当日投票開始時刻前に被選挙権を失った候補者に対する投票は無効である。

⑹　公職の候補者の氏名のほか、他事を記載したもの。ただし、職業、身分、住所又は敬称の類を記入したものは、この限りでない（法六八①Ⅵ）。
ここでいう他事とは、候補者の氏名を記載した文字以外の一切の記載をいう。他事記載が無効とされる趣旨は、秘密投票の原則を保持し、選挙の公正を確保しようとするところにある。
他事記載であっても、職業、身分、住所又は敬称の類の記載は無効とはされない。

⑺　公職の候補者の氏名を自書しないもの（法六八①Ⅶ）
投票は、代理投票及び点字投票を除いては、自書（自分自身の意思による手書）しなければならない（法

四六①）のであって、これに違反した投票は無効となる。

(8)　公職の候補者の何人を記載したかを確認し難いもの（法六八①Ⅷ）

確認し難い投票とは、一応候補者の氏名らしきものが記載されているが、果たしてそれが候補者の氏名を記載したものであるかどうかはっきりしない記載の不明瞭な投票、一応候補者の氏名と認められるものが記載されてはいるが、それが二人以上の候補者の氏名に関連があって、その中のどの候補者に対して投票されたものかはっきりしない帰属の不明瞭な投票等をいう。

(9)　白紙投票、単なる雑事、記号等を記載したもの

これらは、公選法第六八条において特に規定されていないが、候補者のいずれにも帰属させる余地はなく、無効である。

㈡　**衆議院比例代表選挙の場合**

(1)　所定の用紙を用いないもの（法六八②Ⅰ）

前述㈠(1)に同じ。

(2)　名簿届出政党等以外の政党その他の政治団体の名称又は略称を記載したもの（法六八②Ⅱ）

名簿届出政党等以外の政党等の名称又は略称を記載したもののほか、名簿を取り下げた名簿届出政党等の名称又は略称を記載したものも無効となる。

(3)　名簿届出政党等としての要件を欠く政党その他の政治団体又は名簿を重複して届け出ている政党その他の政治団体の名称若しくは略称を記載したもの（法六八②Ⅲ）

名簿届出政党等の要件については、第七節三㈠(2)（一五五頁）参照。

名簿届出政党等の要件を欠いた政党その他の政治団体の名称又は略称を記載した投票は無効となる。ま

た、名簿届出政党等は、重ねて（衆議院名簿届出政党等については一の選挙区において重ねて）名簿を届け出ることができない（法八七⑤）ので、名簿を重複して届け出た政党その他の政治団体の名称又は略称を記載した投票は無効となる。

(4) 名簿登載者の全員が、名簿から抹消される事由に該当している場合の当該名簿に係る政党その他の政治団体の名称又は略称を記載したもの（法六八②Ⅳ）

名簿から抹消される事由とは、公選法第八六条の二第七項に規定する事由であり、それは次のとおりである。

ア　死亡者であるとき。

イ　被選挙権を有しない者又は重複立候補者（法第八六条の二第四項の規定により衆議院名簿の登載者とされたものを除く。）であるとき。

ウ　選挙事務関係者及び国又は地方公共団体の公務員（これらの者は在職中公職の候補者となることはできない（法八八、八九）。）となったとき又は他の選挙で当選人と定められた者で、当選の告知の日から五日以内に当選を辞する旨の届出をしないとき。

エ　衆議院小選挙区選挙との重複立候補者として名簿に登載した者が、小選挙区選挙の候補者でなくなり、又は候補者とならなかったとき。

オ　除名、離党その他の事由により、名簿届出政党等に所属しなくなった旨の届出が選挙の期日の前日までになされているとき。

名簿登載者の全員がこれらの事由に該当している名簿届出政党等の名称又は略称を記載した投票は無効となる。

(5)　一投票中に二以上の名簿届出政党等の名称又は略称を記載したもの（法六八②Ⅴ）
名簿届出政党等の名称又は略称を記載する選挙であっても、単記投票の原則（法三六、四六②）に従わなければならないのはいうまでもなく、これに違反した場合は公職の候補者の氏名を記載する選挙の場合と同様無効となる（前述㈠(4)参照）。

(6)　名簿届出政党等の名称又は略称のほか、他事を記載したもの。ただし、本部の所在地、代表者の氏名又は敬称の類を記入したものは、この限りでない（法六八②Ⅵ）。
ここでいう他事とは、名簿届出政党等の名称又は略称を記載した文字以外の一切の記載をいう。他事記載が無効とされる趣旨は、秘密投票の原則を保持し、選挙の公正を確保しようとするところにあるが、これは公職の候補者の氏名を記載する選挙の場合と何ら異なるところはない（前述㈠(6)参照）。

他事記載であっても、本部の所在地、代表者の氏名又は敬称の類の記載は無効とはされない。

(7)　名簿届出政党等の名称又は略称を自書しないもの（法六八②Ⅶ）
公職の候補者の氏名の代わりに名簿届出政党等の名称又は略称を自書する（法四六②）以外は、前述の㈠(7)と同様である。

(8)　名簿届出政党等のいずれを記載したかを確認し難いもの（法六八②Ⅷ）
これは、公職の候補者の氏名を記載する選挙において、候補者の何人を記載したかを確認し難い投票は無効とすることに対応するもので、候補者の氏名の代わりに名簿届出政党等の名称又は略称を記載する場合も考え方は全く同じである（前述㈠(8)参照）。

(9)　白紙投票、単なる雑事、記号等を記載したもの

㈢　参議院比例代表選挙の場合

参議院比例代表選挙は非拘束名簿式という特殊性から、個人名投票と政党名投票の両方が認められることと

なったため、㈠及び㈡のそれぞれの無効事由を規定することを基本としつつも両方の無効事由を併記することによって生じる不都合等を調整する規定が置かれている。

⑴　所定の用紙を用いないもの（法六八③Ⅰ）
　前述㈠⑴及び㈡⑴に同じ。

⑵　名簿登載者でない者、又は名簿登載者となることができない者の氏名を記載したもの（法六八③Ⅱ）
　前述㈠⑵を参照。

⑶　名簿届出政党等以外の政党その他の政治団体の名称又は略称を記載したもの（法六八③Ⅱ）
　前述㈡⑵に同じ。

⑷　名簿届出政党等としての要件を欠く政党その他の政治団体又は名簿を重複して届け出ている政党その他の政治団体の名称若しくは略称を記載したもの（法六八③Ⅲ）
　前述㈡⑶に同じ。

⑸　⑷の政治団体に係る参議院名簿登載者の氏名を記載したもの（法六八③Ⅲ）
　前述㈠⑶を参照。

⑹　名簿登載者の全員が、名簿から抹消される事由に該当している場合の当該名簿に係る政党その他の政治団体の名称又は略称を記載したもの（法六八③Ⅳ）
　前述㈡⑷に同じ。

⑺　一投票中に二人以上の名簿登載者の氏名を記載したもの（法六八③Ⅴ）
　前述㈠⑷を参照。

⑻　一投票中に二以上の名簿届出政党等の名称又は略称を記載したもの（法六八③Ⅴ）

⑼
前述㈡⑸に同じ。

一投票中に名簿登載者の氏名及び当該名簿登載者に係る名簿届出政党等と異なる名簿届出政党等の名称又は略称を記載したもの（法六八③Ⅵ）

これに該当する投票は、⑾又は⒀によって無効となるものであるが、個人名投票が政党の選択と当該政党名簿における個人の指名という二つの意味を持っていることに鑑み、個人とその個人が属しない政党との記載があるという矛盾した投票について明示的に無効であることを規定したものと考えられる。

⑽
被選挙権のない名簿登載者の氏名を記載したもの（法六八③Ⅶ）

前述㈠⑸を参照。

⑾
他事を記載したもの（法六八③Ⅷ）

前述㈠⑹及び㈡⑹を参照。

ただし、次の事項を記載したものは他事記載とならない。

(i)
名簿登載者の氏名の記載のある投票

当該名簿登載者に係る名簿届出政党等の名称・略称、職業、身分、住所、敬称の類（当該名簿登載者が特定枠名簿登載者である場合には、当該名簿登載者に係る当選人となるべき順位を含む。）

(ii)
名簿登載者の氏名の記載のない投票で名簿届出政党等の名称・略称を記載した投票

本部の所在地、代表者の氏名、敬称の類（特定枠名簿登載者がいる名簿届出政党等の場合には、特定枠名簿登載者の記載に係る順位を含む。）

⑿
自書しないもの（法六八③Ⅸ）

前述㈠⑺及び㈡⑺を参照。

⒀　いずれの名簿登載者を記載したか、いずれの名簿届出政党等を記載したか、名簿登載者を記載したのか名簿届出政党等を記載したのか確認できないもの（法六八③Ｘ）

前述㈠⑻及び㈡⑻を参照。

⒁　白紙投票、単なる雑事、記号等を記載したもの

前述㈠⑼及び㈡⑼を参照。

㈣　**同一氏名の候補者等に対する投票の場合**

同一の氏名、氏又は名の候補者が二人（衆議院比例代表選挙にあっては同一の名称又は略称の名簿届出政党等が二つ、参議院比例代表選挙にあっては同一の名簿登載者の氏名、氏若しくは名又は名簿届出政党等の名称若しくは略称が二つ）以上ある場合、それぞれ同一の氏名、氏又は名（同一の名称又は略称）を記載した投票は、形式的には前述㈠⑻、㈡⑻又は㈢⒀「公職の候補者の何人（名簿届出政党等のいずれ）を記載したか等を確認し難いもの」に該当するが、このような投票については選挙人の意思をなるべく尊重する趣旨から有効とし、当該候補者等の他の有効投票数に比例して按分することとされている（法六八の二）。

㈤　**特定枠名簿登載者の有効投票**

特定枠名簿登載者の個人名投票については当選順位を決めるという意味を持たないことから、特定枠名簿登載者の有効投票は、原則として当該特定枠名簿登載者に係る参議院名簿届出政党等の有効投票とみなされる（法六八の三）。

㈥　**記号式投票の場合**

以上は、通常の自書式投票の場合における投票の効力の取扱いを述べたものであるが、第四節で述べたように地方公共団体の議会の議員又は長の選挙の場合には記号式投票が行われることがある（法四六の二①）。

記号式投票の場合における投票の効力の決定についても自書式投票の場合のそれと考え方はほとんど同じである（法四六の二②）。

無効投票とされる場合は、①所定の用紙を用いないもの又は所定の○の記号の記載方法によらないもの、②公職の候補者でない者又は公職の候補者となることができない者に対して○の記号を記載したもの、③一投票中に二人以上の公職の候補者に対して○の記号を記載したもの、④被選挙権のない公職の候補者に対して○の記号を記載したもの、⑤○の記号以外の事項を記載したもの、⑥○の記号を自ら記載しないもの、⑦公職の候補者のいずれに対して○の記号を記載したかを確認し難いものであり、また、○の記号が記載されていないもの等も無効となる。記号式投票の場合は、自書式投票の場合と異なり、その性質上按分の扱いはありえない。

第六節　選挙会及び選挙分会

選挙における総締めくくりを行い当選人を決定する機関として選挙会がおかれること、また、衆議院比例代表選挙、参議院比例代表選挙においては、都道府県段階で各候補者等の得票数を中間集計する機関として選挙分会がおかれることは前述したとおりである。

選挙会は、当該選挙区における全ての開票所で行われた投票の点検及びその確認の結果により、各候補者等の得票総数を計算して当選人とそうでない者とを決定する。

選挙会は、都道府県庁、市役所又は町村役場等当該選挙に関する事務を管理する選挙管理委員会（参議院合同選挙区選挙については当該選挙に関する事務を管理する参議院合同選挙区選挙管理委員会、衆議院比例代表選挙及び参議院比例代表選挙については中央選挙管理会）が指定した場所で、選挙分会は、都道府県庁又は都道府県の選挙管理委員会の指定した場所で開催される（法七七）。この場合、選挙会にあっては当該選挙に関する事務を管理する選挙管理委員会（参議院合同選挙区選挙については当該選挙に関する事務を管理する参議院合同選挙区選挙管理委員会、衆議院比例代表選挙及び参議院比例代表選挙については中央選挙管理会）が、選挙分会にあっては都道府県の選挙管理委員会が、あらかじめ選挙会又は選挙分会の場所及び日時を告示することとされている（法七八）。

選挙会又は選挙分会は、全ての開票管理者から開票結果の報告を受けた日又はその翌日に開かれる（法八〇）。なお、衆議院比例代表選挙、参議院比例代表選挙の場合の選挙会は、全ての選挙分会長からの選挙録の写し及び選挙分会の調査結果の報告を受けた日若しくは中央選挙管理会から衆議院小選挙区選出議員の選挙の当選人の通知を受けた日のいずれか遅い日（当該選挙が衆議院小選挙区選挙と同時に行われない場合又は参議院比例代表選挙の場合にあっては、全ての選挙分会長から選挙録の写し及び選挙分会の調査結果の報告を受けた日）又はその翌日に開催されることになる（法八一①〜④）。また、参議院合同選挙区選挙の場合の選挙会は、全ての選挙分会長からの選挙録の写し及び選挙分会の調査結果の報告を受けた日又はその翌日に開催されることになる（法八一⑤）。

衆議院小選挙区選挙並びに地方公共団体の議会の議員及び長の選挙においては、選挙会の区域と開票区の区域とが同一である場合には、開票管理者及び開票立会人を選任しないで、選挙長及び選挙立会人のみを選任し、これらの選挙長及び選挙立会人が、選挙会場において選挙会事務とともに、開票管理者及び開票立会人が行うべきものとされている開票事務を合同して行うことができることとされており、当該選挙に関する事務を管理する選挙管理委員会は、当該選挙期日の公示又は告示の日に、事務を合同して行うかどうかを告示しなければならない。事務を合同して行う場合、開票に関する次第は選挙録中に合わせて記載することとする等、選挙管理事務の簡素化、能率化が図られている（法七九）。

なお、天災その他避けることのできない事故により、例えば法第七八条の規定により告示された選挙会場が焼失したため、あらかじめ告示した日に選挙会又は選挙分会を開催することができない場合には、更に期日を定めて選挙会又は選挙分会を行わなければならない。これを繰延選挙会又は繰延選挙分会という（法八四）。

選挙会又は選挙分会の開催は、選挙長又は選挙分会長により行われるが、選挙長又は選挙分会長は選挙立会人立会いの上、開票管理者からの投票結果の報告を調査し、各候補者等の得票総数を計算する（法八〇）。

選挙長又は選挙分会長は、選挙会又は選挙分会の事務が終了した場合、選挙長は選挙録及び選挙会に関する書類をその選挙に関する事務を管理する選挙管理委員会（参議院合同選挙区選挙については当該選挙に関する事務を管理する参議院合同選挙区選挙管理委員会、衆議院比例代表選挙及び参議院比例代表選挙については中央選挙管理会）に、選挙分会長は、選挙録及び選挙分会に関する書類を都道府県の選挙管理委員会に、それぞれ送付しなければならないとされている（令八五）。その他、選挙会及び選挙分会については選挙人の参観（法八二）や選挙会場及び選挙分会場の秩序保持のために、そこに出入りできる者の制限、秩序保持のための選挙長又は選挙分会長の処分請求（法八五）等の規定がおかれている。

第七節　候補者及び当選人

一　立候補制度

公選法は、立候補の届出をした者でなければ、有効に当選人となることができないとする立候補制度をとっている（法八六、八六の二、八六の三、八六の四）。この立候補制度の創設は、男子普通選挙が実現された大正一四年の衆議院議員選挙法の改正によるものであり、それまでは立候補制度はなく、選挙人は被選挙権を有する者のうちから任意の者を選んで投票する仕組みであった。とはいえ、選挙人の側からすればその公職に就く意思のない者を当選人としても意味のないことであり、当選を目指す者の側からすれば立候補の意思を表明することが必要であり、当時から事実上の立候補の声明的なことが行われていた。これに加えて、有権者数の増大があり、更には選挙運動の規制もあって、立候補制度は早晩採用されるべきものであった訳で、現在では一般的に確立された制度である。

二　立候補の禁止及び制限

有効に候補者となるためには、以下に述べる㈠～㈥の禁止及び制限に触れないことが必要である。

㈠　被選挙権のない者の立候補の禁止　　立候補届出の時点で被選挙権のない者は立候補を禁止される。ここにいう被選挙権のない者とは、現に刑務所に入っている者、選挙犯罪や政治資金規正法違反により一定の刑に処せられた者などいわゆる被選挙権の消極要件に該当するために被選挙権を有しない者のことである（法八六の八、第一章第一節三㈡参照）。

㈡　連座制による立候補制限　　総括主宰者、出納責任者、地域主宰者又は候補者若しくは立候補予定者の親族、秘書若しくは組織的選挙運動管理者等といった者が、買収罪等を犯し、一定以上の刑に処せられた場合には、連座により、候補者の当選が無効とされるとともに、連座裁判確定等の時から五年間、当該選挙に係る選挙区からの立候補が禁止されることがある（法二五一の二、二五一の三、後述）。

㈢　重複立候補等の禁止　　一の選挙において公職の候補者となった者は、同時に、他の選挙（選挙の種類を問わない。）における公職の候補者となることができない（法八七①）。言い換えれば、一度、ある選挙において立候補届を受理された者は、その選挙の選挙期日を過ぎるまでは、他の選挙に立候補することができない。

また、衆議院小選挙区選挙において、一の政党その他の政治団体の届出に係る候補者は、当該選挙において同時に他の政党その他の政治団体の届出に係る候補者となることはできないし、候補者届出政党は、一の選挙区においては重ねて候補者の届出をすることができない（法八七②③）。衆議院比例代表選挙及び参議院比例代表選挙においては、一の名簿の公職の候補者たる名簿登載者は、当該選挙において同時に他の名簿の公職の候補者たる名簿登載者であることができない（法八七④⑥）。

また、名簿届出政党等は（衆議院比例代表選挙では、同一の選挙区において）、重ねて名簿を届け出ることができない（法八七⑤⑥）。

㈣　衆議院小選挙区選出議員又は参議院選挙区選出議員たることを辞した者等の立候補制限　衆議院小選挙区選出議員又は参議院選挙区選出議員たることを辞し（国会法一〇七）、又は辞したものとみなされた（法九〇）者は、当該欠員について行われる補欠選挙（参議院選挙区選出議員を辞した者等については、通常選挙と合併して一の選挙として行われる選挙を除く。）における候補者となることはできない（法八七の二）。例えば、衆議院小選挙区選出議員又は参議院選挙区選出議員が知事選挙に立候補するために辞職し、その知事選挙で当選人とならなかった場合に、自らの辞職が原因となった衆議院小選挙区選出議員又は参議院選挙区選出議員の補欠選挙へは立候補できない。

㈤　選挙事務関係者の立候補制限　投票管理者、開票管理者、選挙長及び選挙分会長は、在職中、その関係区域内で当該選挙の候補者となることができない（法八八）。「関係区域内において」とは、投票管理者、開票管理者及び選挙分会長については、その関係区域（それぞれ投票区、開票区及び当該都道府県）を包含する選挙区においての意味である。

不在者投票管理者は、ここでいう投票管理者には含まれないが、不在者投票管理者の多くは選挙事務関係者あるいは次の㈥の公務員として立候補制限を受ける者であろうし、それ以外の場合も、不在者投票管理者たるべき者（船長、病院長等）が立候補した場合には代わりの者が不在者投票管理者になることになっている（令五五⑧⑨）。

㈥　公務員の立候補制限　国若しくは地方公共団体の公務員又は行政執行法人若しくは特定地方独立行政法人の役職員は、原則として、在職のまま立候補することはできない。ただし、次の⑴から⑸に掲げる者は立候補することができる（法八九①）。

⑴　内閣総理大臣その他の国務大臣、内閣官房副長官、内閣総理大臣補佐官、副大臣、大臣政務官及び大臣補佐官（法八九①Ⅰ）

⑵　技術者、監督者及び行政事務を担当する者以外の者で、公選法施行令で指定する者（法八九①Ⅱ、令九〇①）

⑶　公選法施行令で指定する臨時又は非常勤の委員、顧問、参与、嘱託員等（法八九①Ⅲ、令九〇②）

⑷　常勤の者を除く消防団長その他の消防団員及び水防団長その他の水防団員（法八九①Ⅳ）

⑸　地方公営企業等の労働関係に関する法律第三条第四号に規定する職員（ただし、主たる事務所の職員で課長職以上の者を除く。）（法八九①Ⅴ、令九〇③）

なお、任期満了による選挙の場合にあっては、この立候補制限の規定にかかわらず、当該任期満了の議員又は長は、在職中当該選挙に立候補することができる（法八九②）。

以上㈠～㈤の禁止及び制限に違反している立候補届は受理されない。㈥の制限に反する立候補届は受理されるが、受理されると同時に、その者は当該公務員を辞したものとみなされ、その職を失う（法九〇、いわゆる自動失職）。ただし、特定の裁判官については公選法第九〇条が適用されず、その結果立候補ができないことになる

（裁判官弾劾法四一の二）。立候補届出後に、㈠～㈤に該当することがわかった場合はその届出は却下され（法八六⑨、八六の二⑦、八六の三②、八六の四⑨）、㈤、㈥に該当するに至った場合は候補者の届出が取り下げられたものとみなされ、候補者たることを辞したものとみなされ、又は名簿登載者でなくなるものとされている（法九一）。

三　立候補の届出

㈠　届出の方法等

⑴　衆議院小選挙区選挙

衆議院選挙は政策本位、政党本位の選挙であることから、小選挙区選挙の立候補の届出は、政党により候補者の届出を行うことが原則とされている。そして、政党の届出候補者が除名等されたときは、政党からの届出により、選挙長は候補者の届出を却下することとなる。

すなわち、立候補の届出は、政党その他の政治団体（以下この項において「政党等」という。）のうち次のアの要件を満たす政党等が、当該政党等に所属する者を届け出ること（政党届出）により行い、当該政党を候補者届出政党という。ただし、候補者となろうとする者が自ら届け出る方法（本人届出）又は選挙人名簿に登録された者が本人の承諾を得て届け出る方法（推薦届出）もある。いずれの方法による場合も届出は当該選挙の期日の公示又は告示があった日に、郵便等によることなく、必ず文書（届出書）をもって、選挙長に対してしなければならない（法八六①②③）。

ア　届出を行うことができる政党等の要件

㈠　所属する衆議院議員又は参議院議員を合わせて五人以上有すること（法八六①Ⅰ）。

(イ)　直近の衆議院総選挙における小選挙区選挙若しくは比例代表選挙又は参議院通常選挙における比例代表選挙若しくは選挙区選挙において有効投票の総数の一〇〇分の二以上の得票を得たものであること（法八六①Ⅱ）。

イ　立候補届出書等

立候補の届出は要式行為である。政党届出の場合、この届出書には、当該政党等の名称、本部の所在地及び代表者の氏名並びに候補者となるべき者の氏名、本籍、住所、生年月日、職業等を記載しなければならない（法八六④）。本人届出の場合には候補者となるべき者の氏名、本籍、住所、生年月日、職業等を、推薦届出の場合には、このほかに、推薦届出者の氏名、住所及び生年月日の記載が必要である（法八六⑥、令八八⑤）。

この届出書には、次のものを添付しなければならない。

(ア)　政党届出の場合

①　政党等の綱領、党則、規約その他これらに相当するものを記載した文書（法八六⑤Ⅰ）（直近において行われた総選挙の期日後に名称の届出をした政党（以下「名称届出政党」という。）が届出をする場合は不要である。）

②　前記アの要件のいずれかに該当することを証する文書（法八六⑤Ⅱ）（アの(イ)に該当する名称届出政党が届出をする場合は、不要である（令八八②③Ⅱ）。）

③　一の選挙区において重ねて候補者の届出をしていないことを政党等の代表者が誓う旨の宣誓書（法八六⑤Ⅲ）

④　候補者となることについての本人の同意書及び公職の候補者となることができない者でないことを

当該候補者となるべき者が誓う旨の宣誓書（法八六⑤Ⅳ）

⑤　候補者となるべき者の選定機関の名称、その構成員の選出方法及び候補者となるべき者の選定の手続を記載した文書並びに候補者となるべき者の選定を適正に行ったことを当該機関の代表者が誓う旨の宣誓書（法八六⑤Ⅴ）

⑥　供託証明書（令八八④Ⅰ）

⑦　候補者となるべき者の戸籍の謄本又は抄本（令八八④Ⅱ）

(イ)　本人届出の場合（法八六⑦）

①　公職の候補者となることができない者でないことを当該候補者となるべき者が誓う旨の宣誓書

②　候補者となるべき者の所属する政党等の名称を記載した文書及び当該記載に関する政党等の代表者の証明書

小選挙区で候補者の届出を行うことができる政党等は前述の要件（(1)のア）に該当するものに限られるが、それ以外の政治団体に所属する者も、本人届出により立候補することができ、この場合、添付文書として、政党等の名称を届け出ることになる。この文書が添付されている場合、当該候補者の小選挙区での得票数が、次の選挙における得票率要件の算定や政党交付金の算定において、当該政党等の得票数として算定されることとなる。

③　(ア)の⑥⑦（令八八⑥Ⅰ）

(ウ)　推薦届出の場合（法八六⑦）

①　(イ)の①②③

②　候補者となるべき者の承諾書（令八八⑥Ⅱ）

③　推薦届出者が選挙人名簿に登録されている旨の当該市町村の選管委員長の証明書（令八八⑥Ⅱ）

⑵　衆議院比例代表選挙

次のアの要件を満たす政党等が「名簿」を届け出ることにより、その名簿に記載されている者を候補者とすることができる（法八六の二①）。当該届出を行った政党等を衆議院名簿届出政党等という。

ア　名簿の届出を行うことができる政党等の要件

(ア)　所属する衆議院議員又は参議院議員を合わせて五人以上有すること。

(イ)　直近の衆議院総選挙における小選挙区選挙若しくは比例代表選挙又は参議院通常選挙における比例代表選挙若しくは選挙区選挙において、有効投票の総数の一〇〇分の二以上の得票を得たものであること。

(ウ)　当該届出をすることにより候補者となる名簿登載者の数が当該選挙区における議員の定数の一〇分の二以上であること。

イ　名簿及び添付書類

名簿には、当該政党等の名称又は略称、所属する者の氏名及びそれらの者の当選人となるべき順位を記載するとともに、その届出に当たっては次のものを添付しなければならない（法八六の二②）。

(ア)　政党等の名称、本部の所在地及び代表者の氏名並びに名簿登載者の氏名、本籍、住所、生年月日及び職業等を記載した文書（政党その他の政治団体及び名簿登載者に関する調書）

(イ)　政党等の綱領、党則、規約その他これらに相当するものを記載した文書

（名称届出政党にあっては不要である。）

(ウ)　前記アの要件のいずれかに該当することを証する文書（名簿届出要件該当確認書）

（名称届出政党がアの(イ)に該当する政党として名簿の届出をする場合は、不要である（令八八の三①③Ⅱ）。）

(エ)　一の選挙区において重ねて名簿の届出をしていないことを政党等の代表者が誓う旨の宣誓書

(オ)　名簿登載者となることについての本人の同意書及び公職の候補者となることができない者でないことを当該名簿登載者が誓う旨の宣誓書

(カ)　名簿登載者の選定機関の名称、その構成員の選出方法及び名簿登載者の選定の手続を記載した文書並びに当該名簿登載者の選定を適正に行ったことを当該機関の代表者が誓う旨の宣誓書（名簿登載者の選定手続等に関する文書及び宣誓書）

(キ)　供託証明書（令八八の三④Ⅰ）

(ク)　名簿登載者の戸籍の謄本又は抄本（令八八の三④Ⅱ）

ウ　重複立候補

衆議院選挙においては、前述(1)のア(ア)(イ)の要件（国会議員五人以上又は得票率一〇〇分の二以上）を満たす政党等は、当該政党等の届出に係る小選挙区選挙の候補者を比例代表選挙の名簿登載者とすることができることとされている（法八六の二④）。

これは、政党本位の選挙を目指す中で、政党等にできるだけ候補者の選定についての裁量の幅を認め、政党等にとって必要な候補者を確保できるようにしようとする趣旨のものである。

重複立候補は、比例代表選挙の選挙区（ブロック）内の小選挙区との間において認められる。

また、小選挙区において当該政党等が届け出た候補者についてのみ認められるので、当該政党等に所属する者であっても、小選挙区における本人届出による候補者や他の政党等の届出にかかる候補者は、当該政党等の名簿登載者として重複立候補させることはできない。

なお、二人以上の重複立候補者の当選人となるべき順位は、同一のものとすることができ（法八六の二⑥）、この場合、当選人となるべき順位は、小選挙区選挙の結果、いわゆる惜敗率によって定められる（後述）。

⑶　参議院比例代表選挙

衆議院比例代表選挙と同様、候補者個人の立候補はできないが、次のアの要件を満たす政党等が「名簿」を届け出ることにより、その名簿に記載されている者を候補者とすることができる（法八六の三①）。当該届出を行った政党等を参議院名簿届出政党等という。参議院比例代表選挙は非拘束名簿式比例代表制であるので、原則として名簿には当選人となるべき順位は記載されないが、政党等の判断により、名簿登載者のうち一部の者について、優先的に当選人となるべき者として、当選人となるべき順位を記載することができる（特定枠制度）。

ア　名簿の届出を行うことができる政党等の要件

㈠　所属する衆議院議員又は参議院議員を合わせて五人以上有すること。

㈡　直近の衆議院総選挙における小選挙区選挙若しくは比例代表選挙又は参議院通常選挙における比例代表選挙若しくは選挙区選挙において、有効投票の総数の一〇〇分の二以上の得票を得たものであること。

㈢　当該参議院議員の選挙において候補者（名簿登載者及び選挙区選挙候補者）を一〇人以上有すること。

イ　名簿及び添付書類

名簿には、当該政党等の名称又は略称、所属する者（推薦する者を含む。）の氏名を記載するとともに、その届出に当たっては次のものを添付しなければならない（法八六の三②）。

なお、衆議院比例代表選挙とは異なり、当該政党等の推薦する者を名簿登載者とすることができることとされている。

(ア)　政党等の名称、本部の所在地及び代表者の氏名並びに名簿登載者の氏名、本籍、住所、生年月日、職業及び所属又は推薦の別等を記載した文書（政党その他の政治団体及び名簿登載者に関する調書）

(イ)　政党等の綱領、党則、規約その他これらに相当するものを記載した文書

（名称届出政党にあっては不要である。）

(ウ)　前記アの要件のいずれかに該当することを証する文書（名簿届出要件該当確認書）

（名称届出政党がアの(イ)に該当する政党として名簿の届出をする場合は、不要である（令八八の五①③Ⅱ）。）

(エ)　重ねて名簿の届出をしていないことを政党等の代表者が誓う旨の宣誓書

(オ)　名簿登載者となることについての本人の同意書及び公職の候補者となることができない者でないことを当該名簿登載者が誓う旨の宣誓書

(カ)　名簿登載者の選定機関の名称、その構成員の選出方法及び名簿登載者の選定の手続を記載した文書並びに当該名簿登載者の選定を適正に行ったことを当該選定機関の代表者が誓う旨の宣誓書（名簿登載者の選定手続等に関する文書及び宣誓書）

(キ)　供託証明書（令八八の五④Ⅰ）

(ク)　名簿登載者の戸籍の謄本又は抄本（令八八の五④Ⅱ）

⑷　衆議院議員選挙又は参議院比例代表選挙以外の選挙

立候補の届出には、候補者となろうとする者本人自ら届け出る方法（本人届出）と、選挙人名簿に登録された者が本人の承諾を得て届け出る方法（推薦届出）の二種類がある。いずれの方法による場合も、届出は、郵便等によることなく、必ず文書（届出書）をもって、選挙長に対してしなければならない（法八六の四①②）。

立候補届出書には、候補者となるべき者の氏名、本籍、住所、生年月日、職業及び所属する政党等の名称等を記載しなければならない（法八六の四③）。推薦届出の場合には、このほかに、推薦届出者の氏名、住所及び生年月日の記載が必要である（令八九①Ⅱ）。

この届出書には、次のものを添付しなければならない。

ア　候補者となるべき者が次の事項を誓う旨の宣誓書（法八六の四④）

　㈠　参議院選挙区選挙及び地方公共団体の長の選挙

　　公職の候補者となることができない者でないこと

　㈡　地方公共団体の議会の議員の選挙

　　当該選挙の期日において住所要件を満たすと見込まれること及び公職の候補者となることができない者でないこと

イ　所属党派証明書（法八六の四④）

　（立候補届出書に政党等の名称を記載する場合には、当該政党等の証明書が必要である。）

ウ　供託証明書（令八九②）

エ　候補者となるべき者の戸籍の謄本又は抄本（令八九②）

このほか、推薦届出の場合には次のものが必要である。

オ　候補者となるべき者の承諾書（令八九②）

カ　推薦届出者が選挙人名簿に登録されている旨の証明書（令八九②）

(二)　通称使用の申請

(1)　衆議院比例代表選挙又は参議院比例代表選挙以外の選挙

立候補届出書には戸籍簿に記載された氏名（＝本名）を記載することとされている（令八八⑦、八九③）。ただし、通称（本名以外の呼称で本名に代わるものとして広く通用しているもの）がある場合で、通称使用の申請（立候補の届出書に通称使用申請書を添えてしなければならない。その際、その申請した呼称が本名に代わるものとして広く通用しているものであることを説明し、かつ、そのことを証するに足りる資料を提示しなければならない。通称として旧姓を申請する場合には、戸籍の謄本又は抄本をもって足りることから、別途資料を提示しなくてよい。また、本名を仮名書きする場合にも、通称使用申請書を提出し、認定を受ける必要がある。）をして認められれば、公選法施行令第八八条第八項及び第八九条第五項に規定されている事項（立候補届出等の告示、新聞広告、政見放送、経歴放送、選挙公報、投票記載所の氏名等の掲示）については、本名に代えて通称が使用されることになる。それ以外のもの、例えば選挙運動用ポスター、立札、看板等については通称を使用するかどうかは通称使用の申請に関係なく、候補者が自由に決めてよい。

通称使用の認定を受けたことの効果は、いわば選挙公営面で本名に代えて当該通称が使用されるということにとどまり、したがって投票の効力の判定に当たっては、通称認定を受けていない通称を記載した投票も有効となる場合がある。
なお、通称使用の申請は、候補者届出政党の届出に係る候補者の場合には当該候補者届出政党が候補者の承諾を得て、それ以外の場合には候補者本人が行うこととされている（令八八⑧⑨、八九⑤）。

⑵　衆議院比例代表選挙及び参議院比例代表選挙
名簿による立候補の届出書及び添付書類の名簿登載者の氏名は戸籍簿に記載された氏名（＝本名）を記載することとされている（令八八の三⑥、八八の五⑥）。ただし、名簿登載者に通称がある場合は、通称使用の申請（政党等は名簿に通称使用申請書を添えて届出をしなければならない。その際、その申請した呼称が本名に代わるものとして広く通用しているものであることを説明し、かつ、そのことを証するに足りる資料を提示しなければならない。なお、旧姓を使用する場合及び本名を仮名書きする場合については⑴の場合と同様である。）をして認められれば、公選法施行令第八八条の三第七項及び八八条の五第七項に規定されていること（名簿届出等の告示、新聞広告、政見放送、選挙公報、投票記載所の氏名等の掲示）については、本名に代えて通称が使用されることになる。
なお、参議院名簿登載者について、公営以外の選挙運動手段や投票の効力の判定が通称使用の認定と必ずしも連動しないことは⑴と同じである。

㈢　**立候補届出の期間**
立候補（衆議院比例代表選挙及び参議院比例代表選挙にあっては、名簿）の届出期間は、選挙の期日の公示又は告示があった日一日間である（法八六①～③、八六の二②、八六の三②、八六の四①②）。
また、受付期間は、休日平日を問わず午前八時三〇分から午後五時までである（法二七〇）。

㈣　補充立候補等

⑴　衆議院比例代表選挙又は参議院比例代表選挙以外の選挙

立候補届出期間経過後であっても、候補者の死亡等の場合は、更に補充として立候補の届出が認められている（法八六⑧、八六の四⑤⑥）。これを補充立候補という。補充立候補が許されるのは、立候補届出期間終了時において立候補者の数がその選挙において選出すべき者の数を超えていた場合に限られる。超えていなければ無投票当選等となる。詳しくは無投票当選の項を参照されたい。

なお、補充立候補は届出期間についての特例制度であり、それ以外の立候補手続や選挙運動の面では一般の立候補と異なるところはないが、遅れての立候補であり、選挙公報等の面で他候補者とやむをえぬ差を生じる場合もある。

ア　一般の補充立候補

立候補の届出期間内に届出のあった候補者が、その選挙における定数（衆議院小選挙区選出議員、地方公共団体の長の選挙の場合は一）を超えている場合において、その届出期間を経過した後に当該候補者が死亡し、又は候補者たることを辞したものとみなされたとき等は、表12に掲げる日までの間に補充立候補を行うことができる（したがって、表12に掲げる日の後に候補者の死亡等の事由が生じた場合は補充立候補はできないことになる。ただし、地方公共団体の長の選挙で次のイの要件を満たす場合については再度の補充立候補が行われる。）（法八六⑧、八六の四⑤⑥）。

なお、表中「期日前三日まで」という場合は、期日の前日を第一日として逆算し三日目に当たる日までで、その日を含むものである。

表12　補充立候補の届出期間

選挙の種類	届出期間 (1) 一般の補充立候補	届出期間 (2) 選挙期日の延期に伴う補充立候補
衆議院小選挙区選出議員	選挙の期日前三日まで	
参議院選挙区選出議員	選挙の期日前三日まで	
都道府県議会議員 市議会議員	選挙の期日前三日まで	
町村議会議員	選挙の期日前二日まで	
都道府県知事 市長	選挙の期日前三日まで	延期された選挙の期日前三日まで
町村長	選挙の期日前二日まで	延期された選挙の期日前三日まで

イ　選挙期日の延期に伴う補充立候補

地方公共団体の長の選挙において、立候補届出期間及びアの一般の補充立候補届出期間に立候補した者が一般の補充立候補届出期間の最終日現在に二人以上ある場合において、その選挙の期日の前日までに更に候補者が死亡し、又は候補者たることを辞したものとみなされたため、候補者が一人になったときは、選挙の期日は、既に告示されている選挙の期日後五日（告示した期日の翌日を第一日として五日目）に当たる日に延期され、延期された選挙の期日の三日前までに更に補充立候補が認められる（法八六の四⑦

⑧)。

ウ　記号式投票の場合の補充立候補

記号式投票を採用する地方公共団体の選挙については、補充立候補に特例が定められている（法四六の二②、令四九の二）。すなわち、投票用紙作成の必要から補充立候補の届出期間をより短くとり、長の選挙の場合は常に選挙期日を延長することとしている。

(2)　衆議院比例代表選挙及び参議院比例代表選挙

衆議院比例代表選挙、参議院比例代表選挙においては、政党等が名簿を届け出ることにより名簿登載者を候補者とすることができる（前述(一)(二)参照）のであるから、その補充立候補の手続も名簿登載者の補充という形で行われる（法八六の二⑨、八六の三②）。

すなわち、名簿届出期間内に届出のあった政党等の名簿登載者で、その後、死亡、除名等により名簿登載者でなくなった者があり、名簿登載者でなくなった者の数が名簿届出時の名簿登載者の数の四分の一を超えるに至ったときは、政党等は選挙の期日前一〇日まで（期日の前日を第一日として逆算し一〇日目に当たる日までで、その日を含む。）に、当該総数の範囲内で名簿登載者の補充の届出をすることができる。

選挙の期日前一〇日までであれば、一旦名簿登載者の補充の届出をした後であっても、前述の補充事由に該当する限り何度でも補充の届出は可能である。

なお、衆議院比例代表選挙においては、補充の届出に当たっては、名簿登載者の当選順位も変更することができる。また、参議院比例代表選挙において、特定枠名簿登載者が名簿登載者でなくなったときは、その人数を超えない範囲で特定枠名簿登載者の補充の届出ができ、特定枠名簿登載者の当選順位も変更することができる。

(五) 候補者選定手続の届出（衆議院選挙）

衆議院選挙においては、政党中心の選挙となるため、政党の行う候補者の選定が適切な手続に基づき行われることが重要であることから、候補者の選定手続を届け出させ、その内容を公表する制度を設け、政党における適正な候補者選定手続の確保に資することとしている。

すなわち、所属国会議員数又は国政選挙における得票率の要件を満たす政党については、その政党の衆議院小選挙区選挙の候補者となるべき者の選定又は衆議院名簿登載者の選定（当選人となるべき順位の決定を含む。）の手続を定めたときは、その日から七日以内に、郵便等によることなく、文書でその旨を総務大臣に届け出なければならない（法八六の五①）。

総務大臣は、この届出があったときは、速やかに届出に係る候補者の選定の手続等を告示しなければならないものとされている（法八六の五⑤）。

(六) 政党その他の政治団体の名称の届出（衆議院比例代表選挙及び参議院比例代表選挙）

衆議院比例代表選挙、参議院比例代表選挙における名簿届出政党等の名称又は略称は、個人立候補の選挙における候補者氏名に相当し、その意味では選挙の結果を左右する最も重要なものということができる。

そこで、選挙時における既成政党等の名称を保護するため、一定要件（国会議員数五人以上又は直近の国政選挙における得票率一〇〇分の二以上）を満たす政党等の名称の告示の制度が設けられている（法八六の六、八六の七）。

すなわち、政党等は、その名称及び一の略称、本部の所在地、代表者の氏名その他必要事項を記載した文書（届出書）を、郵便等によることなく、衆議院比例代表選挙においては衆議院議員の総選挙の期日から三〇日以内（当該期間が衆議院の解散の日にかかる場合にあっては当該解散の日までの間、総選挙の期日後二四日を経過する日から任期満了の日前九〇日に当たる日又は衆議院の解散の日のいずれか早い日までの間に政党要件に該当することとなった場合にあっては該当することとなった日から七日以内）に、参議院比例代表選挙においては任期満了の日前九〇日に当たる日から七日を経過する日までの間に、それぞれ中央選挙管理会に届け出るものとされている。この場合、代表者や名簿登載者の氏名が表示されたり、またこれらの氏名が類推されるような名称及び略称を届け出ることはできない（法八六の六①～③、八六の七①②）。

この届出書には、次のものを添付しなければならない（法八六の六④、八六の七③）。

ア　当該政党等の綱領、党則、規約その他これらに相当するもの

イ　前述の政党等の要件に該当することを証する文書

中央選挙管理会は、前述の届出期間経過後速やかに政党等の名称及び略称、本部の所在地並びに代表者の氏名を告示しなければならない（法八六の六⑥、八六の七④）。

名称を告示された政党等が名簿による立候補の届出をする場合は、告示された名称及び略称を用いることとなる。その他の政党等は、告示された政党等の名称及び略称と同一又は類似の名称及び略称を名簿の届出の際使用することができない（法八六の二③、八六の三②）。

なお、名称及び略称の届出は告示の日以後（衆議院比例代表選挙にあっては、衆議院議員の任期満了の日前九〇日に当たる日又は衆議院の解散の日のいずれか早い日後）であっても文書で撤回することができる。この場合、中央選挙管理会はその旨を告示しなければならない（法八六の六⑨、八六の七⑤）。

(七)　供　託

(1)　供託額等

候補者の届出（名簿による届出を含む。）又は推薦届出をしようとする者（衆議院小選挙区選挙について

は候補者を届け出ようとする政党等を含み、衆議院比例代表選挙又は参議院比例代表選挙については名簿を届け出ようとする政党等）は、候補者一人につき、表13の区分による金額又はこれに相当する額面の国債証書を供託しなければならない（法九二）。これは、真に当選を争う意思のない候補者の乱立や売名目的のための立候補等を防止したり、衆議院比例代表選挙、参議院比例代表選挙において候補者数に応じて割り当てられる選挙公営を有利にするために安易に衆議院名簿登載者の数を増加させることを防止する目的で制度化されたものである。なお、比例代表選挙を除き、供託書には候補者となるべき者本人の本名（＝戸籍名）が記載されていなければならない。

供託は、特定の選挙のための供託であることが明らかであれば、当該選挙の公示又は告示前でもできる。供託をしていない立候補の届出は、たとえ誤って受理されても無効であり、当選人となることができない。

(2)　供託物の没収

衆議院比例代表選挙又は参議院比例代表選挙以外の選挙においては、供託物は、得票数が公選法第九三条第一項第一号から第四号までに規定する数（供託物没収点）に達しないときは没収される（法九三①）。また、候補者の届出が取り下げられ又は立候補を辞退した場合（公務員となったため、候補者の届出が取り下げられたものとみなされ、又は立候補を辞退したとみなされる場合を含む。）及び候補者の届出が選挙長から却下された場合にも没収される（法九三②）。

衆議院比例代表選挙においては、名簿届出政党等につき、選挙区ごとに三〇〇万円にアに掲げる数を乗じて得た金額と六〇〇万円にイに掲げる数を乗じて得た金額を合算して得た額が当該名簿届出政党等に係る供託物の額に達しないときは、その差額に相当する額の供託物は没収される（法九四）。

表13　供託の額及び没収点

選挙の種類	供託の額	供託物没収点等
衆議院小選挙区選出議員	三〇〇万円	有効投票総数 $\times \frac{1}{10}$
参議院選挙区選出議員	三〇〇万円	$\frac{\text{有効投票総数}}{\text{通常選挙のその選挙区の議員定数}} \times \frac{1}{8}$ （選挙すべき議員の数がこの定数を超えるときは，その選挙すべき議員の数）
都道府県の議会の議員	六〇万円	$\frac{\text{有効投票総数}}{\text{その選挙区の議員定数}} \times \frac{1}{10}$
都道府県知事	三〇〇万円	有効投票総数 $\times \frac{1}{10}$
指定都市の議会の議員	五〇万円	$\frac{\text{有効投票総数}}{\text{その選挙区の議員定数}} \times \frac{1}{10}$
指定都市の市長	二四〇万円	有効投票総数 $\times \frac{1}{10}$
その他の市の議会の議員、特別区の議会の議員	三〇万円	$\frac{\text{有効投票総数}}{\text{その選挙区の議員定数}} \times \frac{1}{10}$
その他の市の市長、特別区の区長	一〇〇万円	有効投票総数 $\times \frac{1}{10}$
町村の議会の議員	一五万円	$\frac{\text{有効投票総数}}{\text{その選挙区の議員定数}} \times \frac{1}{10}$
町村長	五〇万円	有効投票総数 $\times \frac{1}{10}$
衆議院比例代表選出議員	名簿登載者一人につき六〇〇万円※	没収額＝供託額－（300万円×重複立候補者のうち小選挙区選挙の当選者数＋600万円×比例代表選挙の当選者数×2）
参議院比例代表選出議員	名簿登載者一人につき六〇〇万円	没収額＝｛名簿登載者数－（当選者数×２）｝×600万円

（注）※名簿登載者が重複立候補者である場合にあっては三〇〇万円

ア　当該名簿届出政党等の届出に係る名簿の名簿登載者のうち、当該選挙と同時に行われた小選挙区選挙の当選人とされた者の数

イ　当該名簿届出政党等に係る当選人の数に二を乗じて得た数

参議院比例代表選挙においては、名簿届出政党等の当選人の数に二を乗じて得た数が当該名簿登載者の数に達しないときは、六〇〇万円にこれらの数の差に相当する数を乗じて得た額の供託金が没収される（法九四）。

以上により没収されない供託物は返還されるが、その時期は、一般的には、当該選挙・当選に関する争訟提起期間が過ぎ、又は争訟の処理が終って、選挙・当選の効力が確定した後である（令九三②、九三の二②）。

(八)　届出の審査

立候補の届出（名簿による届出を含む。）の受理に当たっての選挙長の審査については、一般には形式的審査権を有するが、実質的審査権は有しないものと解されている（昭二八、五、一五最高裁）。したがって、必要事項の記載がなされているかどうか、必要添付書類がそろっているかどうか、相互に相反する記載はないか等の点について書類上の記載自体に基づいて審査し、形式的な法令上の要件を欠くものについては、補正を命じあるいは効力要件を欠くものとして届出の受理を拒否することができるものであり、届出書や添付書類の記載が事実であるか否かを事実関係に立ち入って審査（実質的審査）する必要や権限はないものとされている。

しかし、例えば立候補届に、社会的に既に自明のこととされている事項に反するような記載があった場合は、選挙長は、届出の受理を拒否することもできるものと解される。

(九)　立候補の辞退等

一旦立候補した後に立候補を辞退できるのは、公示又は告示のあった日（補充立候補者は、補充立候補の届出期間中）に限られる。選挙が公益的性格を有する一連の手続である以上当然のことであり、辞退は、文書で、選挙長に届け出なければならない（法八六⑫、八六の四⑩、令八九）。衆議院小選挙区選挙で政党が届け出た候補者については、同様の手続により政党が候補者の届出を取り下げることができるが、候補者本人の立候補の辞退の規定は置かれていない。立候補の後に立候補制限を受ける公務員となったときは、届出を取り下げられたものとみなされ、又は辞退したものとみなされることは前述のとおりである。なお、推薦届出者は、候補者の承諾があっても、辞退届をする権限を有しない（法八六⑪、八六の四⑩）。

衆議院比例代表選挙、参議院比例代表選挙においては、選挙の期日前一〇日までの間に、郵便等によることなく文書で選挙長に届け出れば名簿を取り下げることができる（法八六の二⑩、八六の三②）。

(十)　立候補届の却下等

次のような事由が生じたときは、選挙長は衆議院小選挙区選挙についての政党等の候補者の届出、又は本人若しくは推薦届出者の立候補の届出（ウの場合）を却下しなければならない（法八六⑨、八六の四⑨）。

ア　政党等による候補者の届出が政党要件を満たさない政党等によって行われたものであるとき。

イ　政党等が一の選挙区で重ねて候補者を届け出ているものであるとき。

ウ　候補者が被選挙権を有しないこと、重複立候補の禁止に該当すること、選挙事務関係者、連座制の適用又は衆議院小選挙区選出議員若しくは参議院選挙区選出議員たることを辞したこと等による立候補制限に該当することにより、公職の候補者となり、又は公職の候補者であることができない者であるとき。

エ　除名、離党その他の事由により、候補者届出政党に所属する者でなくなった旨の届出がなされたとき。エの届出については、選挙の期日の前日までに文書でされることが必要であり、また、その文書には、除名の場合には除名の手続を記載した文書及び当該除名が適正に行われたことを代表者が誓う旨の宣誓書を、離党の場合には離党届の写しを、その他の事由の場合には当該事由を証する文書を添付しなければならない（法八六⑩）。

また、衆議院比例代表選挙又は参議院比例代表選挙で、次のような事由が生じたときは、選挙長は名簿登載者の記載を抹消しなければならない（法八六の二⑦、八六の三②）。

ア　名簿登載者が死亡したとき。

イ　名簿登載者が被選挙権を有しないこと、重複立候補の禁止又は選挙事務関係者の立候補制限に該当することにより、公職の候補者となり、又は公職の候補者であることができない者であるとき。

ウ　名簿登載者が公務員となり、又は兼職禁止に該当することとなったとき。

エ　重複立候補者が小選挙区での候補者とならなかったとき、又は小選挙区での候補者でなくなったとき（衆議院比例代表選挙に限る。）。

オ　除名、離党その他の事由により名簿届出政党等に所属する者でなくなった旨の届出がなされたとき。なお、この届出に関する手続については、前述の衆議院小選挙区選挙のエと同様である（法八六の二⑧）。

四　当選人の決定

(一)　当選人決定の一般原則

選挙において当選人を決定する方法は種々あるが、衆議院比例代表選挙又は参議院比例代表選挙以外の選挙において採られている方法としては、次の三つがある。

(1)　比較多数得票主義

これは得票数の多い者から順次その選挙における定数に達するまでの者を当選人とする方式である（法九五①本文）。絶対多数（過半数）得票主義に対する概念である。

(2)　同点抽選主義

得票が同数であるときは、選挙会において選挙長がくじで決定する（法九五②）。

(3)　法定得票数主義

当選人となるためには、表14の一定数以上の得票があることが必要である（法九五①ただし書）。たとえ有効投票の最多数を得た候補者であっても、それが全体の有効投票からみてあまりにも少数であるときは、これを当選人とすることは妥当でないからである。

表14　法定得票数

選挙の種類	法定得票数
衆議院（小選挙区選出）議員	有効投票の総数の六分の一以上の得票
参議院（選挙区選出）議員	通常選挙における当該選挙区内の議員の定数をもって有効投票の総数を除して得た数の六分の一以上の得票。ただし、選挙すべき議員の数が通常選挙における当該選挙区内の議員の定数を超える場合においては、その選挙すべき議員の数をもって有効投票の総数を除して得た数の六分の一以上の得票
地方公共団体の議会の議員	当該選挙区内の議員の定数（選挙区がないときは議員の定数）をもって有効投票の総数を除して得た数の四分の一以上の得票
地方公共団体の長	有効投票の総数の四分の一以上の得票

衆議院比例代表選挙、参議院比例代表選挙においては、名簿届出政党等に投じられた得票数（参議院比例代表選挙においては当該名簿届出政党等に係る各名簿登載者の得票数を含む。）に比例して、いわゆるドント方式（前述二一一頁参照）により各名簿届出政党等の当選人の数が決定される（法九五の二、九五の三）。

各名簿届出政党等の当選人の数が決定すると、衆議院比例代表選挙においては、各名簿の名簿登載者で当選人の数までの順位のものが当選人となる。参議院比例代表選挙においては、名簿に特定枠名簿登載者の記載のない場合には、各名簿の名簿登載者の間で、その得票数の最も多い者から順次順位を定めたときに、当選人の数までの順位のものが当選人となる。一方、名簿に特定枠名簿登載者の記載のある場合は、まず特定枠名簿登載者がその記載の順位に従い、その次にその他の者についてその得票数の多い順に、当選人の数までの順位のものが当選人となる。

なお、衆議院比例代表選挙において、二人以上の重複立候補者が同一順位とされている場合には、その当選人となるべき順位は、当該選挙と同時に行われた小選挙区選挙における得票数の当該選挙区における得票数の最多得票者の得票数に対する割合（惜敗率）の最も大きい者から順次に定めることとなるが、重複立候補者のうち、小選挙区選挙の当選人又は小選挙区選挙において供託物没収点に達しなかった者については名簿に記載されていないものとみなされる。

㈡　通常の場合の当選人の決定

(1)　投票を行った場合

選挙長は選挙会を開き、選挙立会人による立会いのうえ、各候補者（衆議院比例代表選挙においては各名簿届出政党等、参議院比例代表選挙においては各名簿登載者及び各名簿届出政党等）の得票総数を調べて、㈠の当選人決定の一般原則により当選人を決定する（法八〇、八一）。

(2)　無投票の場合（無投票当選）

候補者（衆議院比例代表選挙、参議院比例代表選挙における名簿登載者を含む。以下この項において同じ。）の数が選挙すべき定数を超えない場合に、選挙人がそれらの候補者をもって当選人と決定することに暗黙の同意を与えたものと解することもできるから、このような場合においては、投票の手続を省略して、直ちに候補者を当選人と決定することとしているものである。

無投票当選となるのは、一般的には、選挙期日の公示又は告示の日の午後五時（立候補届の締切時）に立候補者数がその選挙において選挙すべき者の数を超えない状態にあるときである。また、前述三㈣の補充立候補が行われる場合においては、当該補充立候補届の締切時点で無競争の状態にあるときも同様に無投票当選となる。さらに、補充立候補の届出期間は選挙の期日前何日までという形で定められているので、この「前何日」の後に候補者が欠けてもその選挙について補充立候補を行うことができないことから、その結果として無競争となれば無投票当選となる。もっとも、長の選挙については前述のとおり選挙期日の延期に伴う補充立候補の制度があり、一般の補充立候補の締切時点後に候補者が欠けた場合であれば選挙期日の延期が行われることがあるが、選挙期日の延期に伴う補充立候補の締切時点で無競争であれば無投票当選、その締切時点後に候補者が欠けて無競争となれば同様に無投票当選となる（法一〇〇①～④）。

無投票当選の場合は、選挙長は、投票を行わない旨を各投票管理者に通知し、併せてこれを告示し、かつ、当該選挙に関する事務を管理する選挙管理委員会（参議院合同選挙区選挙については当該選挙に関する事務を管理する参議院合同選挙区選挙管理委員会、衆議院比例代表選挙又は参議院比例代表選挙については中央選挙管理会）に報告し、選挙期日から五日以内に選挙会を開いて届出のあった候補者をもって当選人と定めなければならない（法一〇〇⑤⑥）。無投票当選の場合でも、当選人の決定は選挙期日後に開かれる選挙会で行われる。

なお、衆議院比例代表選挙で、名簿届出政党等の数が一であるとき又は一となったときも、無投票当選となると定められている（法一〇〇⑧）。

㈢　当選人の更正決定

選挙会における当選人の決定に誤りがあり、もう一度投票（再選挙）を行わないでもその誤りを訂正できるときは、選挙会を開いて当選人の決定のやり直しを行う。これを当選人の更正決定という（法九六）。再選挙を行わないで当選人を定め直すのであるから、当選人と定められなかった候補者のうちに、法定得票数以上の得票数を有する者（衆議院比例代表選挙又は参議院比例代表選挙にあっては、各政党等の次順位以下の名簿登載者）がおり、かつ、その者が選挙期日後被選挙権を失っていないことが必要である。一度行われた選挙会の当選人の決定は選挙長自らといえどもこれを変更することができず、これを変更するためには当選争訟の手続（後述）に訴えるほかはない。したがって更正決定は、当選争訟の結果に基づいてのみ行うことができることになる。当選争訟が提起されている場合でも、その結果が確定するまでの間は当選人の更正をすることは許されない。

㈣　当選人の繰上補充

選挙会において当選人が決定されてから議員又は長の身分を取得するまでの間に、当選人が一定の事由によって欠け、又は不足するに至った場合、当選人とならなかった者（衆議院比例代表選挙又は参議院比例代表選挙にあっては各政党等の次順位以下の名簿登載者、その他の選挙にあっては法定得票数以上の得票数を有する者。ただし、衆議院小選挙区選挙又は地方公共団体の長の選挙にあっては同点者）で、かつ選挙期日後被選挙権を失っていないものがあるときは、その者の中から当選人を定める（法九七、九七の二、九八）。これが当選人の繰上補充である。繰上補充は、誤った当選人決定のやり直しである更正決定とは異なり、落選人の中から補充的に当選人を定めようという便宜的な制度である。また、一旦当選人が有効に議員又は長の身分を取得した後に欠けた場合等における「議員又は長の欠けた場合等の繰上補充」（法一一二）とも区別される。

当選人の繰上補充が行われるのは次の場合である。①当選人が選挙の期日後、議員又は長の身分を取得するまでの間において死亡したとき、②当選人が選挙期日後、議員又は長の身分を取得するまでの間において被選挙権を失ったとき、③衆議院比例代表選挙又は参議院比例代表選挙における当選人が、その選挙期日以後（繰上補充の場合は、当選人となった日以後）に、その選挙における他の名簿届出政党等に所属する者となったとき、④当選人が兼職禁止の職にある場合等により当選を失ったとき、⑤地方公共団体の議会の議員又は長の当選人が請負等をやめないことにより当選を失ったとき、⑥当選人の選挙犯罪により、又は連座制の適用により当選人の当選が無効になったときである（法九七、九七の二）。

右のうち⑥の事由は①〜⑤と異なりそれが発生するまでに選挙期日後かなりの日時が経過するであろうし、当該当選人はこの間に議員なり長なりの身分を一旦取得するであろうから、当選人の繰上補充というよりは欠員の繰上補充に近いともいえよう。しかし、⑥の事由は、本来その選挙における違反行為を理由とする当選人の失格であるので、当選人の繰上補充の事由とされているものである。

これらの点を考慮して⑥の事由により繰上補充が行われる時期については、次のように定められている。

ア　参議院選挙区選挙又は地方公共団体の議会の議員の選挙については、⑥の事由がその選挙の期日から三か月以内に生じた場合は、当選人とならなかった者で法定得票数以上の得票数を有するものの中から、⑥の事由が選挙の期日から三か月経過後に生じた場合は、同点者でくじで当選人にならなかったものの中から繰上補充を行う。

イ　衆議院小選挙区選挙又は地方公共団体の長の選挙については、三か月の期限はないが、繰上補充は、前述のように、同点者でくじで当選人にならなかったものに限って行われる。

ウ　衆議院比例代表選挙、参議院比例代表選挙については、三か月の期限はなく、任期中であれば失格となった当選人が登載されていた名簿のうち、当選人とならなかった次順位の登載者が繰上補充される。なお、更正決定、繰上補充により当選人を定めることができないときは、再選挙（第三節一㈢⑵ア参照）が行われることになる。

ところで、選挙の後初めて行われる選挙会は、繰上補充のために開かれる選挙会ではないから、開票結果の報告の集計により当選人を決定するにとどまり、その際、選挙期日後死亡したとか被選挙権を失ったとかの要件については考慮しない建前となっている。しかしながら、実際上の取扱いとしては、死亡者とか被選挙権のない者を一旦当選人と定めた後、その者が欠けたとして更に繰上補充の選挙会を開くことの煩雑を避け、当初から、死亡者とか被選挙権のない者はこれを除外して当選人を定めることとされている（昭二、八、一実例）。この扱いは、いわば、当初の選挙会と繰上補充の選挙会を合一して行ったことになるわけである。

㈤　**被選挙権の喪失等と更正決定、繰上補充**

㈢又は㈣により更正決定又は繰上補充が行われる前に、更正決定又は繰上補充により当選人となるべき者について、次のような事由が生じているときは、これらの者は、当選人と定められない（法九八）。

ア　被選挙権を有しなくなったとき。

イ　連座制の適用により立候補制限を受けているとき（衆議院比例代表選挙で重複立候補していた衆議院小選挙区選挙で立候補制限を受けている場合も同様）。

ウ　候補者届出政党又は名簿届出政党等に所属する者でなくなった旨の届出がされているとき。

㈥　議員又は長の欠けた場合の繰上補充

㈣の当選人の繰上補充とは異なり、一旦有効に議員又は長の身分を取得した者が欠けた場合、補欠選挙を行わないで、一定の資格、要件を有する者を当選人に補充する方法である。

すなわち、次のような区分により、繰上補充が行われる（法一一二）。

ア　衆議院小選挙区選出議員に欠員が生じ、又は地方公共団体の長が欠け若しくは退職の申立てがあった場合には同点者の中から行う。

イ　衆議院比例代表選出議員又は参議院比例代表選出議員に欠員が生じたときは、同一名簿の次順位者の中から行う。

ウ　参議院選挙区選出議員又は地方公共団体の議会の議員の欠員がその選挙の期日から三か月以内に生じた場合は、法定得票数以上の得票数を有する者の中から、三か月経過後に生じた場合は同点者の中から行う。

五　当選の効力

㈠　当選の効力

当該選挙に関する事務を管理する選挙管理委員会（参議院合同選挙区選挙については当該選挙に関する事務を管理する参議院合同選挙区選挙管理委員会、衆議院比例代表選挙又は参議院比例代表選挙については中央選挙管理会。）が当選人の住所及び氏名の告示（後述㈡⑵）をした日に当選の効力を生じることとしている（法一〇二）。これにより被選挙人は当選人たる地位を取得することになり、後述㈣「当選人の失格」に該当して当選を失うこととなった場合あるいは前任者の任期が満了していない場合を除き、当選人は議員又は長の身分を取得することとなる。したがって、一般的には、この告示前に当選人が死亡し又は被選挙権を失えば、当選人の繰上補充（法九七、九七の二）又は再選挙（法一〇九、一一〇）の対象となるが、告示後の場合は、欠員等の繰上補充（法一一二）又は補欠選挙（法一一三）若しくは長が欠けた場合等の選挙（法一一四）の対象となる。

また、衆議院比例代表選挙又は参議院比例代表選挙においては、当選人の数の決定の効力も、それを中央選挙管理会が告示した日に生じることとされている。

㈡　当選の告示等

(1)　選挙長の報告

選挙会において、当選人が定まったときは、選挙長は、直ちに当選人の住所、氏名及び得票数（衆議院小選挙区選挙にあっては当該当選人に係る候補者届出政党の名称を、衆議院比例代表選挙にあっては名簿届出政党等の得票数及び当選人の数を、参議院比例代表選挙にあっては名簿届出政党等の得票数、当選人の数、当選人となるべき順位及び参議院名簿登載者の得票数を含む。）等を当該選挙に関する事務を管理する選挙管理委員会に報告しなければならない（法一〇一①、一〇一の二①、一〇一の二の二①、一〇一の三①）。

(2)　選挙管理委員会の告知及び告示

衆議院比例代表選挙又は参議院比例代表選挙以外の選挙において、選挙長から当選人決定の報告があった選挙管理委員会（参議院合同選挙区選挙については、当該選挙に関する事務を管理する参議院合同選挙区選挙管理委員会）は、直ちに当選人に当選の旨を告知し、かつ、当選人の住所、氏名を告示しなければならない。また、衆議院小選挙区選挙においては、候補者届出政党に当選人の住所及び氏名をあわせて告知し、当該候補者届出政党の名称をあわせて告示しなければならない（法一〇一②、一〇一の三②）。衆議院比例代表選挙又は参議院比例代表選挙にあっては、中央選挙管理会は、名簿届出政党等には得票数、当選人の数、当選人の住所及び氏名を、当選人には当選の旨を告知し、かつ、各名簿届出政党等の得票数、当選人の数、当選人の住所及び氏名を告示しなければならない（法一〇一の二②、一〇一の二の二②）。

㈢　当選人の兼職禁止の職の失職

当選人で、当該選挙に係る議員又は長を兼ねることができない職にある者が、当選の告知（法一〇一②、一〇一の二②、一〇一の二の二②、一〇一の三②）を受けたときは、その告知を受けた日にその職を辞したものとみなされる（法一〇三①、㈣⑶参照）。

㈣　当選人の失格

⑴　被選挙権の喪失による当選人の失格

当選人が、議員又は長の身分を取得するまでの間に被選挙権を失ったときは、その当選を失う（法九九）。

⑵　衆議院比例代表選挙又は参議院比例代表選挙における所属政党等の異動による当選人の失格

衆議院、参議院の比例代表選挙における当選人が、選挙期日以後（繰上補充の場合は、当選人となった日以後）に、その選挙における他の名簿届出政党等に所属する者となったときは、その当選を失う（法九九の二①）。

(3)　兼職禁止の職にある場合の当選人の失格

兼職禁止の職にある者が当選の告知を受けたときは、その職の方が失われて当選の効力の方には支障を生じないことは㈢で述べたが、これは一般の当選の場合であって、当選人の更正決定、当選人の繰上補充、欠員の繰上補充によって当選人と決定された場合にはこれと異なる。この場合、兼職禁止の職にある者は当選の告知を受けた日から五日以内にその職を辞しその旨を当該選挙に関する事務を管理する選挙管理委員会に届け出なければ、その当選を失うことになる（法一〇三②）。この場合は、既に選挙から若干の日時を経過し本人の予期しない時期に当選人の決定が行われることもあろうから、㈢のように当然に現在の職を失職することとせず、本人の選択を待つこととしている。

(4)　他の選挙の候補者等である場合の当選人の失格等

一の選挙につき更正決定又は繰上補充により当選人と定められた者が、他の選挙につき候補者又は当選人である場合には、一の選挙の当選の告知を受けた日から五日以内にその当選を辞する旨の届出をしないときは、他の選挙の候補者たることを辞したものとみなされ、又は他の選挙の当選を失う（法一〇三④）。

(5)　請負等をやめない場合の地方公共団体の議会の議員又は長の当選人の失格

地方公共団体の議会の議員又は長の選挙において当選人となった者が、自治法第九二条の二又は第一四二条に規定する請負関係を有している場合には、当選の告知を受けた日から五日以内に請負関係を有しなくなった旨の届出をしなければ当選を失う（法一〇四）。

なお、(4)、(5)において「告知を受けた日から五日以内」とは、当選した旨の告知を受けた日の翌日を第一日として計算して五日目に当たる日までの意味であり、その日の午後五時までに届け出なければならない

（法二七〇）。

⑹　当選人の選挙犯罪による当選人の失格

当選人が、その選挙に関して公選法第一六章（罰則）に掲げる罪のうち特に悪質な罪（同法第二五一条で軽微なものが除外されている。）を犯して刑に処せられたときは、なんらの手続を要せず判決の確定と同時にその当選は無効となる（法二五一）。

⑺　総括主宰者等の選挙犯罪による当選人の失格

ア　①選挙運動を総括主宰した者、②出納責任者（事実上の出納責任者を含む。）、③地域主宰者、④候補者又は候補者となろうとする者（以下この項において「候補者等」という。）の父母、配偶者、子又は兄弟姉妹、⑤候補者等の秘書（④⑤については、候補者等、総括主宰者、地域主宰者と意思を通じて選挙運動をした者）が、一定の罪（買収、利害誘導、新聞紙雑誌の不法利用）を犯し刑に処せられたとき（④⑤については禁錮以上の刑に処せられたとき）は、当該当選人の当選は無効となる（法二五一の二①）。また、これに加えて、五年間、同じ選挙で同一の選挙区からは立候補することができない。

イ　出納責任者が選挙運動費用の法定額違反の罪を犯して刑に処せられたときは、当選人の当選は無効となる（法二五一の二③）。アと同様に五年間の立候補制限が課される。

ウ　組織的選挙運動管理者等が一定の罪（買収、利害誘導、新聞紙雑誌の不法利用）を犯し、禁錮以上の刑に処せられたときは、当該当選人の当選は無効となり（法二五一の三①）、アと同様に五年間の立候補制限が課される。

エ　国又は地方公共団体の公務員、特定独立行政法人又は特定地方独立行政法人の役員又は職員及び公庫の役職員であった者が、その職を離れた後三年以内で最初に行われた国会議員の選挙において当選人となった場合で、その者と職務上関係のあった者が一定の犯罪（買収、利害誘導、新聞紙雑誌の不法利用、選挙の自由妨害、事前運動等）を犯して刑に処せられたときは、当該当選人の当選は無効となる（法二五一の四①）。

ア～エにおいて当該当選人の当選が無効となる時期などについては、第八章第三節二を参照されたい。ア～エは衆議院比例代表選挙については適用されない（法二五一の二⑤、二五一の三③、二五一の四②）。参議院比例代表選挙については、平成一二年の非拘束名簿式の導入に伴い、名簿登載者（特定枠名簿登載者を除く。）のために行う選挙運動について、適用されることとなっている。

なお、衆議院比例代表選出議員のうち重複立候補者については、小選挙区選挙における連座の効果として、比例代表選挙の当選が無効となる場合がある（後述）。

(五) 当選証書の付与

当選の効力が生じたとき（法一〇二）は当該選挙に関する事務を管理する選挙管理委員会は、直ちに当選人に当選証書を付与しなければならない（法一〇五）。

(六) 当選に関するその他の告示等

(1) 当選人がない場合等の報告及び告示

当選人がないとき又は当選人がその選挙において選挙すべき議員の定数に達しないときは、選挙長は、当該選挙に関する事務を管理する選挙管理委員会に直ちにその旨を報告しなければならない。また、報告を受けた当該選挙に関する事務を管理する選挙管理委員会は、直ちにその旨を告示しなければならない（法一〇六）。

(2)　選挙又は当選の無効の場合の告示

争訟の結果、選挙若しくは当選が無効となったとき、総括主宰者、出納責任者等の選挙犯罪により当選が無効となったとき、又は当選人の選挙犯罪により当選が無効となったときは、当該選挙に関する事務を管理する選挙管理委員会は、直ちにその旨を告示しなければならない（法一〇七）。

(3)　当選等の報告

当選人に当選証書が付与された場合、当選人がなく又は定数に達しなかった場合及び選挙又は当選の無効が確定した場合には、当該選挙に関する事務を管理する選挙管理委員会は、これらの選挙に関係のある総務大臣、都道府県知事、都道府県の選挙管理委員会及び市町村長に報告しなければならない。また、総務大臣は、国会議員選挙の当選人の住所、氏名を内閣総理大臣に報告し、内閣総理大臣は、直ちに衆参両院議長に報告しなければならない（法一〇八）。

六　任期の起算

任期は、衆議院議員は四年（憲法四五）、参議院議員は六年（憲法四六）、地方公共団体の議会の議員は四年（自治法九三①）、地方公共団体の長は四年（自治法一四〇①）である。具体に選挙が行われた場合の任期の起算については、次のとおりである。

(一)　任期の起算の原則

(1)　衆議院議員

総選挙の期日から起算する。任期満了による総選挙が任期満了前に行われたときは、前任者の任期満了の日の翌日から起算する（法二五六）。

(2)　参議院議員

前議員の任期満了の日の翌日から起算する。通常選挙が前議員の任期満了の日の翌日後に行われたときは、通常選挙の期日から起算する（法二五七）。

(3)　地方公共団体の議会の議員

一般選挙の日から起算する。任期満了による一般選挙が任期満了前に行われた場合において、前任の議員が任期満了の日まで在任したときは任期満了の日の翌日から、選挙後に前任者がすべてなくなったときはその日の翌日から、起算する（法二五八）。

(4)　地方公共団体の長

選挙の日から起算する。任期満了による選挙が任期満了前に行われた場合において、前任者が任期満了の日まで在任したときは任期満了の日の翌日から、選挙後に前任者が欠けたときはその日の翌日から、起算する（法二五九）。

(二)　任期の起算の特例

(1)　補欠議員の任期

衆議院議員、参議院議員又は地方公共団体の議会の議員の補欠議員の任期は、それぞれその前任者の残任期間である。なお、地方公共団体の議会の議員の増員選挙により議員となった者の任期も、他の一般選挙により選出された議員の残任期間である（法二六〇）。

(2)　地方公共団体の長の特例

知事又は市町村長が任期満了をまたず退職を申し出た場合において、その退職の申出があったことにより行われる選挙で、前任者が再び当選人となったときは、その任期は、従前の任期の残任期間とされている（法二五九の二）。

第四章　選挙運動

第一節　概　要

一　選挙運動の概念

選挙運動という言葉は、世上広く使われているが、法文上にはその意義を明確にした定義規定は設けられていない。

また、公選法の全般を通じて、選挙運動という用語は、条文によって必ずしも同範囲のものを意味するものではない。例えば、選挙運動自体について規定する第一三章における選挙運動は、大体において、公職の候補者の当選を図るために選挙人の意思を動かして、投票を獲得しようとする行為を意味しているが、その費用について規定する第一四章においては、第一三章における選挙運動のために要する費用のほか、立候補準備のための費用も第一四章に規定する選挙運動に関する支出に含むものとされており、さらに、選挙犯罪について規定する第一六章においては、直接であると間接であるとを問わず、いやしくも金銭その他不正の利益を与えて投票を獲得しようとする一切の行為を禁止しようとする趣旨から、第一三章の選挙運動の範囲に比して非常に広義に用いられている。

もっとも、判例によれば、「選挙運動とは、一定の議員選挙に付、一定の議員候補者を当選せしむべく投票を得若しくは得しむるに付、直接又は間接に必要且有利なる周旋勧誘若しくは誘導其の他諸般の行為を為すことを汎称するものにして、直接に投票を得又は得しむる目的を以て周旋勧誘等を為す行為に限局するものにあらず」（昭三、一、二四大審院）としている。この判例は、選挙運動の意義を相当に広く解するものであるが、この見解は、その後も大審院及び最高裁判所（例えば昭和三八年一〇月二二日判決）において維持されている。

この判例に従って、公選法上の「選挙運動」を定義づけると、「特定の選挙について、特定の候補者の当選を目的として、投票を得又は得させるために直接又は間接に必要かつ有利な行為」であるということができる。

これを更に具体的に説明すると次のようになる。

㈠　ある行為が選挙運動とされるためには、その行為の対象たる選挙が特定していることを要する。選挙の期日が公示又は告示された後は選挙が特定するのはいうまでもないが、選挙の期日が公示又は告示されていなくても、社会通念上、何選挙であるかが客観的に認識し得る程度であれば、特定の選挙ということができる。

㈡　選挙運動は、特定の候補者（衆議院比例代表選挙、参議院比例代表選挙においては名簿届出政党等を含む。）のためにするものであることを要する。特定の候補者とは、立候補した者のみをいうのではなく、将来立候補しようとする者をも含む。なお、政党がその主義、主張を国民に訴えることを目的とする政治活動は、それが結果的に、その政党等の所属候補者に投票するように運動するのと同様の効果を挙げることになるとしても、一般には、特定の候補者のためにするものとはいえないから、選挙運動ではないとされている。しかしながら衆議院比例代表選挙においては政党等に対して投票が行われ、参議院比例代表選挙においては名簿登載者のほか政党等に対しての投票が認められることから、特定の政党等のために投票を依頼する等の行為は選挙運動となる。

㈢　選挙運動は、当選を目的としてなされるものであることを要する。当選を目的とするとは、当選を容易にすることを目的とすることをいうが、当選が確実であることを必要としないことはいうまでもない。

しかし、当選を得るために有利な行為であっても、当選を目的としてなされたものでなければ、選挙運動とはいえない。例えば、日当を得ることを目的としたポスター貼りや選挙運動用物資の運搬等の単純な機械的労務に従事する労務者の行為などは、結果的には、特定の候補者の当選を得させることに役立つことになろうが、それだけでは、直ちに当選を目的としてなされたものとはいえず、選挙運動には当たらない。

㈣　ある行為が選挙運動とされるためには、投票を得又は得させるために直接又は間接に必要かつ有利な行為であることを要する。しかしながら、具体的にいかなる行為がこれに該当するかについては、難しい問題がある。周旋、勧誘、誘導その他の方法で直接選挙人に働きかけ、その内心を動かして投票を獲得しようとする行為が選挙運動とされるのは当然であるが、問題は「間接に必要かつ有利な行為」の範囲についてであって、その意味する範囲を一義的に広く解釈すると、立候補準備行為その他選挙に関するほとんど一切の行為が含まれるかのように解されるおそれがある。しかし、この点については、事前運動の禁止規定（法一二九）における選挙運動の意義のように、これをあまり広く解することが必ずしも妥当ではない場合がある。例えば、単なる立候補準備行為、選挙運動準備行為等は、選挙運動と区別され、一般的には事前運動ではないとされている（後述）。これに対して、買収罪の規定（法二二一）のように、一般的に金銭その他不正の利益をもって選挙を左右しようとする行為を全て禁止しようとするものについては、選挙運動の意義は広く解されるべきであって、ここに掲げた定義がほぼそのまま妥当するといえる。

なお、衆議院比例代表選挙においては政党等に対して投票が行われ、参議院比例代表選挙においては名簿登載者のほか政党等に対しての投票が認められ、また、衆議院小選挙区選挙も政党本位の選挙であることから、政党等の名において行われる政治活動についても間接的に必要かつ有利な行為ではあるが、政治活動の自由を保障する観点から、直接投票依頼にわたらないような純粋な政治活動は含まれないものと解される。

「選挙運動」の概念は以上のとおりであるが、具体的にある行為が選挙運動であるかどうかの認定をするに当たっては、単にその行為の名目のいかんにより形式的に決定されるべきではなく、その行為の態様、すなわちその行為のなされる時期、場所、方法、対象等につき、総合的に実態を把握し、それが特定の候補者のための投票獲得に直接又は間接に必要かつ有利な行為であるかどうかを実質に即して判断しなければならない。例えば、後援会の結成がなされる場合、その団体の結成の目的が単に被後援者の人格敬慕とか純粋な政治教育等にとどまるときは、その結成のための会合の開催が選挙運動と解されるものではないが、団体結成の時期、場所、方法等により判断して、その団体の結成が特定の者について特定の選挙に際し当選を得させる目的によることが明らかな場合には選挙運動と認められることとなる。

二　選挙運動の規制の意義

選挙運動は、各候補者の人物、政見等をも含め選挙人に対してだれを選挙すべきかの判断の基礎を与えるものであって、その点からすれば、選挙運動は可能な限り自由にすべきである。ただ、無制限な自由を認めると、ややもするとその選挙が財力、威力、権力等によってゆがめられるおそれが生じる。このため、選挙の公正を確保するためには選挙運動に一定のルールを設け、そのルールに従って選挙運動が行われるようにする必要がある。

現行の公選法では、選挙運動の時期、主体、方法について制限を加える一方、可能な限り選挙公営を拡充して、いわゆる金のかからない選挙の実現に資し、もって選挙の公正を確保しようとしているのである。

ところで、現行のような選挙運動の規制に対しては、かつて選挙制度審議会においても、選挙運動の期間が非常に短いこと、また、基本的な表現の手段である文書、言論についての規制が厳し過ぎることなどの理由により、選挙運動をもっと自由にすべしという意見が述べられたこともあったが、結局、これらの規制は、一朝一夕にでき上がったものではなく、長年の選挙の経験から積み上げられてきたものであるとともに、選挙の実情に鑑み、諸般の事情を考慮して設けられたものであるということで今日に至っている。

三　衆議院議員選挙及び参議院議員選挙における選挙運動の特徴

衆議院の選挙制度は、平成六年の抜本的な改正により、政策本位、政党本位のものに改められ、これに伴い、小選挙区選挙、比例代表選挙のいずれについても、政党等に、大幅に選挙運動の手段を認めることとされた。すなわち、小選挙区選挙においては、選挙区単位で、候補者個人が一定の選挙運動を行うことができるほか、都道府県単位で、候補者届出政党が、自動車、通常葉書、ビラ、ポスター、新聞広告、政見放送、演説会等で選挙運動を行うことができることとされた。これらの運動手段において、候補者届出政党は、その都道府県で届け出た候補者のための選挙運動を行うことができる。

また、比例代表選挙では、名簿届出政党等が、選挙区単位で自動車、ビラ、ポスター、新聞広告、政見放送、演説会等で選挙運動を行うことができることとされた。

参議院の選挙制度は、平成一二年の改正により、比例代表選挙が非拘束名簿式に改められ、これに伴い、名簿登載者個人が、自動車、通常葉書、ビラ、ポスター、演説会等で選挙運動を行うことができることとされた。一方、名簿届出政党等が行える選挙運動は、従前どおり、政見放送、新聞広告、選挙公報などに限られており、自動車、ビラ、ポスターの使用、政談演説会、街頭政談演説などは確認団体の政治活動として認められることになっている。この確認団体の政治活動は、選挙運動にもわたることができるものとされているが、ビラ、ポスター等に候補者の氏名等を記載することはできない（後述）。

さらに、平成一五年の改正により、衆議院総選挙及び参議院通常選挙において、国政に関する重要政策等を記載したパンフレット又は書籍を選挙運動のために頒布することができることとされた。なお、衆議院議員選挙及び参議院議員選挙において認められる主な選挙運動手段については、参考資料三及び四を参照されたい。

第二節　選挙運動の期間に関する規制

一　選挙運動の始期

公選法第一二九条では、選挙運動は、各選挙につき、立候補（政党による候補者の届出及び名簿による立候補を含む。以下この節において同じ。）の届出を終えた（届出書が選挙長に受理された）後でなければ、することができないとされている。すなわち、立候補の届出前の選挙運動、いわゆる事前運動は一切禁止されている。

このように事前運動が禁止されたのは、昭和九年の衆議院議員選挙法の改正からであるが、その理由は、選挙運動の開始の時期を特定することにより、各候補者の選挙運動を可能な限り同時にスタートさせて無用の競争を避けるとともに、選挙運動費用の増加を抑制し、金のかからない選挙を実現しようとするものである。

ところで、立候補の届出前における選挙に関係のある事前の行為であっても、選挙運動にわたらない行為については禁止されるものではない。一般的に事前運動と解されていない代表的な事例を次に挙げてみることとする。

(一)　立候補準備行為

立候補準備行為というのは、立候補しようとする者がする選挙運動の準備行為（立候補を決意するまでの狭義の立候補準備行為のほか、立候補決意後の準備行為も含まれる。）のことである。このような行為も、先に紹介した判例（昭三、一、二四大審院、一八七～一八八頁参照）にいう選挙運動に関する定義に文理的には該当するのであろうが、立候補準備行為は、特定の候補者の当選を得るために選挙人に働きかける行為ではなく、むしろ、候補者及びその支持者のグループ内での行為又は選挙運動着手前の手続的な行為とみるべきであり、禁止される事前運動には当たらないものと解されている。

このことは、公選法第一八七条及び第一八九条において、立候補準備行為のための費用が合法的に支出されることを認めて規定していることからみても明らかである。

立候補準備行為とみられるもののうち、その代表的な例として、次のようなものがある。

(1)　政党の公認を求める行為

衆議院選挙や参議院比例代表選挙で政党の届出候補者や名簿登載者とされることを求める行為も含まれるであろう。

(2)　立候補の瀬踏《せぶみ》行為

立候補しようとする者が、自己に対する選挙人の支持状況をあらかじめ調査する行為、いいかえれば、立候補の意思を決定する資料として選挙人の意向を探る行為をいわゆる立候補の瀬踏行為と呼んでいる。その方法にはいろいろあろうが、例えば、少数の特定人に対して行う立候補可否の問合せ、選挙区情勢の問合せ等にとどまる限りは差し支えない。しかし、これを広範囲に行う等そのやり方いかんによっては、投票依頼の意思を表わすものとして事前運動と認められるおそれがある。

(3)　候補者選考会、推薦会の開催

これは、政党その他の政治団体、組合、あるいは単なる有権者の集まり等で、推薦すべき候補者を決定することである。これらの団体又は集会等で出席者が全く白紙の状態で臨み、相談の上、候補者を決定し、推薦するのであれば、立候補準備行為の段階にとどまるから、一般的には差し支えない。しかし、あらかじめ特定の人を決めておいて、その会合でこれを了承させ、又は形式的に決定するような場合には、一般的には事前運動となるおそれがある。また、選考の結果を外部に発表、宣伝することも、同様に事前運動となるおそれがある。

(4)　供託物を供託する行為

(二)　選挙運動の準備行為

選挙運動の準備行為とみられるもののうち、その代表的な例として次のようなものがある。

(1)　選挙事務所、自動車、拡声機の借入れの内交渉

(2)　演説会場借入れの内交渉

(1)、(2)のような行為は、それらを貸してくれそうな者に対して内々交渉するような場合は、一般には選挙運動準備行為とされるであろうが、およそその可能性のない選挙人に対してまで広く交渉する等の場合には、選挙運動と認められることが多い。

(3)　立札、看板、ちょうちんの類を作成しておく行為

(4)　選挙運動用ポスター、ビラの原図を作り又は印刷しておく行為

(5)　選挙公報、政見放送の原稿を作成する行為

(6)　選挙運動費用の調達行為

選挙運動資金を調達するに当たり、調達の可能性もないような多数の選挙人に対して、特定の候補者のために選挙運動資金を募集し、又は寄附を求めて歴訪するような場合には、その時期、募集区域、募集方法等

諸般の事情を総合して、その候補者のために投票を得ようとする行為と判断され、事前運動と認められることが多い。

(7)　選挙運動者となることの依頼又は労務者の雇入れの内交渉

(8)　選挙演説のための出演依頼の内交渉

(7)、(8)のような他人に選挙運動を依頼する行為は、それらを行ってくれる可能性のある者に対して内々交渉する場合は、一般には選挙運動準備行為と解されるが、選挙運動の依頼等に藉口して、およそ無関係な選挙人に対してまで依頼するような場合は、選挙運動と認められることが多い。

(9)　各選挙運動者間の任務の割当て

(10)　選挙運動者相互間における仕事の連絡

(三)　政治活動

公選法でいう政治活動とは、政治上の目的をもって行われる諸行為（政治上の主義若しくは施策を推進し、支持し、若しくはこれに反対し又は公職の候補者を推薦し、支持し、若しくはこれに反対することを目的として行う直接間接の一切の行為）から、特定の候補者の当選を図るために行う選挙運動にわたる行為（比例代表選挙における特定の政党等への投票依頼を含む。）を除外した一切の行為であると解されている。したがって、個人又は政党その他の政治団体等による政策の普及宣伝、党勢拡張等の活動、例えば議会報告演説会や時局講演会等の開催、議会報告書の頒布などは、それ自体としては選挙運動ではなく政治活動であるため、原則として自由に行えるものである（一定の政治活動の規制については、後述第六章参照）。しかし、こうした演説会等において、特定の立候補予定者に対する投票依頼（比例代表選挙における特定の政党等への投票依頼を含む。）を内容とする演説を行った場合はもちろん、政党その他の政治団体が主催してその支持する候補者が出演する演説会を選挙直前に関係区域で集中して開催したような場合も事前運動と認められることが多い。

また、立候補予定者等が、選挙運動の期間前に、その政治上の主義、施策の普及宣伝行為として行う時局講演会や国会報告会等の開催及びその開催告知のポスター、看板の掲示等も、一般にはこれらの者の政治活動と考えられるが、これらの演説会等において投票依頼を内容とする演説を行うことはもちろん、その演説会等の開催告知のためのポスターの掲示についても、そのポスターにこれらの者が特定の選挙の立候補予定者である旨を記載したり、その演説会等の開催予定がなかったり、その演説会等の開催予定の日及び場所から異常に早い時期又は異常に離れた場所に掲示したり、その演説会等の終了後も撤去することなく掲示しておくこと等は、その時期、場所、方法等その行為の態様から事前運動にわたるものと認められる。なお、後述のように、政治活動用のポスターは、一定期間、掲示が制限されている。

㈣　**地盤培養行為**

ある選挙区を地盤とする者が平素から選挙人に接触し、自己の政見その他を選挙人に周知させる等の行為は、いわゆる地盤培養行為といわれており、たとえ将来の立候補に備える意図を持つものであっても、先に選挙運動の定義のところで述べたように、一般には選挙運動とは区別されている。しかし、選挙の時期が切迫し、専ら投票獲得のためにする行為と認められるような場合には、事前運動と認められることが多いといえる。

㈤　**後援会活動**

ある政治家の後援会の会員募集、発会式、総会の開催等の後援会活動が、その政治家の人格敬慕又は政治的勢力の擁護のための行事の開催等である限りにおいては、それは一種の政治活動であり、また、場合によっては政治家の地盤培養行為であろう。しかし、これが選挙の直前に立候補予定の政治家のため広く多数の選挙人に向けて行われるようなときは、事前運動的性格を帯びてくることとなる。例えば、後援会加入勧誘の文書に投票依頼の文言が記載されている場合、立候補予定者の氏名のみをことさら大書し、その略歴、顔写真等を掲げ、「この者を大なる政治家として大成させていただきたい」等の記載がある場合のほか、当該文書の文言自体からは選挙運動のために使用する文書と推知することができなくとも、後援会結成に関する準備行為が全くない又は後援会事務所の住所、連絡先の記載がない等の事情がある後援会加入勧誘の文書の頒布や、後援会総会の開催の日時、場所が記載されていない、会場借上の事実がない、会員以外の者に対して頒布する等の事情がある後援会総会開催通知の文書の頒布は、選挙運動とみられることが多いであろう。

(六) 社交的行為

社交的な行為は、通常の時期、内容により従来から行われてきた方法で行われる限り選挙運動には該当しない。しかし、逆に、時期、方法、内容、対象等からして、投票を獲得しようとする積極的な意図が認められるときは、選挙運動となり、事前運動の禁止違反と認められる場合もあろう。

社交的な行為は一般的に選挙運動ではないと解されているが、公選法上これらについては全く規制がないかというと決してそうではなく、例えば、公務員等の一定の地盤培養行為の禁止（法二三九の二①）、公職の候補者等の寄附の禁止（法一九九の二）、後援団体の寄附の禁止（法一九九の五）等の規定があることに注意が必要である（それぞれ後述）。

また、公職の候補者等が、当該選挙区内にある者に対して、答礼のための自筆によるものを除き、年賀状等の時候の挨拶状を出すことは、次のとおり禁止されている（法一四七の二）。

① 禁止の対象として例示されているのは、年賀状、寒中見舞状、暑中見舞状であるが、その他これらに類する挨拶状としては、残暑見舞状、余寒見舞状などのほかクリスマスカードや「喪中につき年賀の挨拶を失礼

します」といった欠礼の葉書も含まれる。

② 自筆によるものとは認められない例としては、印刷した時候の挨拶状に公職の候補者等が住所と氏名を自書したものや、パソコンなど電子機器で作成した挨拶状がある。

③ 「挨拶状」には、電報その他これに類するものを含むので、年賀電報なども当然、禁止の対象となるが、ホームページに年賀のあいさつ文を掲載することや、選挙人に年賀のあいさつを電子メールで送ることは禁止されない。

二　選挙運動の終期

選挙運動をすることができるのは、当該選挙の期日の前日までである（法一二九）。当該選挙の期日とは、その選挙の投票日をいい、ある地域で繰上投票、繰延投票が行われる場合には、その地域については、その投票日をいうものと解されている。

当該選挙の期日の前日は、街頭演説、選挙運動用自動車（船舶）上の連呼行為のように時間的な制限（午後八時まで）があるものは、その時間までしか行えないが、それ以外の選挙運動は午後一二時まで行うことができる。

ただし、次に掲げるものは、その例外として選挙当日における選挙運動が認められている。

㈠ 投票所を設けた場所の入口から三〇〇メートル以上離れた区域に選挙事務所を設置すること（法一三二）。

㈡ 選挙運動の期間中に適法にウェブサイト等を利用する方法により頒布された選挙運動のために使用する文書図画をそのままにしておくこと（法一四二の三②）。ただし、当日、当該文書図画を更新することはできない。

㈢　㈠により設置を認められる選挙事務所を表示するために、その場所において使用するポスター、立札、ちょうちん及び看板の類を掲示すること（法一四三⑤）。

㈣　選挙運動の期間中に適法に掲示された個人演説会告知用ポスター及び選挙運動用ポスターをそのまま掲示しておくこと（法一四三⑥）。ただし、当日、これらのポスターを新たな場所に掲示すること、又はポスター掲示場に掲示されているこれらのポスターを新たなものに貼り替えることはできない。

三　選挙期日後の挨拶行為の制限

選挙の期日後に、当選又は落選に関して、選挙人に挨拶する行為は、その性格からいえば選挙運動とはいえないものであり、また、このような挨拶行為をし、又はこれを受けることは、社会生活上通常のことと考えられないものではないが、選挙の期日後であっても、そのために多くの費用を要したり、事後買収等の弊害も少なくないと考えられるところから、公選法はこれらの行為を禁止している。

禁止される行為は、選挙の期日後（無投票当選の場合は、投票を行わないこととなった旨の告示後）において、当選又は落選に関し選挙人に挨拶する目的をもって、次に掲げる行為をすることであって、この行為は、何人もこれを行うことができないものとされている（法一七八）。

㈠　選挙人に対して戸別訪問をすること。

㈡　自筆の信書及び当選又は落選に関する祝辞、見舞等の答礼のためにする信書並びにインターネット等を利用する方法により頒布される文書図画を除くほか文書図画を頒布し又は掲示すること。

㈢　新聞紙又は雑誌を利用すること。

㈣　放送設備を利用して放送すること。
㈤　当選祝賀会その他の集会を開催すること。
㈥　自動車を連ね又は隊を組んで往来する等によって気勢を張る行為をすること。
㈦　当選に関する答礼のため当選人の氏名又は政党その他の政治団体の名称を言い歩くこと。

四　挨拶を目的とする有料広告の禁止

公職の候補者等及び後援団体（法一九九の五①）は、当該選挙区内にある者に対して、主として挨拶を目的とする広告を、有料で、新聞紙、雑誌、ビラ等に掲載させ、又は放送事業者の放送設備により放送をさせることができないものである（法一五二①）。

(1)　「主として」挨拶を目的とする広告が禁止されるものであり、純粋な政策広告は含まれないが、有料の政策広告の中に挨拶文を入れたことにより全体としてみて挨拶を目的とする有料広告に該当すると認められる場合は、罰則をもって禁止される。

(2)　「挨拶」の範囲は以下のとおりである。

①　年賀、寒中見舞、暑中見舞その他これらに類するもののためにする挨拶（法一四七の二と同旨）

②　慶弔、激励、感謝その他これらに類するもののためにする挨拶（例えば各種大会に係る祝いや人の死亡に係る挨拶、地元の高校の野球大会への出場に係る激励の挨拶、後援団体の結成二〇周年に当たりこれまでの支援に対する感謝の挨拶のほか、災害見舞等も含まれる。）

(3)　禁止される挨拶広告の形態は次のとおりである。

①　新聞紙、雑誌、ビラ、パンフレット、インターネット等を利用する方法により頒布される文書図画その

他これらに類するものへの掲載

②　放送事業者（日本放送協会及び放送大学学園を除く。）の放送設備による放送

(4)　「有料」とは、広告のための対価を支払ってという意味であるので、候補者等又は後援団体が自ら発行する政策の普及宣伝のための雑誌、パンフレット等に挨拶文を掲載することは、法第一五二条には違反しない。

また、何人も公職の候補者等又は後援団体に対して、以上のような有料広告を掲載させ、又は放送をさせることを求めることも禁止されている（法一五二②）。

第三節　選挙運動の主体に関する規制

選挙運動の主体に関しては、古くは候補者、選挙事務長、選挙委員等に限って選挙運動ができ、それ以外の者は演説又は推薦状による選挙運動のような法の定める一定の方法以外の選挙運動は許されなかったが、昭和二〇年の衆議院議員選挙法の改正以来このような制限は撤廃され、誰でも選挙運動を自由に行い得る（いわゆる第三者運動も自由に行い得る）建前を採っている。ただ、現行法では、選挙運動の方法についての規制があることなどから、事実上、第三者の選挙運動は電話による選挙運動などに限定されており、また、以下に説明するように、公選法及びその他の法令によって、特定の者の選挙運動が例外的に禁止あるいは制限されている。これは、選挙に対するその者の地位、職務の影響力等を考慮した結果であり、又は選挙犯罪者を更に徹底して選挙から遠ざけてその粛正を図る目的に出たものであって、選挙の公正を期する趣旨からの制限にほかならない。

一　選挙事務関係者等の選挙運動の禁止

㈠　選挙事務関係者の選挙運動の禁止

投票管理者、開票管理者、選挙長及び選挙分会長は、在職中、その関係区域内において、選挙運動をすることができない（法一三五①）。

また、不在者投票管理者は、不在者投票に関し、その者の業務上の地位を利用して選挙運動をすることができない（法一三五②）。「その者の業務上の地位を利用して」とは、不在者投票管理者が日常の職務上有する影響力を利用してという意味である。

なお、選挙事務関係者であっても、投票立会人、開票立会人及び選挙立会人はいずれも選挙運動を禁止されない。これらの者は、投票管理者、開票管理者、選挙長及び選挙分会長の事務の執行に対する監視的機関であるにとどまるものであり、とりわけ開票立会人、選挙立会人については、候補者等の届出に基づき選任されるものであり、候補者等の利益代表とみなすことができることから、禁止されないのは当然である。

㈡　特定公務員の選挙運動の禁止

次に掲げる特定の公務員は、その在職中、選挙運動をすることができない（法一三六）。

⑴　中央選挙管理会の委員及び中央選挙管理会の庶務に従事する総務省の職員、参議院合同選挙区選挙管理委員会の職員並びに選挙管理委員会の委員及び職員

⑵　裁判官

⑶　検察官

⑷　会計検査官

(5)　公安委員会の委員
(6)　警察官
(7)　収税官吏及び徴税の吏員

これらの者は、在職中は、選挙の種類を問わず、また職務の区域と関係なく、一切の選挙運動が禁止される。

二　公務員等の地位利用による選挙運動等の禁止

公務員等が選挙に際してその地位を利用して選挙運動をすることは、後述するように、公務員法の問題として規制されているが、単に服務上の問題であるにとどまらず、それが選挙の自由公正を著しく害するという趣旨から、同時に公選法においても規制することとされている。この規制を受ける者の範囲についても、公務員のほか、公庫の役職員となっている。また、本来選挙運動に該当しないと考えられている立候補準備ないし選挙運動準備的な行為であっても、その地位を利用して行うことは禁止されている。

(一)　公務員等の地位利用による選挙運動の禁止

次に掲げる者は、その地位を利用して選挙運動をすることができない（法一三六の二①）。

(1)　国若しくは地方公共団体の公務員又は行政執行法人若しくは特定地方独立行政法人の役職員
(2)　沖縄振興開発金融公庫の役職員

これらの者（以下この項において「公務員等」という。）の地位利用による選挙運動が禁止されるのは、事前であると選挙期間中であるとを問わない。

「その地位を利用して」とは、公務員等がその地位にあるがため特に選挙運動を効果的に行い得るような影響力又は便益を利用する意味であり、職務上の地位と選挙運動の行為が結びついている場合をいう。具体的には例えば、次のような場合が該当する。

(1)　補助金・交付金等の交付、融資のあっせん、物資の払下げ、契約の締結、事業の実施、許可・認可、検査・監査その他の職務権限を有する公務員等が、地方公共団体、外郭団体、請負業者、関係団体、関係者等に対し、その権限に基づく影響力を利用すること。

(2)　公務員等の内部関係において、職務上の指揮命令権、人事権、予算権等に基づく影響力を利用して、公務員等が部下又は職務上の関係のある公務員等に対し、選挙に際して投票を勧誘すること。

(3)　市役所等官公庁の窓口で住民に接する職員や世論調査等で各戸を訪ねる職員が、これらの機会を利用して職務に関連して住民に働きかけること。

(二)　公務員等の地位利用による選挙運動類似行為の禁止

公務員等が、候補者、候補者となろうとする者（公職にある者を含む。）を推薦し、支持し、若しくはこれに反対する目的をもって、又は候補者として推薦され、支持される目的をもって次に掲げるような選挙運動類似行為をすることは、公務員等の地位利用による選挙運動とみなされて禁止される（法一三六の二②）。

ここに掲げる行為は、本来選挙運動に該当しないと考えられているいわゆる立候補準備行為又は選挙運動準備行為等であるが、公務員等がその地位を利用して行うことの弊害に鑑み、地位利用による選挙運動とみなしてこれを禁止しようとするものである。

(1)　推薦行為

公務員等が、その地位を利用して、候補者の推薦に関与し、関与することを援助し、又は他人にこれらの行為をさせること。例えば、職務上の関係のある団体に対し特定の候補者の推薦決議をするように干渉することなどがこれに当たる。

⑵　選挙運動の準備行為

公務員等が、その地位を利用して、投票の周旋勧誘、演説会の開催その他の選挙運動の企画に関与し、その企画の実施について指示し、指導し、又は他人にこれらの行為をさせること。例えば、職務上の組織を利用して、だれがどの地区で何票獲得するといった割当てを決めることなどがこれに当たる。

⑶　後援団体の結成行為等

公務員等が、その地位を利用して、後援団体を結成し、その結成の準備に関与し、その後援団体の構成員となることを勧誘し、これらの行為を援助し、又は他人にこれらの行為をさせること。例えば、外郭団体に特定の候補者の後援会への参加を要請することなどがこれに当たる。

⑷　文書図画を利用する行為

公務員等が、その地位を利用して、新聞その他の刊行物を発行し、文書図画を掲示し、頒布し、これらの行為を援助し、又は他人にこれらの行為をさせること。例えば、外郭団体の新聞に特定の候補者についての記事を掲載するよう指示することなどがこれに当たる。

⑸　利益供与行為

候補者、候補者となろうとする者（公職にある者を含む。）を推薦支持したり、これに反対することを申し出又は約束した者に対し、公務員等がその代償として、その職務の執行に当たり、その申し出又は約束した者に係る利益を与え又はその約束をすること。例えば、管下の団体から特定の候補者の支持の申出を受けたときに、所管の補助金を増額交付することなどがこれに当たる。

この行為は、買収罪における利益供与に類するものであるが、候補者を推薦支持する者に対して行う利益供与等の行為を、たとえそれが買収に当たらない程度のものであっても、禁止しようとするものである。

㈢　公務員等の地盤培養行為の制限

衆議院議員又は参議院議員の選挙に立候補しようとする公務員等（公職にある者を除く。）が、次に掲げる行為（地盤培養行為）をすることは、事前運動とみなされて処罰される（法二三九の二①）。

地盤培養行為は、一般には必ずしも選挙運動とはいえないものであることは既に述べたとおりであるが、公務員等の有する影響力の大きさから、選挙の自由公正を確保するためには、公務員等の地盤培養行為についても厳に規制しなければならないという趣旨から、これを事前運動とみなして処罰することとするものである。

⑴　当該選挙区において、職務上の旅行又は職務上出席した会議その他の集会の機会を利用して、当該選挙に関し、選挙人に挨拶すること。例えば、選挙区内での職務上の旅行や会議の機会に、自分の選挙に関係のある言動に及ぶことなどがこれに当たる。

⑵　当該選挙区において、その地位及び氏名（それらのものが類推されるような名称を含む。）を表示した文書図画を、当該選挙に関し、掲示し、又は頒布すること。例えば、選挙区内で自分の選挙に関し肩書のついた名刺を誰彼となく渡すことなどがこれに当たる。

⑶　その職務の執行に当たり、当該選挙区内にある者に対し、当該選挙に関し、その者に係る特別の利益を供与し、又は供与することを約束すること。例えば、自分の選挙に関し、職務上の権限に基づき、所管の補助金について、選挙区内の者に対して、一般と比べより以上の特恵的、独占的利益を与えることなどがこれに当たる。

⑷　その地位を利用して、当該選挙に関し、公務員等をして、その職務の執行に当たり、当該選挙区内にある者に対し、その者に係る特別の利益を供与させ、又は供与することを約束させること。

(3)においては、公務員等が自ら行う行為について規制しているのに対し、(4)の場合は、公務員等が、例えば上司であるとか、監督官庁の役人であるとか、職務上の同僚であるとかいった地位を利用して、他の公務員等をして、(3)に規定するような行為を行わせることを規制しているのである。

三　教育者の地位利用による選挙運動の禁止

教育者は、学校の児童、生徒及び学生に対する教育上の地位を利用して選挙運動をすることができない（法一三七）。

「教育上の地位を利用して」とは、必ずしも教育者である立場を利用して、児童、生徒又は学生に直接選挙運動を行わせることに限らない。それらの者を通じて間接的にその保護者に働きかける場合（例えば、特定候補者に投票するよう児童を通じてその保護者に依頼する等）はもちろん、その子女に対する教育者としての地位を利用して直接に保護者に働きかける場合（例えば、保護者会の席上において選挙運動をする等）等も含まれる。

また、ここにいう「教育者」とは、学校教育法に規定する学校（幼稚園、小学校、中学校、義務教育学校、高等学校、中等教育学校、特別支援学校、大学及び高等専門学校）及び就学前の子どもに関する教育、保育等の総合的な提供の推進に関する法律に規定する幼保連携型認定こども園の長及び教員をいうものとされている。国立、公立の学校はもとより、私立の学校の長及び教員も含まれるが、専修学校、各種学校の長及び教員は、ここにいう教育者には、含まれない。

なお、国立及び公立の学校の長及び教員は、後述するように、教育公務員として一般的に選挙運動を禁止され、さらに、教育者の地位を利用する選挙運動が禁止されるのに対して、私立学校の長及び教員の選挙運動については、国家公務員法又は地方公務員法に相当する規定がないから、専ら本条により規制を受けるのみである。

四　年齢満十八年未満の者等の選挙運動の禁止

㈠　年齢満十八年未満の者の選挙運動の禁止

年齢満十八年未満の者は、選挙運動をすることができない。また、何人も、年齢満十八年未満の者を使用して選挙運動をすることはできないが、選挙運動のための労務に使用することは差し支えない（法一三七の二）。これは、心身未成熟な年齢満十八年未満の者を保護しようとするものである。

「選挙運動のための労務」とは、選挙事務所において文書の発送、接受に当たるとか、湯茶の接待に当たるとか、物品の運搬に従事するような機械的作業をいう。これに対し、連呼行為や街頭演説を行ったり、個人演説会において弁士として演説するように、選挙人に直接働きかける行為は、たとえ与えられた原稿をそのまま読み上げるに過ぎないものであっても、選挙運動と解すべきものである。

㈡　選挙犯罪により選挙権及び被選挙権を有しない者の選挙運動の禁止

一定の選挙犯罪や政治資金規正法違反の罪を犯して処罰され、公選法第二五二条又は政治資金規正法第二八条の規定により選挙権及び被選挙権を有しない者は、選挙運動をすることができない（法一三七の三）。

なお、選挙犯罪以外の一般犯罪によって選挙権及び被選挙権を有しない者は、選挙運動は禁止されていない。

五　公務員の政治的行為の制限

公務員等に対する選挙運動の制限は、先に述べたような公選法の規定による制限にとどまらず、例えば一般職の公務員に関する国家公務員法及び地方公務員法、国会職員に関する国会職員法、裁判所職員に関する裁判所職員臨時措置法、裁判官に関する裁判所法、自衛隊員に関する自衛隊法等のように、それぞれの服務規律の面から、政治的行為等に対し制限が課せられている。

㈠　**国家公務員法による制限**

一般職の国家公務員については、国家公務員法第一〇二条第一項において、職員は、政党又は政治的目的のために、寄附金その他の利益を求め、受領し、又は何らの方法をもってするを問わず、これらの行為に関与し、あるいは選挙権の行使を除くほか、人事院規則で定める政治的行為をしてはならないと規定され、これに違反した者は、単に懲戒処分の対象となるだけでなく、同法第一一一条の二の規定によって処罰されることとなる。

この政治的行為の具体的範囲については人事院規則一四—七で規定されており、選挙運動にわたらない行為もこれに含まれているが、選挙運動にわたる行為は、一般にはこれに含まれる場合が多い。

㈡　**地方公務員法による制限**

一般職の地方公務員は、地方公務員法第三六条に規定する政治的行為をしてはならないとされている。

これらの政治的行為のうちには、区域のいかんを問わず禁止される行為と一定の区域においてのみ禁止される行為とがあるが、選挙運動は、後者に該当する行為として、その職員の属する地方公共団体の区域（都道府県の支庁若しくは地方事務所又は指定都市の区若しくは総合区に勤務する職員は、それぞれの所管区域）内においてのみ禁止される。

この地方公務員法第三六条の違反に対しては、懲戒処分の対象となるにとどまり刑罰の制裁がないが、この点が国家公務員法第一〇二条の場合と異なる。

また、人事委員会の委員（常勤、非常勤を問わない）、公平委員会の委員は、特別職の地方公務員ではあるが、同法第三六条に規定する政治的行為の制限を受ける（地方公務員法九の二⑫）。

なお、地方公営企業に従事する地方公務員については、原則として政治活動の制限はない（地方公営企業法三九②、地方公営企業等の労働関係に関する法律一七②）。

(三) 教育公務員特例法による制限

公立学校の教育公務員の政治的行為の制限については、地方公務員法第三六条の規定によることなく、国家公務員の例によることとされている（教育公務員特例法一八①）。

したがって、国家公務員の場合と同様に、国家公務員法第一〇二条及び人事院規則一四―七の規制を受けるが、この制限に違反した者に対する制裁については、懲戒処分の対象となるにとどまり、刑罰の制裁はない（同法一八②）。

なお、教育委員会の委員（委員長を含む。）は、積極的に政治活動をしてはならないこととされている（地方教育行政の組織及び運営に関する法律一一⑥、一二①）。

第四節　選挙運動の方法に関する規制

選挙運動の方法は、大別すると、印刷物その他の文書図画による選挙運動と、演説その他の言論による選挙運動とに分類されるが、既に説明したように、公選法は、この選挙運動の方法についても一定の制限を加えるとともに、金のかからない選挙を実現するために選挙公営制度を導入している。

一　文書図画による選挙運動

文書図画による選挙運動は、選挙運動の方法の中でも、言論による選挙運動と並んで最も一般的な選挙運動の方法であるが、文書図画による選挙運動については、金のかかる選挙の原因となりやすいことから、厳しい規制が設けられている。すなわち、選挙運動のための文書図画の使用は、原則として禁止し、その中において一定の規制に従ったものに限って、その使用が認められている。

公選法にいう文書図画とは、社会一般で用いられる言葉の意味よりもはるかに広いものであって、抽象的には、文字若しくはこれに代るべき符号又は象形を用いて物体の上に多少とも永続的に記載された意識の表示をいうものである。

このような文書図画は、人の視覚に訴えて選挙運動の効果を期待するものであって、例えば、書籍、新聞、名刺、あいさつ状、ビラ、ポスター、立札、看板、ちょうちん、プラカード、葉書、電報はもちろん、スライド、映画、ネオンサイン、アドバルーン等が全て含まれ、壁、塀等に書かれた文字、地面に書かれた砂文字等に至るまで、文書図画に含まれるものとされている。

㈠　文書図画の頒布

選挙運動のために使用する文書図画は、通常葉書、ビラ等、公選法の規定に基づくもののほかは、一切頒布（配布）することができない。

ここにいう頒布とは、文書図画を不特定又は多数の者に配布する目的でその内の一人以上の者に配布することをいい、また、配布の方法については、直接手渡す方法によるものであろうが、郵送であろうが、さらには新聞折込みによるものであろうが、全て頒布に当たるものとされている。

⑴　選挙運動用通常葉書

選挙運動のために使用する通常葉書は、一般の通常葉書と同様のものであるが、必ず「選挙用」である旨の表示を受けなければならない（法一四二⑤）。

表15　通常葉書の制限枚数

	選挙の種類		候補者一人についての制限枚数
国	衆議院小選挙区選出議員	候補者個人	三万五、〇〇〇枚
		候補者届出政党	二万枚に当該都道府県における届出候補者数を乗じた数
	衆議院比例代表選出議員		使用できない
	参議院比例代表選出議員	名簿登載者個人（特定枠名簿登載者を除く。）	一五万枚
		参議院名簿届出政党等	使用できない
	参議院選挙区選出議員		⑴　当該選挙区の区域内の衆議院小選挙区選出議員の選挙区の数が一である場合には三万五、〇〇〇枚 ⑵　当該選挙区の区域内の衆議院小選挙区選出議員の選挙区の数が一を超える場合は、その一を増すごとに二、五〇〇枚を三万五、〇〇〇枚に加えた数
都道府県	知事		同右
	議会議員		八、〇〇〇枚
市町村	指定都市	長	三万五、〇〇〇枚
		議会議員	四、〇〇〇枚
	指定都市以外の市	長	八、〇〇〇枚
		議会議員	二、〇〇〇枚
	町村	長	二、五〇〇枚
		議会議員	八〇〇枚

通常葉書の使用枚数は、表15のとおり制限されている（法一四二①Ⅰ～Ⅶ、②）。

この通常葉書の発送は、郵便物の配達業務を取り扱う郵便局等の窓口に差し出さなければならない。郵便によらないで使送したり、路上で選挙人に手渡したりすることはできない。

通常葉書の記載内容については、特に制限はなく、また、その使用方法についても制限がないので、候補者や政党等が使用することはもちろん、第三者に依頼して推薦状の形式で出すこともできる。

⑵　選挙運動用ビラ

個人の選挙運動用ビラの使用は、衆議院小選挙区選出議員、参議院議員（比例代表選挙における特定枠名簿登載者を除く。）並びに地方公共団体の議会の議員及び長の選挙について認められている。

選挙運動用ビラの頒布枚数は、表16のとおり制限されている（法一四二①Ⅰ～Ⅲ、Ⅴ～Ⅶ、②③）。

①　候補者個人用のビラ

頒布できるビラは、当該選挙を管理する選挙管

表16　選挙運動用ビラの制限枚数

選挙の種類			種類制限・枚数制限
国	衆議院小選挙区選出議員	候補者個人	二種類以内。七万枚
		候補者届出政党	種類制限なし。四万枚に当該都道府県における届出候補者数を乗じて得た数（ただし、その届け出た候補者に係る選挙区ごとに四万枚以内）
	衆議院比例代表選出議員		二種類以内。枚数制限なし
	参議院比例代表選出議員	名簿登載者個人（特定枠名簿登載者を除く。）	二種類以内。二五万枚
		参議院名簿届出政党等	使用できない
	参議院選挙区選出議員		二種類以内。 (1)当該選挙区の区域内の衆議院小選挙区選出議員の選挙区の数が一である場合には一〇万枚 (2)当該選挙区の区域内の衆議院小選挙区選出議員の選挙区の数が一を超える場合には、その一を増すごとに一万五、〇〇〇枚を一〇万枚に加えた数（その数が三〇〇万枚を超える場合には三〇〇万枚）
都道府県	知事		同右
	議会議員		二種類以内。一万六、〇〇〇枚
市町村	指定都市	長 議会議員	二種類以内。 七万枚 八、〇〇〇枚
	指定都市以外の市	長 議会議員	二種類以内。 一万六、〇〇〇枚 四、〇〇〇枚
	町村	長 議会議員	二種類以内。 五、〇〇〇枚 一、六〇〇枚

理委員会（参議院合同選挙区選挙の場合は参議院合同選挙区選挙管理委員会、参議院比例代表選挙の場合は中央選挙管理会）に届け出た二種類以内のもので、大きさは長さ二九・七センチメートル、幅二一センチメートルを超えてはならず、ビラの表面には、頒布責任者及び印刷者の氏名（法人にあっては名称）及び住所を記載しなければならない。また、参議院比例代表選挙における名簿登載者（特定枠名簿登載者を除く。）のビラにあっては、これらのほか、当該名簿登載者に係る名簿届出政党等の名称及び中央選挙管理会に届け出たビラである旨を表示する記号を記載しなければならない（法一四二⑧⑨）。

　また枚数制限に伴い、ビラには、当該選挙を管理する選挙管理委員会（参議院合同選挙区選挙の場合は参議院合同選挙区選挙管理委員会、参議院比例代表選挙の場合は中央選挙管理会）が交付する証紙を貼らなければ頒布することができない（法一四二⑦）。

頒布方法は、新聞折込みによる頒布、選挙事務所内における頒布、演説会場内における頒布、街頭演説の場所における頒布（政党等の選挙事務所内、演説会場内、街頭演説の場所も可）に制限されており（法一四二⑥、令一〇九の六）、散布することは禁止されている（法一四二①）。

②　政党等の使用するビラ

衆議院小選挙区選挙においては、候補者個人のほか、候補者届出政党が、都道府県単位で、その届出候補者数に応じて一定数のビラの頒布を行うことができる。

この候補者届出政党が使用するビラは、種類制限はないが、大きさは長さ四二センチメートル、幅二九・七センチメートルを超えてはならず、また、選挙区ごとに枚数制限があるので、都道府県の選挙管理委員会が選挙区ごとに交付する証紙の貼付が必要となる（法一四二②⑦⑧）。頒布方法は、個人用のビラの頒布方法と同様である（法一四二⑥）。

衆議院比例代表選挙においては、名簿届出政党等が二種類以内のビラを頒布することができるが、枚数制限、規格制限はなく、証紙の貼付も不要である（法一四二③）。頒布方法については、衆議院小選挙区選挙の候補者届出政党の場合と同様である。

また、これら候補者届出政党及び衆議院名簿届出政党等が使用するビラについては、その記載内容に特に制限はなく候補者の氏名を記載することもできるが、頒布責任者の氏名等のほか、候補者届出政党又は名簿届出政党等の名称及び名簿届出政党等のビラにあっては法第一四二条第三項のビラである旨を表示する記号を記載しなければならない（法一四二⑨）。

なお、参議院選挙については、政党等が、確認団体として、政治活動用ビラを頒布することは認められるが、これには候補者の氏名等を記載することはできず、一方で頒布方法の制限はない（散布はできない。後述）。

(3)　選挙運動用パンフレット・書籍

国政に関する重要政策及びこれを実現するための基本的な方策等又はこれらの要旨等を記載したパンフレット又は書籍（以下「パンフレット等」という。）を選挙運動のために頒布することは、衆議院総選挙又は参議院通常選挙において、候補者届出政党若しくは衆議院名簿届出政党等又は参議院名簿届出政党等に限り認められている。頒布することができるパンフレット等は、候補者届出政党又は名簿届出政党等の本部において直接発行するもので、総務大臣に届け出たもの二種類以内（うち一種類は要旨等を記載したもの）に限られる（法一四二の二①）。

パンフレット等の表紙には、当該候補者届出政党又は名簿届出政党等の名称、頒布責任者及び印刷者の氏名（法人にあっては名称）及び住所並びに総務大臣に届け出たパンフレット等である旨を表示する記号を記載しなければならない（法一四二の二④）。

パンフレット等には、当該候補者届出政党又は名簿届出政党等に所属する者（参議院名簿登載者を含む。）である当該衆議院総選挙又は参議院通常選挙の候補者（当該政党等の代表者を除く。）の氏名又は氏名類推事項を記載することができない（法一四二の二③）。

頒布方法は、選挙事務所内における頒布、演説会場内における頒布、街頭演説の場所における頒布（当該候補者届出政党又は名簿届出政党等に所属する候補者や参議院名簿登載者の選挙事務所内、演説会場内、街頭演説の場所も可）に制限されており、散布することは禁止されている（法一四二の二②）。

(4)　インターネット等を利用した選挙運動用文書図画

平成二五年四月の公選法改正により、選挙運動期間における候補者に関する情報の充実、有権者の政治参加の促進等を図るため、インターネット等を利用する方法による選挙運動が解禁された。

①　ウェブサイト等を利用する方法

何人も、ウェブサイト等を利用する方法（注）により、選挙運動用文書図画の頒布を行うことができるが、選挙運動のために使用するウェブサイト等には電子メールアドレス等を表示することが義務付けられている（法一四二の三①③）。

（注）ウェブサイト等を利用する方法とは、インターネット等を利用する方法（電気通信の送信（放送を除く。）により、文書図画をその受信する者が使用する通信端末機器の映像面に表示させる方法）のうち、電子メールを利用する方法を除いたものをいい、例えば、ホームページ、ブログ、ＳＮＳ、動画共有サービス、動画中継サイト等である。

ウェブサイト等に掲載された選挙運動用文書図画は、選挙期日当日もそのままにしておくことができるが、選挙運動は選挙期日の前日までに限られており、選挙期日当日の更新はできない（法一四二の三②、一二九）。

このほか、当選を得させないための活動（落選運動）に使用する文書図画を掲載するウェブサイト等には、選挙の期日の公示又は告示の日から選挙期日までの間、電子メールアドレス等を表示することが義務付けられている（法第一四二条の五①）。

②　電子メールを利用する方法

電子メールを利用する方法（注）による選挙運動用文書図画の頒布については、候補者（名簿登載者を含む。）又は候補者届出政党、名簿届出政党等若しくは確認団体である政党その他の政治団体（以下⑷において「政党等」という。）に限って認められているが、候補者又は政党等以外の一般の有権者は引き続き禁止されている（法一四二の四①）。なお、衆議院比例代表選挙の比例単独候補者及び参議院比例代表選挙の特定枠名簿登載者が行う電子メールによる選挙運動用文書図画の頒布は、名簿届出政党等が行う文書図画の頒布とみなすこととされている（法一四二の四③④）。また、選挙運動用電子メールには、選挙運動用電子メールである旨、送信者の氏名又は名称、送信者に対し選挙運動用電子メールの送信をしないように求める旨の通知を行うことができる旨及び電子メールアドレスを表示することが義務付けられている（法一四二の四⑦）。

（注）電子メールを利用する方法とは、特定電子メールの送信の適正化等に関する法律第二条第一号に規定する方法をいい、その全部又は一部にシンプル・メール・トランスファー・プロトコルが用いられる通信方式（ＳＭＴＰ方式）と、電話番号を送受信のために用いて情報を伝達する通信方式（電話番号方式）の二つが定められている。

選挙運動用電子メールの送信先には、一定の制限があり、次の送信対象者に対して、それぞれ次の電子メールアドレス宛に送信することができる（法一四二の四②）。

送信対象者	送信対象電子メールアドレス
あらかじめ、選挙運動用電子メールの送信の求め・同意を選挙運動用電子メール送信者に通知した者（その電子メールアドレスを選挙運動用電子メール送信者に自ら通知した者に限る。）	選挙運動用電子メール送信者に自ら通知した電子メールアドレス

政治活動用電子メール（選挙運動用電子メール送信者が普段から発行している政治活動用のメールマガジン等）を継続的に受信している者（その電子メールアドレスを選挙運動用電子メール送信者に自ら通知した者に限り、かつ、その後に政治活動用電子メールの送信を拒否した者を除く。）であって、あらかじめ、選挙運動用電子メールの送信の通知を受け、拒否しなかったもの	政治活動用電子メールに係る自ら通知した電子メールアドレスのうち、選挙運動用電子メール送信拒否通知をした電子メールアドレス以外のもの

選挙運動用電子メール送信者には、受信者が電子メールアドレスを送信者に対し自ら通知したこと等の一定の記録の保存が義務付けられる（法一四二の四⑤）。

このほか、当選を得させないための活動（落選運動）に係る電子メールで送信される文書図画には、選挙の期日の公示又は告示の日から選挙期日までの間、送信者の氏名・名称や電子メールアドレスを表示することが義務付けられている（法第一四二条の五②）。

③　選挙運動用有料インターネット広告

選挙運動のための有料インターネット広告については、政党等に限り、選挙運動期間中、当該政党等の選挙運動用ウェブサイト等に直接リンクする政治活動用有料広告を掲載することができることとされている（法一四二の六）。

④　その他

文書図画にバーコードその他これに類する符号（ＱＲコード等）が記載又は表示されている場合における公選法の適用については、法定記載事項（公選法上、文書図画に記載し又は表示しなければならないこととされている事項）を除き、当該符号に記録されている事項であって読取り後に表示されるものが当該文書図画に記載され又は表示されているものとされる（法二七一の六①②）。

また、文書図画を記録した電磁的記録媒体、例えばＤＶＤやＵＳＢメモリを頒布することは、当該文書図画を頒布する行為とみなされる（法二七一の六③）。

(5)　新聞広告

新聞を利用して行う選挙運動は、この新聞広告だけに限られている。

衆議院比例代表選挙又は参議院比例代表選挙以外の選挙にあっては、候補者は、選挙運動の期間中、衆議院小選挙区選挙及び参議院選挙区選挙にあっては五回（参議院合同選挙区選挙にあっては一〇回）、都道府県知事選挙にあっては四回、その他の選挙にあっては二回に限り、選挙に関する新聞広告をすることができる（法一四九）。この制限回数の範囲内であれば、どの新聞に掲載しようが自由である。その寸法は横九・六センチメートル、縦二段組以内である（規則一九①）。

衆議院議員選挙又は参議院比例代表選挙にあっては政党等も新聞広告が認められ、候補者届出政党又は名簿届出政党等が行うことができる新聞広告の寸法及び回数は表17のとおりである（規則一九②③④）。なお、一回当たりの寸法は、横おおむね九・六センチメートル、縦一段組の整数（二以上のものに限る。）倍の寸法でその形態が長方形であり、かつ横三八・五センチメートル、縦一五段組の寸法以内である必要がある。

新聞広告の掲載場所は、記事下に限られており、色刷は認められない（規則一九⑤）。

新聞広告を掲載した新聞紙の頒布は、新聞紙の販売を業とする者が、通常の方法（定期購読者以外の者に頒布する場合は、有償に限る。）でする場合に限られている。また、その掲示についても、都道府県の選挙管理委員会の指定する場所に掲示する場合に限られている（法一四九⑤）。

表17　(1)　衆議院小選挙区選挙における候補者届出政党の新聞広告の寸法及び回数

当該都道府県における届出候補者の数	寸法	回数
一人から五人まで	横三八・五センチメートル、縦四段組以内	八回以内
六人から一〇人まで	横三八・五センチメートル、縦八段組以内	一六回以内
一一人から一五人まで	横三八・五センチメートル、縦一二段組以内	二四回以内
一六人以上	横三八・五センチメートル、縦一六段組以内	三二回以内

(2)　衆議院比例代表選挙における名簿届出政党等の新聞広告の寸法及び回数

当該選挙区における名簿登載者の数	寸法	回数
一人から九人まで	横三八・五センチメートル、縦八段組以内	一六回以内
一〇人から一八人まで	横三八・五センチメートル、縦一六段組以内	三二回以内
一九人から二七人まで	横三八・五センチメートル、縦二四段組以内	四八回以内
二八人以上	横三八・五センチメートル、縦三二段組以内	六四回以内

(3)　参議院比例代表選挙における名簿届出政党等の新聞広告の寸法及び回数

名簿登載者の数	寸法	回数
一人から八人まで	横三八・五センチメートル、縦二〇段組以内	四〇回以内
九人から一六人まで	横三八・五センチメートル、縦二八段組以内	五六回以内
一七人から二四人まで	横三八・五センチメートル、縦三六段組以内	七二回以内
二五人以上	横三八・五センチメートル、縦四四段組以内	八八回以内

(6)　選挙公報

選挙公報は、候補者の氏名、経歴、政見等（衆議院比例代表選挙又は参議院比例代表選挙においては、名簿届出政党等の名称及び略称、政見、名簿登載者の氏名及び経歴等）を掲載した文書で、選挙管理委員会が発行する。

この選挙公報は、衆議院議員、参議院議員及び都道府県知事の選挙においては、都道府県の選挙管理委員会が必ず一回、選挙区ごとに（選挙区がないときは選挙の行われる区域を通じて）発行することとされており（義務制選挙公報）（法一六七）、その他の選挙においては、それぞれの都道府県又は市町村の自主的な判断（条例の制定）により発行される（任意制選挙公報）（法一七二の二）。

ア　義務制選挙公報

衆議院議員、参議院議員又は都道府県知事の選挙の候補者又は名簿届出政党等は、都道府県の選挙管理委員会（参議院合同選挙区選挙の場合は参議院合同選挙区選挙管理委員会、衆議院比例代表選挙又は参議院比例代表選挙の場合は中央選挙管理会）に掲載文を添えて、掲載申請をしなければならない（法一六八①～③）。なお、掲載文は電子データで提出することができる。

掲載文の内容は、候補者の氏名、経歴、政見等（衆議院比例代表選挙又は参議院比例代表選挙においては、名簿届出政党等の名称及び略称、政見、名簿登載者の氏名及び経歴等）でなければならないが、その内容に具体的な基準が定められているわけではない（法一六七①②）。なお、候補者等はその責任を自覚し、他人の名誉を傷つけたり、善良な風俗を害したり、特定の商品広告等をしたりして、選挙公報の品位を損なってはならない旨の規定が設けられている（法一六八④）。

また、衆議院比例代表選挙又は参議院比例代表選挙における選挙公報の寸法は表18のとおりである（規則二二）。都道府県の選挙管理委員会は、候補者等から提出された掲載文又はその写しを、原文のまま選挙公報に掲載することになる（法一六九③）。

表18　⑴　衆議院比例代表選挙における選挙公報の寸法

当該選挙区における名簿登載者の数	寸　　法
一人から九人まで	一ページの四分の一
一〇人から一八人まで	一ページの二分の一
一九人から二七人まで	一ページの四分の三
二八人以上	一ページ

⑵　参議院比例代表選挙における選挙公報の寸法

名簿登載者の数	寸　　法
一人から八人まで	一ページの四分の一
九人から一六人まで	一ページの二分の一
一七人から二四人まで	一ページの四分の三
二五人以上	一ページ

選挙公報は、市町村の選挙管理委員会が、選挙人名簿に登録されている者の属する世帯ごとに、選挙期日の二日前までに配布する（法一七〇①）。ただし、市町村の選挙管理委員会は、各世帯ごとに配布することが困難であると認められる特別の事情があるときは、あらかじめ都道府県の選挙管理委員会に届け出て、新聞折込み等の方法によって配布することもできる（法一七〇②）。

イ　任意制選挙公報

都道府県の議会の議員、市町村の議会の議員及び長の選挙については、当該選挙を管理する選挙管理委員会が、条例の定めに従って、選挙公報を発行することができる。この条例の定めは、義務制選挙公報の発行手続に準じて定めることとされている（法一七二の二）。

(7)　回覧行為、解散電報の禁止

公選法は、選挙運動用文書図画の頒布に類似する行為や、選挙運動用文書図画の頒布行為とまぎらわしい行為について、これらを放置しておくことは選挙の公正を害するおそれがあるので、次に掲げる行為を禁止している。

ア　回覧行為の禁止

選挙運動のために使用する回覧板その他の文書図画又は看板（プラカードを含む。）の類を多数の者に回覧させる行為（回覧行為）は、法律上、頒布とみなされ禁止される。ただ、例外として、選挙運動用自動車又は船舶に取り付けて使用できる文書図画と、候補者が着用して使用できるたすき等については、回覧することもできる（法一四二⑫）。

イ　解散電報等の禁止

衆議院総選挙については、衆議院の解散に関し、候補者又は候補者となろうとする者（公職にある者を含む。）の氏名又はこれらの者の氏名が類推されるような事項を表示して、郵便等又は電報により、選挙人にあいさつする行為は、選挙運動用文書図画の頒布とみなされ、禁止されている（法一四二⑬）。

㈡　**文書図画の掲示**

選挙運動のために掲示する文書図画は、次に掲げるものに限られ、そのほかは一切使用できない。なお、衆議院比例代表選挙にあっては衆議院名簿届出政党等が使用する⑴⑵⑷⑸⑺のみに限られ、参議院比例代表選挙にあっては参議院名簿届出政党等が使用する⑴と参議院名簿登載者（特定枠名簿登載者を除く。）が使用する⑴⑵⑶⑷⑸⑺のみに限られる。

ここで規制される掲示の態様は、ポスター、看板等の文書図画を壁や塀等に貼布し、取り付け、あるいは立て掛ける場合はもちろん、直接に選挙事務所の壁等に文字、絵画等を記入し、人目に触れるようにする場合も含まれる。

また、選挙運動のために、アドバルーン、ネオン・サイン又は電光による表示、スライドその他の方法による映写等の類（屋内の演説会場内においてその演説会の開催中掲示する映写等の類を除く。）を掲示する行為は、違法な文書図画の掲示とみなされ、禁止されている（法一四三②）。

⑴　選挙事務所を表示するために、その場所において使用するポスター、立札、ちょうちん及び看板の類（法一四三①Ⅰ）

掲示できる数は、選挙事務所ごとに、ポスター、立札及び看板の類は通じて三個以内、ちょうちんの類は一個に限られている。規格は、ポスター、立札及び看板の類は縦三五〇センチメートル、横一〇〇センチメートル以内、ちょうちんの類は高さ八五センチメートル、直径四五センチメートル以内とされている。

記載内容は、選挙事務所を表示するものでなければならない。

⑵　選挙運動用自動車又は船舶に取り付けて使用するポスター、立札、ちょうちん及び看板の類（法一四三①Ⅱ）

この文書図画については、ちょうちんの類が一個に制限されるほかは、選挙運動用自動車に取り付けて使用する限り、特に数、記載内容の制限はない。

ただ、規格は、ポスター、立札及び看板の類は縦二七三センチメートル、横七三センチメートル以内、ちょうちんの類は高さ八五センチメートル、直径四五センチメートル以内とされている。

(3)　候補者が使用するたすき、胸章及び腕章の類（法一四三①Ⅲ）

このたすき、胸章及び腕章の類は、候補者が着用して使用する限り、数、規格、記載内容に特に制限はない。

(4)　演説会場において、演説会の開催中使用するポスター、立札、ちょうちん及び看板の類

ア　衆議院小選挙区選挙、参議院選挙区選挙若しくは都道府県知事の選挙における個人演説会、候補者届出政党が行う政党演説会又は衆議院名簿届出政党等が行う政党等演説会の場合（法一四三①Ⅳ、一六四の二）

これらの選挙の個人演説会、政党演説会又は政党等演説会（以下「個人演説会等」という。）の開催中使用できる文書図画は、個人演説会等の会場の内部にあっては、ポスター、立札、ちょうちん及び看板の類に限られており、その数については、ちょうちんが一個に限られるほかは制限がない。個人演説会等の会場の外では、立札及び看板の類は、個人演説会にあっては五個以内（参議院合同選挙区選挙の場合は一〇個以内）、政党演説会にあっては二個以内、政党等演説会にあっては八個以内に限られている。規格については、ポスター、立札及び看板の類は縦二七三センチメートル、横七三センチメートル以内、ちょうちんの類は高さ八五センチメートル、直径四五センチメートル以内とされているが、ポスター、立札及び看板の類を屋内の演説会場内で使用する場合は制限がない。

個人演説会等の会場の外に掲示できる立札及び看板の類は、個人演説会等の開催中は必ず会場前に一個以上掲示しておかなければならないが、個人演説会等用として使用していないものは、個人演説会等の会場外のいずれの場所（候補者届出政党の使用するものにあってはその届け出た候補者に係る当該選挙区の

区域内に、衆議院名簿届出政党等が使用するものにあってはその届け出た衆議院名簿に係る選挙区の区域内に限る。）においても、選挙運動のために使用できる。

なお、この立札及び看板の類には、当該選挙に関する事務を管理する選挙管理委員会（参議院合同選挙区選挙については参議院合同選挙区選挙管理委員会、衆議院比例代表選挙については中央選挙管理会）が交付する表示板をつけなければならない。

イ　その他の選挙における個人演説会の場合（法一四三①Ⅳ、⑧）

個人演説会の会場の内部に掲示できる文書図画は、アの場合と同様である。個人演説会の会場の外には、ポスター、立札及び看板の類を会場ごとに二個以内掲示できる。また、ちょうちんの類は、会場の内部か外部に一個を掲示できる。

なお、掲示する文書図画の規格は、アの場合と同様である。

(5)　屋内の演説会場内における映写等の類（法一四三①Ⅳの Ⅱ）

屋内の演説会場内においては、その演説会の開催中映写等の類を掲示できる。

(6)　個人演説会告知用ポスター（法一四三①Ⅳの Ⅲ）

個人演説会告知用ポスターは、衆議院小選挙区選挙、参議院選挙区選挙及び都道府県知事の選挙の場合に限り使用が認められている。

記載内容は、個人演説会を告知するものでなければならず、その表面には、掲示責任者の氏名及び住所を記載しなければならない（法一四三⑬）。

規格は、長さ四二センチメートル、幅一〇センチメートルを超えることができないが、このポスターは、(7)の選挙運動用ポスターと合わせて作成することもできる（法一四三⑪⑫）。

なお、掲示枚数については、特に法定されていないが、掲示する場所が限られており、公営ポスター掲示場一箇所につき一枚を掲示するほかは、一切掲示できない（法一四三③）。

(7)　選挙運動用ポスター（法一四三①Ｖ）

選挙運動用ポスターは、既に述べた文書図画のようにその記載内容及び使用の形態が特定されておらず、演説会の告知、政策の宣伝、投票依頼等、広く選挙運動のために使用することができる。

①　候補者個人のポスター

掲示できる枚数は、衆議院小選挙区選挙、参議院選挙区選挙及び都道府県知事の選挙にあっては、公営ポスター掲示場（法一四四の二①）一箇所につき一枚に限られている（法一四三③）。また、都道府県の議会の議員、市町村の議会の議員及び長の選挙について、条例により、ポスター掲示場以外の場所にはポスターを掲示することができない任意制ポスター掲示場（法一四四の二⑧）が設置された場合も同様である（法一四三④）。その他の場合にあっては、表19に掲げる枚数を超えることができず、当該選挙に関する事務を管理する選挙管理委員会（参議院比例代表選挙の場合は中央選挙管理会）の行う検印を受けるか、その交付する証紙を貼らなければ掲示できない（法一四四①②）。

規格は、長さ四二センチメートル、幅三〇センチメートルを超えてはならない（法一四四④）。なお、衆議院小選挙区選挙、参議院選挙区選挙及び都道府県知事の選挙においては、個人演説会告知用ポスターと合わせて作成でき（法一四三⑫）、この場合の大きさは長さ四二センチメートル、幅四〇センチメートルになる。

記載内容については、法令に違反しない限り特に制限はないが、その表面には、掲示責任者及び印刷者

表19　選挙運動用ポスターの枚数

	選挙の種類	ポスターの枚数
国	衆議院小選挙区選挙における候補者届出政党	候補者を届け出た都道府県において一、〇〇〇枚に当該都道府県における届出候補者数を乗じて得た枚数以内（ただし、その届け出た候補者に係る選挙区ごとに一、〇〇〇枚以内）
	衆議院比例代表選挙における衆議院名簿届出政党等	名簿を届け出た選挙区において五〇〇枚に当該選挙区における名簿登載者数を乗じて得た枚数以内
	参議院比例代表選挙における名簿登載者	七〇、〇〇〇枚
都道府県	議会議員	一、二〇〇枚
市町村	指定都市の市長	四、五〇〇枚
	指定都市以外の市長	一、二〇〇枚
	市議会議員	一、二〇〇枚
	町村長	五〇〇枚
	町村議会議員	五〇〇枚

の氏名（法人にあっては名称）及び住所を記載しなければならない。また、参議院比例代表選挙における名簿登載者（特定枠名簿登載者を除く。）のポスターにあっては、これらのほか、当該名簿登載者に係る名簿届出政党等の名称を記載しなければならない（法一四四⑤）。

掲示箇所は、衆議院小選挙区選挙、参議院選挙区選挙及び都道府県知事の選挙にあっては、公営ポスター掲示場に限られる。また、都道府県の議会の議員、市町村の議会の議員及び長の選挙について、条例により、ポスター掲示場以外の場所にはポスターを掲示することができない任意制ポスター掲示場（法一四四の二⑧）が設置された場合も同様である。その他の場合にあっては、原則としてどこにでも掲示できるが、国若しくは地方公共団体が所有し、又は管理するもの（橋りょう、電柱、公営住宅、地方公共団体の管理する食堂及び浴場は除く。）及び不在者投票管理者の管理する投票を記載する場所には、掲示することができない。また、他人の工作物に掲示するときは、その居住者等の承諾を得なければならず、その承諾を得ないで掲示されたポスターは、居住者等において撤去することができる（法一四五）。

なお、都道府県の議会の議員、市町村の議会の議員及び長の選挙について、条例で定めるところにより、公選法第一四四条の四の任意制ポスター掲示場を設けた場合には、ポスター掲示場にも、ポスターを掲示できる（注）。

（注）都道府県の議会の議員、市町村の議会の議員及び長の選挙については、都道府県又は市町村は、条例で定めるところにより、任意制ポスター掲示場を設けることができるが、これには次の二つの種類がある。

1　一投票区につき五箇所以上一〇箇所以内において政令で定めるところにより算定した数のポスター掲示場を設けるもので、選挙運動用ポスターは当該ポスター掲示場以外の場所には掲示することができないもの（法一四四の二⑧⑨）

2　一投票区につき一箇所以上設けるもので、選挙運動用ポスターは、公選法の定める枚数の範囲内で、当該ポスター掲示場以外の場所にも掲示することができるもの（法一四四の四）

② 政党等のポスター

衆議院小選挙区選挙においては、候補者届出政党が、都道府県ごとに、その届出候補者の数に応じて一定の枚数、選挙運動用ポスターを掲示することができる。また、衆議院比例代表選挙においては、名簿届出政党等が、選挙区ごとに、中央選挙管理会に届け出た三種類以内で、名簿登載者の数に応じて一定の枚数、選挙運動用ポスターを掲示することができる。

これらのポスターは、長さ八五センチメートル、幅六〇センチメートルを超えてはならず、枚数制限があるため（表19参照）、選挙管理委員会又は中央選挙管理会の行う検印を受け、又はその交付する証紙を貼らなければならない（法一四四①②④）。

記載内容については、特に制限はなく、候補者の氏名を記載できるが、掲示責任者及び印刷者の氏名（法人にあっては名称）及び住所のほか、候補者届出政党又は名簿届出政党等の名称及び名簿届出政党等のポスターにあっては中央選挙管理会へ届け出たポスターである旨を表示する記号を記載しなければならない（法一四四⑤）。

掲示箇所については、ポスター掲示場の制度がないので、原則としてどこにでも掲示できるが、掲示制限は、ポスター掲示場の制度のない候補者個人のポスターの場合と同様である。

(8)　投票所における氏名等の掲示

選挙の当日、市町村の選挙管理委員会は、全ての選挙について、投票所内に氏名等の掲示をしなければならない。衆議院比例代表選挙にあっては、投票の記載をする場所に名簿届出政党等の名称及び略称の掲示をするとともに、併せて投票所内の適当な場所に名簿届出政党等の名称及び略称のほか名簿登載者の氏名及び当選人となるべき順位の掲示をしなければならない。また、参議院比例代表選挙にあっては、投票所内の投票の記載をする場所等適当な場所に、名簿届出政党等の名称及び略称並びに名簿登載者の氏名（特定枠名簿登載者については氏名及び当選人となるべき順位）の掲示をしなければならない。その他の選挙にあっては、投票所内の投票の記載をする場所等適当な場所に、候補者の氏名及び党派別（衆議院小選挙区選挙にあっては、候補者届出政党の名称）の掲示をしなければならない（法一七五①）。

また、選挙期日の公示又は告示のあった日の翌日から当該選挙期日の前日までの間、市町村の選挙管理委員会は、全ての選挙について、期日前投票所及び市町村の選挙管理委員会の委員長が管理する不在者投票記載場所においても氏名等の掲示をしなければならない（法一七五②）。

㈢　**脱法文書の制限**

選挙が近づくと、実際には選挙運動のために使用しながら、外形的には著述や演芸の広告、会社や商店の営業広告等のように装っている文書図画が頒布されたり、掲示される場合がしばしば見られる。

これらの文書図画を放任することは、選挙の公正を害することになるとともに、選挙運動用文書図画の頒布及び掲示についての厳重な規制も全て無意味となるおそれがある。そこで、公選法は、次に掲げる行為を禁止している。

⑴　禁止を免れる行為

何人も、選挙期間中は、著述、演芸等の広告その他いかなる名義をもってするを問わず、選挙運動用文書図画の頒布又は掲示の禁止を免れる行為として（つまり、選挙運動の目的で）、候補者の氏名若しくはシンボル・マーク、政党その他の政治団体の名称又は候補者を推薦し、支持し若しくは反対する者の名を表示する文書図画を頒布し、又は掲示することができない（法一四六①）。

⑵　禁止を免れる行為とみなされるもの

選挙期間中、①候補者の氏名、②政党その他の政治団体の名称、③推薦届出者の氏名、④選挙運動員の氏名、⑤候補者と同一戸籍にある者の氏名を表示した年賀状、寒中見舞状、暑中見舞状等の挨拶状を候補者の選挙区内に頒布し、又は掲示することは、選挙運動の目的の有無にかかわらず、⑴の禁止を免れる行為とみなされ、禁止されている（法一四六②）。

(四) 文書図画の撤去

選挙運動のために使用する文書図画で、個人演説会等が終了しても撤去しないもの（いわゆる置き去り文書）や、もともと違法なものを放置しておくことは、選挙の公正を害することになる。

そこで、このような違法な状態を除去すべく、文書図画の撤去について次のように規定されている。

(1) 文書図画の撤去義務

選挙運動のために使用する文書図画で、①選挙事務所を表示するために使用したもの、②選挙運動用自動車又は船舶に取り付けて使用したもの、③演説会場において演説会の開催中使用したものは、選挙事務所を廃止したとき、選挙運動用自動車又は船舶の使用をやめたとき、又は演説会が終了したときは、直ちに撤去しなければならない（法一四三の二）。

(2) 文書図画の撤去命令

都道府県又は市町村の選挙管理委員会は、文書図画で次に該当するものがあるときは、あらかじめその旨を当該警察署長に通報して、その撤去を命ずることができる（法一四七）。

ア　文書図画の掲示制限（法一四三、一六四の二）、ポスターの枚数制限等（法一四四）に違反して掲示したもの

イ　政治活動用ポスターで、掲示期間制限（法一四三）前に掲示され、期間中に掲示されているもの等

ウ　文書図画の撤去義務規定（法一四三の二）に違反して撤去しないもの

エ　ポスターの掲示箇所の制限等（法一四五）に違反して掲示したもの

オ　選挙運動の期間前又は期間中に掲示した文書図画で、禁止を免れる行為（法一四六）としてなされたもの

二　言論による選挙運動

言論による選挙運動は、視覚に働きかける文書図画による選挙運動と並んで、もっとも基本的な選挙運動の方法である。

この言論による選挙運動は、候補者等が直接、聴衆たる選挙人に訴えることができ、また、費用もさしてかからない利点を有するが、公選法は、一定の制限を加えている。

㈠　演説会

演説会とは、あらかじめ特定の候補者等の選挙運動のための演説を行うことを周知し、それを聞くことを目的として会場に集まっている聴衆に向かって演説を行うことをいう。

公選法で認められている演説会は、個人演説会、候補者届出政党が行う政党演説会及び衆議院名簿届出政党等が行う政党等演説会のみであり、これ以外に選挙運動のための演説会を開催することは、いかなる名目である場合も禁止されている（法一六四の三）。

なお、参議院比例代表選挙においては、名簿届出政党等は、選挙運動のための演説会を開催することができない（法一六一①、一六四の三①）（確認団体として、政談演説会の開催は可能。後述）。

①　個人演説会

個人演説会は、候補者（参議院比例代表選挙における特定枠名簿登載者を除く。）が自己の政見の発表や投票の依頼等の選挙運動のために、自ら開催する演説会である（法一六二①②）。

個人演説会を開催するのは、原則として候補者の自由であり、選挙運動費用の範囲内で行う限り、何度開催しても差し支えない。しかし、同時に開催することができる個人演説会は、衆議院小選挙区選挙、参議院選挙区選挙（参議院合同選挙区選挙を除く。）及び都道府県知事の選挙にあっては五か所に、参議院合同選挙区選挙にあっては一〇か所に限られることとなる。これは、演説会の開催中は会場前の公衆の見やすい場所に選挙管理委員会（参議院合同選挙区選挙については、参議院合同選挙区選挙管理委員会）の定めた表示をした立札及び看板の類を必ず掲示しなければならないためである（法一六四の二①～③）。

個人演説会は、その使用する施設の種類により、公営施設使用の個人演説会（法一六一）と、公営施設以外の施設使用の個人演説会（法一六一の二）とに分けられる。公営施設には、学校、公民館、地方公共団体の管理する公会堂及び市町村の選挙管理委員会の指定する施設があり、候補者は当該施設で個人演説会を開催しようとするときは、市町村の選挙管理委員会に申し出なければならない。一方、公営施設以外の施設には、個人の居宅、寺院、劇場等があるが、候補者は当該施設の所有者なり管理者の承諾を得て使用することになる。

個人演説会における演説は、候補者自身はもとより、候補者以外の者も当該候補者の選挙運動のための演説をすることができる（法一六二）。また、録音盤を使用して演説をすることもできる（法一六四の四）。

なお、他の選挙の投票当日には、投票所の入口から三〇〇メートル以内の区域内では、当該投票所を閉じるまでの間、演説会を開催することは禁止され、さらに、前述の公営施設を除き、国又は地方公共団体の所有し又は管理する建物（公営住宅を除く。）、電車、駅の構内等の特定の建物及び施設、病院等においても演説会を開催することが禁止されている（法一六五の二、一六六）。

② 政党演説会、政党等演説会

衆議院小選挙区選挙において、候補者届出政党は、その届け出た候補者の選挙運動のため政党演説会を、衆議院比例代表選挙において、名簿届出政党等は、当該名簿届出政党等の選挙運動のため政党等演説会を開催することができる（法一六一①②、法一六一の二）。

　この場合も、個人演説会同様回数制限はないが、演説会の開催中は会場前の公衆の見やすい場所に選挙管理委員会（衆議院比例代表選挙については、中央選挙管理会）の定めた表示をした立札及び看板の類を必ず掲示しなければならないことから、同時に開催することができる演説会は、衆議院小選挙区選挙における政党演説会についてはその届け出た候補者に係る選挙区ごとに二か所以内、衆議院比例代表選挙における政党等演説会についてはその届け出た衆議院名簿に係る選挙区ごとに八か所以内に限られることとなる（法一六四の二①〜③）。なお、公営施設を利用することもできるが、すべて有償となる。

　また、演説者は、政党演説会ではその届け出た候補者のために、政党等演説会は当該名簿届出政党等のために、演説することができる（法一六二③④）。

(二) 街頭演説

街頭演説とは、街頭又はこれに類似する場所（例えば公園、空地等）で、多数の人に向かってする選挙運動のための演説をいい、選挙事務所等の屋内から街頭に向かってする演説も、街頭演説に含まれる。

①　候補者個人の街頭演説

街頭演説は、演説者がその場所にとどまり、所定の標旗を掲げて行う場合（参議院比例代表選挙においては、特定枠名簿登載者以外の名簿登載者の選挙運動のために行う場合に限る。）でなければ、することができない（法一六四の五①Ⅰ）。したがって、歩行しながら、又は走行中の自動車の上から演説をすることはできない。

　この標旗は、当該選挙に関する事務を管理する選挙管理委員会（参議院合同選挙区選挙の場合は当該選挙に関する事務を管理する参議院合同選挙区選挙管理委員会、参議院比例代表選挙の場合は中央選挙管理会）

から交付されるものであり、交付される標旗の数は一個（参議院合同選挙区選挙の場合は二個、参議院比例代表選挙の場合は六個）である（法一六四の五②、③Ⅰ、Ⅲ）。

また、街頭演説の場所において選挙運動に従事する者は、候補者一人について（参議院合同選挙区選挙の場合は候補者一人につき、参議院比例代表選挙の場合は名簿登載者一人につき、それぞれ演説を行う場所ごとに）一五人を超えてはならず、更にこれらの運動員は、法定の街頭演説用腕章又は乗車（船）用腕章を着けなければならない（法一六四の七）。

なお、街頭演説は、午後八時から翌日午前八時までの間は行うことができない。また、学校、病院、診療所その他の療養施設の周辺においてする場合は、静穏を保持するよう努めなければならない。また、長時間にわたり、同一の場所にとどまってすることのないように努めなければならない（法一六四の六）。

また、国又は地方公共団体の所有し又は管理する建物（公営住宅を除く。）、電車、駅の構内等の特定の建物及び施設、病院等においては、街頭演説を行うことが禁止されている（法一六六）。

② 政党等の街頭演説

衆議院選挙においては、候補者届出政党又は名簿届出政党等が街頭演説を行うことができ、この場合には、停止している選挙運動用自動車の車上又は船舶上及びその周辺で行わなければならない（法一六四の五①Ⅱ）。

衆議院比例代表選挙においては、これに加えて、候補者個人の街頭演説と同様、標旗を掲げてする街頭演説を行うことができる（法一六四の五①Ⅰ）。この標旗は、中央選挙管理会から衆議院名簿届出政党等に交付されるものであり、交付される標旗の数は、衆議院名簿を届け出た選挙区ごとに、当該選挙区において選挙すべき議員の数に相当する数である（法一六四の五②、③Ⅱ）。

これらの政党等の街頭演説については、①で述べた人数制限はないが、時間制限、場所的制限については同様である（法一六四の七①、一六四の六、一六六）。

㈢　**連呼行為**

連呼行為とは、短時間に同一内容の短い文言を、連続して繰り返し呼称することである。

選挙運動のための連呼行為は、次の場合を除き、禁止されている（法一四〇の二①）。

(1)　演説会の会場で行う場合

(2)　街頭演説（幕間演説等の演説を含む。）の場所においてする場合

(3)　午前八時から午後八時までの間、選挙運動用自動車又は船舶の上でする場合

なお、連呼行為をする場合は、学校、病院、診療所その他の療養施設の周辺においては、静穏の保持に努めなければならない（法一四〇の二②）。また、国又は地方公共団体の所有し又は管理する建物（公営住宅を除く。）、電車、駅の構内等の特定の建物及び施設、病院等においてすることは、禁止されている（法一六六）。

㈣　**選挙運動放送**

選挙運動放送には、次に掲げる政見放送と経歴放送とがある。放送設備を選挙運動のために利用することは、この政見放送及び経歴放送並びに選挙運動用拡声機の使用の場合を除き、禁止されている（法一五一の五）。

(1)　政見放送

政見放送は、衆議院議員、参議院議員及び都道府県知事の選挙に限って行われる（法一五〇）。

衆議院小選挙区選挙においては候補者個人の政見放送は行われず、候補者届出政党が選挙運動の期間中、日本放送協会及び基幹放送事業者のラジオ放送又はテレビジョン放送によって、その政見（届出候補者の紹

介を含む。）を放送することができる。日本放送協会及び基幹放送事業者は、その録音し若しくは録画した政見又は候補者届出政党が録音し若しくは録画した政見をそのまま放送することになっており、候補者届出政党についてはいわゆるビデオ等の持込み方式が認められている（法一五〇①）。

また、これ以外の政見放送の行われる選挙の候補者（衆議院比例代表選挙及び参議院比例代表選挙にあっては、名簿届出政党等）は、選挙運動の期間中、日本放送協会及び基幹放送事業者のラジオ放送又はテレビジョン放送によって、その政見（衆議院比例代表選挙及び参議院比例代表選挙にあっては、名簿登載者の紹介を含む。以下この項において同じ。）を放送することができる。日本放送協会及び基幹放送事業者は、候補者又は名簿届出政党等の政見を録音・録画し、これをそのまま放送することになる（法一五〇③）。また、参議院選挙区選挙で一定の条件を満たす候補者については、当該候補者が録音し又は録画した政見をそのまま放送する、いわゆるビデオ等の持込み方式が認められている（法一五〇①）。

政見放送は、それぞれの選挙ごとに、また、選挙区（選挙区がないときは選挙の行われる区域）又は都道府県ごとにこれら全ての候補者届出政党、名簿届出政党等又は候補者に対して、同一の放送設備を使用し、同一時間数（衆議院小選挙区選挙にあっては、届出候補者数に応じて定める時間数、衆議院比例代表選挙、参議院比例代表選挙にあっては、名簿登載者の数に応じて定める時間数）を与える等同等の利便を提供することとされている（法一五〇④⑤）。なお、放送の回数、日時その他放送に関して必要な事項は、政見放送及び経歴放送実施規程（平六、一一自治省告示第一六五号）に定められている。

(2)　経歴放送

経歴放送は、衆議院小選挙区選挙、参議院選挙区選挙及び都道府県知事の選挙に限って行われる（法一五一）。

この経歴放送は、候補者の氏名、年齢、党派別（衆議院小選挙区選挙においては候補者届出政党の名称）、主要な経歴等を選挙人に周知させるために放送するものである（法一五一①）。

日本放送協会は、候補者から提出された経歴書に基づき候補者一人について、衆議院小選挙区選挙にあってはラジオ放送によりおおむね一〇回及びテレビジョン放送により一回、参議院選挙区選挙及び都道府県知事の選挙にあってはラジオ放送によりおおむね五回及びテレビジョン放送により一回、経歴放送を行うこととされている（法一五一②）。

また、日本放送協会及び基幹放送事業者は、参議院選挙区選挙及び都道府県知事の選挙にあっては、テレビジョン放送による政見放送を行う際に、合わせて経歴放送を行うことになっている（法一五一③）。

(五) その他の言論による選挙運動

言論による選挙運動には、既に述べたもののほか、特に公選法上の規定はないが、幾多の選挙の経験の中から発生してきた方法や、以前は禁止されていたが現在は禁止されていない方法がある。

この代表的なものとしては、幕間演説、個々面接及び電話による選挙運動があるが、これらの方法は、選挙期間中は自由に行えるものであり、また、誰が行っても差し支えない。

(1) 幕間演説

幕間演説とは、映画、芝居、演劇等の鑑賞のために劇場等に参集している者に対して、その幕間を利用して行う演説や、勤務のためにその場所に参集している者に対して、休憩時間を利用して行う演説等をいう。つまり、幕間演説は、あくまで他の目的でたまたまその場所に居合わせた聴衆に対して行うものであるが、その場所で候補者等の演説が行われることをあらかじめ周知してする場合は、幕間演説ではなく、演説会と認められる。

なお、幕間演説についても、他の選挙の投票当日は、一定時間内、一定の地域内においてすることは禁止されている（法一六五の二）。また、国又は地方公共団体の所有し又は管理する建物（公営住宅を除く。）、電車、駅の構内等特定の建物及び施設、病院等において演説することも禁止されている（法一六六）。

⑵　個々面接

個々面接とは、商店、病院等において、そこの店員、医師等が来客者に投票を依頼したり、あるいは街頭で行き会った人や、バス、電車、デパートの中でたまたま出会った知人等に投票の依頼をする行為をいう。

⑶　電話による選挙運動

電話による選挙運動は、法律上制限されていないので誰でも自由に行えるが、候補者や総括主宰者等から指示される等、これらの者と意思を通じてなされた場合には、その費用は選挙運動費用に算入される（法一八五①Ⅲ）。

三　その他の選挙運動の制限

㈠　選挙事務所

選挙運動を行うためには、運動の場所的中心として、選挙事務所が必要となる。

選挙事務所とは、一般に、特定の候補者の選挙運動に関する事務を取り扱う場所をいうものであって、例えば、政党が設ける選挙対策本部のように、自己の団体に所属する候補者全体の選挙運動について、抽象的な対策を練るような場所は、通常は選挙事務所ではない。しかし、その名称が選挙対策本部であっても、現実には特定の候補者のために、選挙運動用ポスターを作成したり、選挙運動用葉書の宛名書きをする等特定の候補者のための選挙運動に関する事務を取り扱っている場所は、選挙事務所である。

また、衆議院小選挙区選挙においては候補者のほか候補者届出政党が、衆議院比例代表選挙においては名簿届出政党等が、参議院比例代表選挙においては名簿登載者（特定枠名簿登載者を除く。）のほか名簿届出政党等が、それぞれ選挙運動を行うことになるので、政党等が選挙運動について対策を練ったり連絡等を行う場所として選挙事務所を設置することができる。

選挙事務所を設置できる者は、候補者若しくはその推薦届出者（推薦届出者数が数人あるときはその代表者）又は候補者届出政党、名簿届出政党等に限られる（法一三〇①）。推薦届出者が設置するときには、候補者の承諾を得なければならない（令一〇八②）。そして、選挙事務所を設置又は異動したときは、その旨を選挙管理委員会等に届け出なければならない（法一三〇②）。

設置できる選挙事務所の数は、候補者、候補者届出政党又は名簿届出政党等ごとに表20のとおり制限されている（法一三一①）。

なお、この選挙事務所の数の規制に実効性をもたせるため、衆議院議員、参議院議員及び都道府県知事の選挙については、当該選挙に関する事務を管理する選挙管理委員会（参議院合同選挙区選挙については参議院合同選挙区選挙管理委員会、衆議院比例代表選挙又は参議院比例代表選挙については中央選挙管理会）が交付する標札を選挙事務所の入口に掲示しなければならないとされている（法一三一③）。

また、選挙事務所は、当該選挙事務所ごとに、一日につき一回を超えて移動（廃止に伴う設置を含む。）することができない（法一三一②）。「廃止に伴う設置」とは、選挙事務所を廃止し、これに代るべき選挙事務所を別の場所に新設することである。

次に掲げる選挙事務所の設置があるときには、当該選挙に関する事務を管理する選挙管理委員会あるいは選挙事務所が設置されている市町村の選挙管理委員会等は、その閉鎖を命じなければならない（法一三四）。

表20　選挙事務所の数

選挙の種類		法定選挙事務所数	備考
衆議院小選挙区選出議員	候補者	一	交通困難等の状況により選挙事務所を三箇所まで増置することができる選挙区及びその選挙区における選挙事務所の数については、公選法施行令別表第三参照
	候補者届出政党	候補者を届け出た選挙区ごとに一箇所	
衆議院比例代表選出議員		都道府県ごとに一箇所	
参議院比例代表選出議員	名簿登載者	一	
	参議院名簿届出政党等	都道府県ごとに一箇所	
参議院選挙区選出議員		一（参議院合同選挙区選挙にあっては、二）	交通困難等の状況により選挙事務所を五箇所まで増置することができる都道府県及びその都道府県における選挙事務所の数については、公選法施行令別表第四参照
都道府県知事		一	
都道府県の議会の議員		一	
市町村長		一	
市町村の議会の議員		一	

(1)　選挙事務所を設置できる者以外の者が選挙事務所を設置したとき。

(2)　選挙事務所に標札を掲示しなかったとき。

(3)　選挙当日投票所を設けた場所の入口から三〇〇メートル内に選挙事務所を設置したとき。

(4)　定められた数を超えて選挙事務所を設置したとき。

(二)　**休憩所の禁止**

休憩所その他これに類似する設備を設置することは、それが選挙運動のために設けられたものであれば、その名目のいかんを問わず禁止される（法一三三）。

(三)　**選挙運動用自動車又は船舶の使用制限**

選挙運動用自動車又は船舶の使用については、その数、種類、使用方法等の制限がある。

選挙運動用自動車又は船舶とは、借り上

げその他の契約、その自動車（船舶）の使用の状況等により、社会通念上、選挙運動に使用することが主目的と認められる自動車又は船舶をいうものであって、例えば、バス、タクシー、乗合船等を一般の人と同様に利用する場合はもとより、たまたま選挙事務所から個人演説会場へ行くのに、臨時に自家用自動車を使用する程度のものは含まない。

選挙運動用自動車及び船舶は、候補者一人について、衆議院小選挙区選挙、参議院選挙区選挙並びに地方公共団体の議会の議員及び長の選挙においては自動車一台か船舶一隻（参議院合同選挙区選挙においては、自動車二台か船舶二隻（両者を使用する場合は通じて二））、参議院比例代表選挙（特定枠名簿登載者を除く。）においては自動車二台か船舶二隻（両者を使用する場合は通じて二）を使用することができる（法一四一①）。また、衆議院小選挙区選挙においては、候補者が使用するもののほか、候補者届出政党は、候補者を届け出た都道府県ごとに自動車一台か船舶一隻を、当該届出候補者が三人を超える場合には、その超える数が一〇人を増すごとにこれらに自動車一台か船舶一隻を追加した数を、衆議院比例代表選挙においては、名簿届出政党等は、名簿を届け出た選挙区ごとに自動車一台か船舶一隻を、名簿登載者が五人を超える場合には、その超える数が一〇人を増すごとにこれらに自動車一台か船舶一隻を追加した数を使用することができる（法一四一②③）。この使用数の制限の確認のため、選挙運動用自動車又は船舶には、当該選挙に関する事務を管理する選挙管理委員会（参議院合同選挙区選挙については参議院合同選挙区選挙管理委員会、衆議院比例代表選挙又は参議院比例代表選挙については中央選挙管理会）が交付する表示をしなければならないとされている（法一四一⑤）。

また、候補者が使用する自動車については、一定の種類、構造のものしか使用できない（法一四一⑥、令一〇九の三）が、船舶については、特に種類、構造の制限はない。

衆議院小選挙区選挙における候補者届出政党及び衆議院比例代表選挙における名簿届出政党等が使用する自動車及び船舶については、特に種類、構造の制限はない。

選挙運動用自動車の上から選挙運動をすることは、原則として禁止されているが、例外として、停止した車上から演説をすること及び午前八時から午後八時までの間に車上から連呼行為をすることはできる（法一四一の三）。

なお、選挙運動用自動車又は船舶に乗車又は乗船できる者は、候補者、運転手（一台につき一人に限る。）及び船員（船員の数には制限はない。）を除き、自動車一台か船舶一隻につき四人を超えてはならない（法一四一の二①）。乗車又は乗船する選挙運動員は、当該選挙に関する事務を管理する選挙管理委員会（参議院合同選挙区選挙については参議院合同選挙区選挙管理委員会、衆議院比例代表選挙又は参議院比例代表選挙については中央選挙管理会）が交付する乗車（船）用腕章（使用できる自動車又は船舶一台につき四枚交付される。）を着けなければならない（法一四一の二②）。ただし、衆議院小選挙区選挙における候補者届出政党が使用する自動車又は衆議院比例代表選挙において名簿届出政党等が使用する自動車については、このような乗車人数の制限はなく、腕章を着ける必要もない。

㈣　選挙運動用拡声機の使用制限

主として選挙運動のために利用する拡声機（携帯用のものを含む。）は、候補者一人について、衆議院小選挙区選挙、参議院選挙区選挙並びに地方公共団体の議会の議員及び長の選挙においては一そろい（参議院合同選挙区選挙においては二そろい）、参議院比例代表選挙（特定枠名簿登載者を除く。）にあっては二そろい使用することができる。また、衆議院議員選挙における候補者届出政党及び名簿届出政党等については、前述㈢の自動車又は船舶の数と同じ数だけ使用することができる。ただし、個人演説会、政党演説会、政党等演説会や、いわゆる幕間演説の開催中は、その会場において使用するものに限り、別に会場ごとに一そろいを使用することができる（法一四一①～③）。

この選挙運動用拡声機は、一般に選挙運動用自動車に取り付けて使用されているが、使用するときは、当該選挙に関する事務を管理する選挙管理委員会（参議院合同選挙区選挙については参議院合同選挙区選挙管理委員会）が交付する表示板を取り付けなければならない（法一四一⑤）。

㈤　**戸別訪問の禁止**

何人も、投票を依頼したり又は投票を得させないように依頼する目的で、戸別訪問をすることができない（法一三八①）。

この戸別訪問による選挙運動が禁止されているのは、それが買収、利害誘導その他の違反行為を行う機会をつくり、選挙の自由、公正を害するおそれがあるほか、候補者及び選挙人ともにその煩に堪えない等の弊害が予想されるためである。

戸別訪問は、必ずしも選挙人宅を訪問する場合だけでなく、会社、工場等を訪問する場合も含まれ、また、二戸以上を訪問する目的をもって一戸のみ訪問した場合も、戸別訪問となる。

また、選挙運動のため行われる次の行為は、戸別訪問の一種の脱法行為として行われることが予想されるため、いかなる方法でする場合も、戸別訪問とみなされ禁止されている（法一三八②）。

⑴　戸別に、演説会の開催又は演説を行うことについて告知をする行為

⑵　戸別に、特定の候補者の氏名又は政党その他の政治団体の名称を言い歩く行為

㈥　**署名運動の禁止**

何人も、選挙に関し、投票を得る目的若しくは投票を得させる目的又は得させない目的で、選挙人に対して

署名運動をすることができない（法一三八の二）。

この署名運動が禁止されたのは、これを放任しておくと、戸別訪問の禁止や連呼行為の禁止の脱法行為として行われるおそれがあるためである。

署名運動とは、一定の目的をもって多数人から署名を収集する行為をいい、投票を依頼する趣旨の署名を収集することはもちろん、投票依頼等のためにする限り、直接請求や特定の者の後援会加入等、その名目のいかんを問わず禁止される。

なお、直接請求のための署名の収集は、選挙が行われる前の一定の期間は行うことができない（自治法七四⑦等）。

(七)　人気投票の公表の禁止

何人も、選挙に関し、公職に就くべき者（衆議院比例代表選挙にあっては政党その他の政治団体に係る公職に就くべき者又はその数、参議院比例代表選挙にあっては政党その他の政治団体に係る公職に就くべき者又はその数若しくは公職に就くべき順位）を予想する人気投票の経過又は結果を公表してはならない（法一三八の三）。

これは、人気投票がその方法、動機において必ずしも公正であるとはいえないものが多く、まして、これを選挙に反映させるということは決して好ましいことではなく、弊害が多いので、その公表を禁止しようとしたものである。

(八)　飲食物の提供の禁止

何人も、選挙運動に関し、いかなる名目でする場合も、飲食物（湯茶及びこれに伴い通常用いられる程度の菓子を除く。）を提供することができない（法一三九本文）。

これは、選挙運動がその性質上、飲食物の提供を伴いやすいので、飲食物の提供に伴う種々の弊害を抑制するとともに、飲食物の提供による選挙運動費用の増加を防ごうとするものである。

飲食物の提供は、誰がする場合でも禁止されるものであって、選挙運動に関することを動機として行う限り、例えば、候補者が選挙運動員や労務者に対し、慰労する目的で飲食物を提供する場合や、第三者が候補者を激励するために、いわゆる陣中見舞として飲食物を提供することも禁止される。

ただし、弁当については、衆議院比例代表選挙以外の選挙において、選挙期間中に次に掲げる制限に従って提供するものに限り、提供することができる（法一三九ただし書）。

(1)　選挙運動員及び労務者（候補者（特定枠名簿登載者を除く。）が使用する選挙運動員及び労務者に限り、候補者届出政党及び参議院比例代表選挙において名簿届出政党等が使用するものを含まない。）に対して、選挙事務所で食事するため又は携行するために選挙事務所において提供すること。

(2)　弁当の価格は、当該選挙に関する事務を管理する選挙管理委員会（参議院合同選挙区選挙については参議院合同選挙区選挙管理委員会、衆議院比例代表選挙又は参議院比例代表選挙については中央選挙管理会）が定める弁当料の範囲内であること。

(3)　弁当の数は、候補者一人当たり四五食分（設置できる選挙事務所が一を超える場合は、一を増すごとに一八食分を加える。）に選挙期日の公示又は告示の日から選挙期日の前日までの日数を乗じて得た数の範囲内であること。

(九)　気勢を張る行為の禁止

何人も、選挙運動のため、自動車を連ね又は隊列を組んで往来する等により、気勢を張る行為をすることができない（法一四〇）。

これは、気勢を張る行為が選挙の静穏を害し、選挙人の冷静な判断を失わせるおそれがあるためである。

㈩　新聞紙、雑誌の報道及び評論の自由

公選法は、社会の公器としての新聞紙、雑誌が、選挙に関する報道・評論を掲載することについては、虚偽の事項を記載したり、事実を歪曲して記載する等表現の自由を濫用して選挙の公正を害さない限り、その自由は妨げられないものとされている（法一四八①）。

ただ、その頒布方法については制限があり、選挙に関する報道・評論を掲載した新聞紙、雑誌は、通常の方法（選挙運動の期間中及び選挙の当日は定期購読者以外の者に対しては、有償でする場合に限られる。）で頒布しなければならず、また、それを掲示することについても、都道府県の選挙管理委員会が指定する場所にする場合に限られている（法一四八②）。

また、選挙運動期間中及び選挙の当日においては、選挙目当ての新聞紙、雑誌の乱発が予想されるので、その防止のため、次の要件を具備する新聞紙、雑誌に限って選挙に関する報道・評論を掲載する自由を認めている（法一四八③Ⅰ）。したがって、次の要件を具備しない新聞紙、雑誌は、選挙運動期間中及び選挙の当日は選挙に関する報道・評論をすることが禁止される。

(1)　新聞紙にあっては毎月三回以上、雑誌にあっては毎月一回以上、号を逐って定期に有償頒布するもの

(2)　第三種郵便物の承認のあるもの（点字新聞については、この要件は必要とされない。）

(3)　選挙期日の公示又は告示の日前一年（時事に関する事項を掲載する日刊新聞紙にあっては六月）以来、(1)及び(2)の条件に適合し、引き続き発行するもの

また、これらの要件に適合する新聞紙、雑誌を発行する者が発行する新聞紙、雑誌で、(1)と(2)の要件に適合するものは、選挙に関する報道・評論を掲載することができる（法一四八③Ⅱ）。

なお、当選を得る目的若しくは得させる目的又は得させない目的で編集その他経営を担当する者に財産上の利益を供与等したり、経営上の特殊の地位を利用する等して、新聞紙、雑誌に選挙に関する報道・評論を掲載させる等、新聞紙、雑誌を不法利用することは禁止されている（法一四八の二）。
また、政党等の機関新聞紙及び雑誌については、別に規定されている（後述）。

㈩　**衆議院選挙、参議院選挙における「わたる」規定**

各選挙ごとに候補者等に認められているビラやポスターなどの選挙運動手段については、当該選挙の当該候補者等の選挙運動（候補者届出政党の選挙運動は、当該候補者届出政党の当該都道府県における選挙運動）のために使用できるものであり、これによって他の選挙の選挙運動を行ったり、他の候補者等の選挙運動を行うことは、原則としてできない。

しかしながら、衆議院議員選挙において小選挙区選挙の選挙運動が比例代表選挙の選挙運動にわたること、参議院議員選挙において選挙区選挙の選挙運動が比例代表選挙の選挙運動にわたることを妨げるものではないとされている（法一七八の三①③）。ここでは、「わたることを妨げるものではない。」と規定されており、あくまで、小選挙区選挙又は選挙区選挙の選挙運動が主であり、比例代表の選挙運動は従としてできるに過ぎないものである。

一方、衆議院議員選挙において、候補者届出政党である名簿届出政党等が行う比例代表選挙の選挙運動が小選挙区選挙の選挙運動にわたることを妨げるものではないとされている（法一七八の三②）。この場合、「わたることを妨げるものではない」とされるのは、候補者届出政党である名簿届出政党等であり、比例にのみ名簿を届け出た政党等の比例代表選挙の選挙運動が小選挙区選挙の選挙運動に「わたる」ことはできない。また、参議院比例代表選挙の選挙運動については、選挙区選挙の選挙運動に「わたることを妨げるものではない」とする旨の規定は置かれていない。

四　選挙公営

公選法は、既に述べたように、選挙運動について種々の規制を加えているが、それでも、選挙には多額な費用がかかり、それが選挙の腐敗の大きな原因となるといわれている。

そこで、公選法は、金のかからない選挙を実現するとともに、候補者間の選挙運動の機会均等を図る手段として選挙公営制度を採用しており、漸次その拡充合理化が進められ、実施されているところである。

選挙公営とは、国又は地方公共団体がその費用を負担して候補者の選挙運動を行い若しくは選挙を行うに当たって便宜を供与し、又は候補者の選挙運動の費用を負担する制度である。

現在、各選挙について次のような選挙公営が設けられている。

表21　選挙公営の種類

区分	関係法令	衆議院（比例代表選出）議員	衆議院（小選挙区選出）議員 候補者届出政党	衆議院（小選挙区選出）議員 候補者	参議院（比例代表選出）議員 名簿届出政党等	参議院（比例代表選出）議員 名簿登載者	参議院（選挙区選出）議員	都道府県知事	都道府県議会議員	市町村長	市町村議会議員
１　選挙管理委員会がその全部を行うもの											
投票記載所の氏名等の掲示	法一七五（二六三、二六四）	○		○	○	○	○	○	○	○	○
２　内容は候補者等が提供するが、その実施は選挙管理委員会が行うもの											

ポスター掲示場の設置	法一四四の二 一四四の四（〃、〃）			○			○	○	□	□	□
選挙公報の発行	法一六七 一七二の二（二六二、〃）	○		○	○		○	○	□	□	□
3　選挙管理委員会は便宜を提供するが、その実施は候補者が行うもの											
演説会（個人・政党・政党等）の公営施設使用	法一六一 一六四（二六三、〃）	△	△	○		○	○	○	○	○	○
4　選挙管理委員会は実施には直接関与しないが、その経費の負担のみを行うもの											
選挙運動用自動車の使用	法一四一（〃、〃）	△	△	◎		◎	◎	□	□	□	□
通常葉書の交付	法一四二（〃、〃）		△	○		○	○	○	○	○	○
通常葉書の作成	法一四二（二六三）		△	◎		◎	◎	△	△	△	△
ビラの作成	法一四二（二六三、二六四）	△	△	◎		◎	◎	□	□	□	□
選挙事務所の立札・看板の作成	法一四三（二六三）	△	△	◎	△	◎	◎	△	△	△	△
選挙運動用自動車等の立札・看板の作成	法一四三（〃）	△	△	◎		◎	◎	△	△	△	△

ポスターの作成	法一四三（二六三、二六四）	△	△	◎		◎	◎	□	□	□	□
新聞広告	法一四九（〃、〃）	●	○	○	●		○	○	△	△	△
政見放送	法一五〇（〃、〃）	○	○		○		○	○			
経歴放送	法一五一（〃、〃）			○			○	○			
演説会場（個人・政党等）の立札・看板の作成	法一四三　一六四の二（二六三）	△	△	◎		△	◎	△	△	△	△
特殊乗車券等の無料交付	法一七六（二六三、二六四）			○		○	○	○			

備考　◎印は供託物が国庫に帰属することとならない場合（参議院比例代表選挙にあっては当選人となるべき順位が当該候補者に係る名簿届出政党等の当選人の数の二倍までにある場合）に限り公営で行われるもの、●印は得票数が一定数（衆議院比例代表選挙にあっては選挙区における有効投票の総数の百分の二、参議院比例代表選挙にあっては有効投票の総数の百分の一）以上である場合に限り公営で行われるもの、○印は公営で行われるもの、△印は公営で行われないもの、□印は都道府県又は市町村の条例により公営で行うことができるもの、空欄は制度のないものを示す。

第五章　選挙運動費用及び寄附の禁止

第一節　選挙運動に関する支出金額の制限

選挙運動の方法は多様であり、国会議員や知事の選挙では、その選挙区も広大であるため、多くの経費を要する。しかし、経費に一定の限度を設けなければ、選挙そのものが、候補者の人物、識見、政策等を争うことよりも、候補者の資金力の争いになる危険性がある。そこで公選法では、選挙の公正を図るため、選挙運動に関する支出の最高限度額を定め、各候補者はこの制限額を超えて支出できないものとし、これを超えて支出すれば、出納責任者に罰則を科す（法二四七）とともに、連座制により当選人の当選を無効とし、併せて五年間の立候補制限の制裁を科している（法二五一の二③）。

なお、この節に掲げる事項のうち、衆議院比例代表選挙については二及び三が、参議院比例代表選挙における特定枠名簿登載者については二、三及び五が、それぞれ適用されない（法一七九の二）。

一　収入、寄附及び支出の定義

これらの用語の公選法上の定義は次のとおりであるが、収入、支出、寄附ともに社会通念上の収入、支出、寄附の観念より広いので注意を要する。すなわち、いずれの場合も、金銭以外のものの授受を含んでおり、またその授受が現実に行われていなくてもその約束があればその時点で収入、支出、寄附となるとされている。

㈠　収　入

金銭、物品その他の財産上の利益の収受、その収受の承諾又は約束をいう（法一七九①）。

㈡　寄　附

金銭、物品その他の財産上の利益の供与又は交付、その供与又は交付の約束で、党費、会費その他債務の履行としてなされるもの以外のものをいう（法一七九②）。

ここにいう「供与」とは、提供する目的の相手方又はその代理者に渡すことであり、「交付」とは、提供する目的の相手方のために、仲介人に渡すことを意味する。

「寄附」は寄附をする側からいえば支出の一部であり、寄附を受ける側からいえば収入の一部である。党費、会費その他債務の履行としてなされるものは、寄附には含まれないが、収入又は支出には含まれることになる。

㈢　支　出

金銭、物品その他の財産上の利益の供与又は交付、その供与又は交付の約束をいう（法一七九③）。財産的利益を自ら消費することも、支出に含まれる。

ところで、右の定義でいう「その他の財産上の利益」とは、必ずしも有体物に限らず、債務の免除、労務の無償提供のように、金銭、物品以外のもので、これを受け取る側が利益を受ける一切のものをいう。例えば、選挙事務所を無償で借りて使用したような場合には、通常支払うべき借上料を支払わずにすんだという利益があるから、この借上料が収入となる。この場合、その借上料を時価に見積った額を寄附として収入に計上するが、その利益は自ら消費するので、同時に、支出にも同額を計上することになる（この支出計上は一種の擬制であるが、後述のとおり選挙運動費用の支出総額に規制があるので、このように支出へ加算しておく必要がある。)。

また、右の定義にいう「金銭、物品その他の財産上の利益」には、花輪、供花、香典又は祝儀として供与又は交付されるものその他これに類するものを含む旨の規定が置かれている（法一七九④）。これらはもともと寄附であり、選挙運動費用としてこれらのものが供与される場合は少ないであろうが、候補者の日常の地盤培養行為として行われることが多く、選挙に金がかかる一因にもなっているため、後述する寄附の禁止を徹底させるために、確認的に念を押す意味をもった規定である。

なお、政治資金規正法における収入、寄附及び支出の定義は別途同法に規定があり、「約束」が含まれていないこと、法人その他の団体が負担する「党費又は会費」はすべて寄附とみなしていること、運用に係る元本分の出入りについては、「収入」及び「支出」から除かれていることにおいて公選法と少し異なるので、注意を要する。

二　出納責任者

㈠　出納責任者とは

選挙運動は、その方法について制限を受けると同時に、費用の面でも制限を受けているが、この選挙運動に関する収入、支出について、一人で一切の責任を負うべき人が、出納責任者である（法一八〇①）。費用は原則として出納責任者でなければ支出することができない（なお、立候補準備のために要した支出、電話及びインターネット等を利用する方法による選挙運動に要する支出並びに出納責任者から文書による承諾を得た者の支出はこの例外である（法一八七①）。）。これは、一人の人が統一して行わなければ、選挙運動の費用の法定制限額を守る上で支障を生じ、かつ、正確な収支の報告も困難になるからである。このように出納責任者は、選挙運動の総括主宰者と同様、極めて重要な責任を有する。

㈡　出納責任者の選任、解任及び辞任とその届出

⑴　出納責任者の選任

出納責任者は各候補者につき一人であり、次の四つのいずれかの方法により定められる（法一八〇①）。

ア　候補者が選任する。

イ　候補者自らが出納責任者となる。

ウ　候補者の承諾を得て候補者届出政党、参議院名簿届出政党等又は推薦届出者が選任する。

エ　候補者の承諾を得て推薦届出者自らが出納責任者となる。

出納責任者を選任した者（又は自ら出納責任者となった者）は、直ちに文書で、出納責任者の氏名等一定の事項を、当該選挙に関する事務を管理する選挙管理委員会（参議院合同選挙区選挙については参議院合同選挙区選挙管理委員会、衆議院比例代表選挙又は参議院比例代表選挙については中央選挙管理会）に届け出なければならない（法一八〇③④、一八三の二）。この届出をした後でなければ、寄附を受け、又は支出をすることができない（法一八四）。

また、出納責任者の選任者（選任したものが候補者届出政党又は参議院名簿届出政党等である場合は、その代表者）は、文書で、出納責任者が支出することのできる金額の最高額を定め、出納責任者とともにこれに署名押印しなければならない（法一八〇②）。

⑵　出納責任者の解任・辞任

候補者は出納責任者に文書で通知することにより、いつでも出納責任者を解任できる。出納責任者を選任した候補者届出政党、参議院名簿届出政党等又は推薦届出者も、候補者の承諾を得れば、同様の方法により

出納責任者を解任できる（法一八一①）。一方、出納責任者も、候補者及び当該出納責任者を選任したものに文書で通知することにより、自由に辞任することができる（法一八一②）。

(3)　出納責任者の職務代行

選挙運動の費用は、原則として出納責任者でなければ支出できないため、出納責任者に死亡、解任、辞任等が生じた場合に、支障が生じないよう、このような場合に出納責任者の職務を代行すべき者が公選法上指定されている（法一八三①②）。

(4)　出納責任者の異動の届出

(2)、(3)の事由により出納責任者に異動を生じたときは、文書で当該選挙を管理する選挙管理委員会、（参議院合同選挙区選挙については参議院合同選挙区選挙管理委員会、衆議院比例代表選挙又は参議院比例代表選挙については中央選挙管理会）に届け出なければならない（法一八二、一八三③④）。

また、この異動に関し、前任の出納責任者は引継書を作成して、後任の出納責任者に職務を引き継がなければならない（法一九〇）。

㈢　出納責任者の職務

出納責任者の職務内容を列挙すれば次のとおりである。

(1)　会計帳簿を備え選挙運動に関する全ての寄附及びその他の収入並びに支出を記載すること（法一八五①）。

(2)　選挙運動に関する全ての支出について領収書その他の支出を証すべき書面を徴すること（法一八八①）。

(3)　選挙運動に関する全ての寄附及びその他の収入並びに支出の報告書を当該選挙に関する事務を管理する選挙管理委員会、参議院合同選挙区選挙については参議院合同選挙区選挙管理委員会又は中央選挙管理会に提出すること（法一八九①）。
(4)　寄附の明細書を受理すること（法一八六）。
(5)　会計帳簿及び書類を報告書提出の日から三年間保存すること（法一九一）。
(6)　立候補準備のために要した費用の精算をすること（法一八七②）。

会計帳簿は収入簿と支出簿からなり、選挙運動に関する収入及び支出の報告書（選挙運動費用収支報告書）の原簿となるものである。

出納責任者は選挙の期日から一五日以内（一部例外がある。）に収支報告書を作成し、当該選挙に関する事務を管理する選挙管理委員会、（参議院合同選挙区選挙については参議院合同選挙区選挙管理委員会、衆議院比例代表選挙又は参議院比例代表選挙については中央選挙管理会）に提出しなければならない（法一八九①）。この際には、真実の記載がなされていることを誓う旨の文書を添えなければならない（法一八九③）。

なお、選挙運動に関する寄附については、一部に税制上の優遇措置が講じられているが、その適用を受けるためには当該寄附について、その寄附をした者の氏名、寄附の金額等一定の事項が、この収支報告書に記載されていることが必要とされている。

(四)　選挙運動費用収支報告書の公表、保存及び閲覧

選挙運動費用収支報告書を受理したときは、当該選挙に関する事務を管理する選挙管理委員会、（参議院合同選挙区選挙については参議院合同選挙区選挙管理委員会、衆議院比例代表選挙又は参議院比例代表選挙については中央選挙管理会）は、この収支報告書の要旨を、公報等により、一般国民に公表しなければならない（法一九二①②）。

また、この収支報告書は、受理した日から三年間保存しなければならない（法一九二③）が、この間は誰で

も、当該選挙に関する事務を管理する選挙管理委員会、（参議院合同選挙区選挙については参議院合同選挙区選挙管理委員会、衆議院比例代表選挙又は参議院比例代表選挙については中央選挙管理会）の定めるところにより、報告書の閲覧を請求することができる（法一九二④）。

三　選挙運動費用の制限額

㈠　法定選挙費用

選挙運動のために使うことができる費用の最高額（法定制限額）は各選挙ごとに定められ、選挙の期日の公示又は告示があった後、当該選挙に関する事務を管理する選挙管理委員会、（参議院合同選挙区選挙については参議院合同選挙区選挙管理委員会、衆議院比例代表選挙又は参議院比例代表選挙については中央選挙管理会）が直ちに告示することになっている（法一九四〜一九六）。

なお、在外投票に関する国外における選挙運動費用は、法定制限額に算入されないこととされているが、会計帳簿等への記載は必要である。

その額は候補者一人につき、参議院比例代表選挙にあっては五、二〇〇万円、その他の選挙にあっては、表22の計算方法によることとされており、選挙の種類ごとに当該選挙区内の有権者数を人数割額に乗じて得た額と、有権者数に関係なく定めた固定額とを合算した額で計算される（法一九四、令一二七）。

有権者数とは当該選挙に係る選挙時登録が行われた日現在において選挙人名簿に登録されている者の数である（令一二八）。

なお、このほか選挙の一部無効による再選挙の場合、繰延投票の場合及び長の選挙期日を延期する場合における法定制限額については別に定められている（法一九五、令一二七の二、一二七の三）。

表22　法定選挙費用

選挙の種類	人数割額	固定額	法定制限額（一〇〇円未満の端数があるときはその端数は一〇〇円とする。）	備考
都道府県知事の選挙	七円	二、四二〇万円（北海道にあっては三、〇二〇万円）	法定制限額＝Ａ＋固定額 Ａ＝公示又は告示の日における選挙人名簿登録者数×人数割額	Ａが固定額の一・五倍を超えるときは、Ａは固定額の一・五倍の額
指定都市の長の選挙	七円	一、四五〇万円		
指定都市以外の市及び特別区の長の選挙	八一円	三一〇万円		Ａが固定額の五倍を超えるときは、Ａは固定額の五倍の額
町村長の選挙	一一〇円	一三〇万円		
衆議院小選挙区選挙	一五円	一、九一〇万円 北海道第六区、第七区、第八区、第九区、第十区、第十一区及び第十二区、岩手県第二区、福島県第三区、新潟県第一区及び第五区、岐阜県第四区、兵庫県第五区及び第九区、島根県第一区、香川県第一区、愛媛県第二区、長崎県第二区及び第三区並びに鹿児島県第四区にあっては、二、一三〇万円 鹿児島県第二区及び沖縄県第四区にあっては、二、三五〇万円		

参議院選挙区選挙	都道府県の議会の議員の選挙	指定都市の議会の議員の選挙	指定都市以外の市及び特別区の議会の議員の選挙	町村の議会の議員の選挙
法別表第三の議員数が二人の選挙区については一三円 法別表第三の議員数が四人以上の選挙区については二〇円	八三円	一四九円	五〇一円	一、一二〇円
二、三七〇万円 （北海道にあっては二、九〇〇万円）	三九〇万円	三七〇万円	二二〇万円	九〇万円
法定制限額＝B＋固定額 B＝（公示又は告示の日におけるその選挙区内の選挙人名簿登録者数）／（通常選挙におけるその選挙区内の議員定数（法別表第三の議員数の２分の１（半数改選）））×人数割額	法定制限額＝C＋固定額 C＝（告示の日におけるその選挙区内の選挙人名簿登録者数）／（その選挙区内の議員定数）×人数割額			
Bが固定額の一・五倍を超えるときは、Bは固定額の一・五倍の額		Cが当該選挙区の区域の全部を含む選挙区において道府県の議会の議員の選挙が行われるものとして算出した場合のCを超えるときは、その超える額は法定制限額に算入されない。 したがってこの場合の法定制限額は、当該選挙区の区域の全部を含む選挙区において道府県の議会の議員の選挙が行われるものとして算出した法定制限額からそれぞれの固定額の差（三九〇万円－三七〇万円＝二〇万円）を控除した額となる。	Cが固定額の二倍を超えるときは、Cは固定額の二倍の額	

(二) 選挙運動に関する支出とみなされないものの範囲

次に掲げるものは選挙運動に関する支出でないものとみなされるので、選挙運動費用に算入する必要はない（法一九七）。

(1) 立候補準備のために要した支出で、候補者若しくは出納責任者となった者のした支出又はその者と意思を通じてした支出以外のもの
(2) 立候補の届出後の支出で、候補者又は出納責任者と意思を通じてした支出以外のもの
(3) 候補者が乗用する船車馬等のために要した支出
(4) 選挙の期日後において選挙運動の残務整理のために要した支出
(5) 選挙運動に関し支払う国又は地方公共団体の租税又は手数料
(6) 候補者届出政党が行う選挙運動（専ら衆議院小選挙区選挙以外の選挙において行うものを除く。）又は参議院名簿届出政党等が行う選挙運動（専ら参議院比例代表選挙以外の選挙において行うものを除く。）のために要した支出
(7) 推薦団体又は確認団体が行う選挙運動のために要した支出
(8) いわゆる選挙運動用自動車及び船舶を使用するために要した支出

四　政党の選挙運動費用

衆議院小選挙区選挙においては、候補者届出政党が選挙運動を行うことが認められているが、選挙運動費用の制限はない。また、選挙運動に関する収支報告を提出することも必要とされておらず、政治資金規正法に基づく

収支報告の中で、選挙に関する収支も報告されることとなる。

また、衆議院比例代表選挙又は参議院比例代表選挙についても、同様である。

五　選挙運動員又は労務者に対する実費弁償又は報酬の支給

(一)　候補者の支給するもの

実費弁償は、選挙運動に従事する者（以下「選挙運動員」という。）及び労務者に支給することができ、報酬は、労務者には支給することはできるが選挙運動員には原則として支給することはできない。ただし、事務員、車上等運動員、手話通訳者及び要約筆記者については、この限りでない。実費弁償及び報酬の額については、表23のとおり一定の制限が設けられており、この制限に違反すると多くの場合は買収罪になるものと考えられる（法一九七の二①②、令一二九①～④）。

表23　実費弁償及び報酬の額

区分	一人に対し支給することができる実費弁償の額の基準	一人に対し支給することができる報酬の額の基準	備考
一般の選挙運動員	イ　鉄道賃　鉄道旅行について、路程に応じ旅客運賃等により算出した実費額 ロ　船賃　水路旅行について、路程に応じ旅客運賃等により算出した実費額	報酬を支給することはできない。	
選挙運動のために使用する事務員		一人一日につき一〇、〇〇〇円以内	候補者一人についての一日当たりの報酬を支給することができる者の員数 一　衆議院小選挙区選出議員、

選挙運動に従事する者 専ら車上又は船舶上における選挙運動のために使用する者（いわゆる「うぐいす嬢」等の車上等運動員） 専ら手話通訳のために使用する者 専らウェブサイト等を利用する方法による選挙運動のために使用する文書図画の頒布又は選挙運動のために使用する文書図画の掲示のために口述を要約して文書図画に表示すること（要約筆記）のために使用する者	ハ　車賃　陸路旅行（鉄道旅行を除く。）について、路程に応じた実費額 ニ　宿泊料（食事料二食分を含む。）　一夜につき一二、〇〇〇円 ホ　弁当料　一食につき一、〇〇〇円、一日につき三、〇〇〇円 ヘ　茶菓料　一日につき五〇〇円	一人一日につき一五、〇〇〇円以内	の選挙にあっては、五〇人 二　都道府県の議会の議員の選挙にあっては、一二人 三　指定都市の議会の議員の選挙にあっては、一二人 四　指定都市の長の選挙にあっては、三四人 五　指定都市以外の市及び特別区の議会の議員の選挙にあっては、九人 六　指定都市以外の市及び特別区の長の選挙にあっては、一二人 七　町村の議会の議員の選挙にあっては、七人 八　町村長の選挙にあっては、九人
選挙運動のために使用する労務者	イ　鉄道賃、船賃及び車賃　それぞれ右のイ、ロ及びハに掲げる額 ロ　宿泊料（食事料を除く。）　一夜につき一〇、〇〇〇円	イ　基本日額一〇、〇〇〇円以内 ロ　超過勤務手当　一日につき基本日額の五割以内	弁当料、茶菓料は支給することができない。 基本日額とは日当の意味であり、一〇、〇〇〇円という額は八時間の労働に対し支給するものである。

「選挙運動のために使用する労務者」とは選挙運動を行うことなく、立候補準備行為及び選挙運動に付随して行う単純な機械的労務（例えば、葉書の宛名書き及び発送、看板の運搬、自動車の運転等）に従事する者である。

「選挙運動のために使用する事務員」とは、選挙運動のために雇い入れられた者で、選挙運動に関する事務に従事するものであり、街頭演説等選挙人に直接働きかける行為を行う者は含まれない。

「専ら車上又は船舶上における選挙運動のために使用する者」とは、いわゆる「うぐいす嬢」のように選挙運動用自動車又は船舶の上において連呼行為等の選挙運動を行うことを本務として雇用された者である（以下「車上等運動員」という。）。

「専ら手話通訳のために使用する者」とは、政見放送や演説会等において手話通訳をする者など、手話通訳をすることを本務として雇用された者である（以下「手話通訳者」という。）。

「専ら要約筆記のために使用する者」とは、ウェブサイト等を利用する方法による選挙運動のために使用する文書図画の頒布又は選挙運動のために使用する文書図画の掲示のために、口述を要約して文書図画に表示する要約筆記を本務として雇い入れられた者である（以下「要約筆記者」という。）。

なお、事務員、車上等運動員、手話通訳者及び要約筆記者に報酬を支給するためには、立候補の届出後、報酬を支給できる者を、候補者があらかじめ文書により、当該選挙を管理する選挙管理委員会、参議院合同選挙区選挙管理委員会又は中央選挙管理会に届け出なければならない。

候補者一人が一日につき、報酬を支給できる者の員数は、前出の表（備考欄）に掲げる各選挙ごとの員数の範囲内であり、報酬を支給できる期間は、届出文書が選挙管理委員会、参議院合同選挙区選挙管理委員会又は中央選挙管理会に届いたときから選挙の期日の前日までである。例えば知事の選挙にあっては、一日最高五〇人と規定しているが、この場合、選挙運動の全期間を通じて同一の五〇人の者を支給の対象としなければならないわけではなく、政令で定める員数の五倍（この場合二五〇人）を超えない員数の範囲で、異なる者を入れ替えすることができる（ただし一日については、五〇人以内に限定される。）。この点はその他の選挙についても同様である（法一九七の二②⑤、令一二九③⑦⑧⑨）。

㈡　**政党等の支給するもの**

衆議院小選挙区選挙又は衆議院比例代表選挙においては、候補者届出政党又は衆議院名簿届出政党等も、選挙運動のために使用する事務員、車上等運動員、手話通訳者及び要約筆記者に対して報酬を支給することができるものとされている（法一九七の二③④）。

支給することのできる額は、事務員については一〇、〇〇〇円以内、車上等運動員、手話通訳者及び要約筆記者については一五、〇〇〇円以内であり、候補者等が支給できる額の基準額と同額であるが、員数制限は設けられていない。

また、衆議院小選挙区選挙の候補者届出政党、衆議院比例代表選挙の名簿届出政党等及び参議院比例代表選挙の名簿届出政党等については、選挙運動員に対して支給できる実費弁償並びに労務者に対して支給できる報酬及び実費弁償の基準額は定められていないが、実際に要した実費に対する弁償であり、また、常識的な額を超えない限り、買収罪の構成要件には該当せず、支給することができると解される。

第二節　寄附の禁止

公職の候補者等は、選挙に関するか否かにかかわらず、特定の場合（詳細は後述）を除き、選挙区内にある者に対してする寄附は全面的に禁止されている。

既に述べたように、寄附とは、財産上の利益の供与又は交付、その供与又は交付の約束で党費、会費その他債務の履行としてなされるもの以外のものを指すもの（法一七九②）であり、特に公職の候補者等が行う寄附については中元や歳暮ばかりでなく、親しい友人に対する祝儀や餞別、社会福祉施設への寄附等もすべて禁止され、常識的にみて厳しい規制であることは間違いない。

しかし、この規制に至るまでは、現実問題として、いろいろな機会に、各種の名目でなされる寄附が、候補者の地盤培養行為と結びつき、選挙に金のかかる大きな要因となっているほか、候補者等が行う寄附自体についても買収と結びつきやすく、その弊害が指摘されてきたからである。

この規制の趣旨は、きれいな選挙、金のかからない選挙を実現しようという目的のためである。

なお、平成元年の法改正により、公職の候補者等の寄附については、一部の法で定める例外を除いては、全て罰則の対象とされている。

㈠　国又は地方公共団体と特別の関係がある者の寄附の禁止

⑴　国又は地方公共団体と請負その他特別の利益を伴う契約の当事者

衆議院議員及び参議院議員の選挙に関しては国と、地方公共団体の議会の議員及び長の選挙に関しては当該地方公共団体と、請負その他特別の利益を伴う契約の当事者である者は、当該選挙に関し寄附をすることができない（法一九九①）。

この「請負その他特別の利益を伴う契約の当事者」とは、土木事業等の請負契約のほかに、物品の払下契約、特定の運送契約、施設の特別使用契約等により、大きな利益（当該契約が一般業者が参加できない独占的なものも含む。）を受ける場合で、現に契約を結んでいる者を指し、個人であるか法人であるかを問わない。

まだ契約を結んでいない者及び既に履行の結果契約が消滅した者は含まれない。また、国や地方公共団体と請負契約を結んでいる者と契約して、その請負者に対して同一行為の請負をする、いわゆる下請負をする者も含まれない。

(2)　国又は地方公共団体が行う利子補給の対象となっている融資を受けている会社その他の法人

国又は地方公共団体が金融機関（銀行、農協その他資金を融資するものすべてをいう。）に対して、その融資について利子補給をしたときに、会社その他の法人が当該金融機関から当該融資（試験研究、調査及び災害復旧に係るものを除く。）を受けた場合には、これらの会社その他の法人は、次のとおり、一定期間選挙に関し寄附をすることができない（法一九九②）。

ア　国が利子補給をした金融機関から融資を受けた場合は、衆議院議員、参議院議員の選挙に関して寄附はできない。

イ　地方公共団体が利子補給をした金融機関から融資を受けた場合は、当該地方公共団体の議会の議員及び長の選挙に関して寄附はできない。

ウ　寄附ができない期間は、その始期は、当該金融機関が利子補給金の交付の決定の通知を受けた日であり、その終期は、利子補給金の全額の交付が完了したときから一年を経過した日である。

(1)、(2)に掲げる者に対しては、何人もその選挙に関し、寄附を勧誘し又は要求してはならないし、このような者から寄附を受けてはならない（法二〇〇）。

㈡　**公職の候補者等の寄附の禁止**

公職の候補者又は公職の候補者となろうとする者（公職にある者を含む。以下この節において「公職の候補者等」という。）は、当該選挙区（選挙区がないときは選挙の行われる区域。以下この節において同じ。）内にある者に対し、特定の場合（次の(1)〜(3)を除き、いかなる名義をもってするを問わず、寄附をしてはならない（法一九九の二①）。

また、何人も、公職の候補者等に対して、当該選挙区内にある者に対する寄附を勧誘し、又は要求してはならない。ただし、特定の場合（次の(1)〜(3)についての寄附の勧誘・要求はこの限りでない（法一九九の二③）。

ここで「公職の候補者」とは、現に立候補届をしている者をいい、「公職の候補者となろうとする者」とは、立候補の意思を有している者はもちろん、客観的に立候補の意思を有しているものと認められる者も含まれる。

「公職にある者」とは、現在公選によって公職に就いている者の全てをいい、次の選挙において引き続きその選挙の候補者となる意思を有するか否かを問わない。

公職の候補者等の寄附の禁止の例外で公職の候補者等の寄附が認められる場合、及び公職の候補者等へ寄附を要求・勧誘することの禁止の例外で公職の候補者等へ寄附を要求・勧誘することが認められる場合は、次の三つの場合である。

(1)　政党その他の政治団体又はその支部に対してする場合（ただし、政党その他の政治団体又はその支部が当該公職の候補者等に係る後援団体であるときは、後述するように、一定期間、これらに対する寄附が禁止される。）

(2)　公職の候補者等の親族（民法上の親族と同じもので、六親等内の血族、配偶者及び三親等内の姻族をいう。）に対してする場合

(3)　公職の候補者等が専ら政治上の主義又は施策を普及するために、その選挙区内で行う講習会その他の政治教育のための集会に関し、必要やむを得ない実費の補償としてする場合

この講習会その他の政治教育のための集会には、参加者に対して供応接待（通常用いられる程度の食事の提

供を除く。）が行われるような集会は含まれないし、これらの講習会等が当該選挙区外で行われる場合も、寄附の禁止の例外には当たらない。また、これらの講習会等が、任期満了の日前九〇日に当たる日（解散の場合は解散の日の翌日、九〇日特例による同時選挙の場合は任期満了の日前九〇日に当たる日又は同時選挙を行う旨の告示がなされた日の翌日のいずれか早い日、衆議院議員又は参議院議員の統一対象再選挙又は補欠選挙の場合は当該選挙を行う旨の告示がなされた日の翌日又は当該選挙期日（参議院議員の通常選挙と同時に行う場合は参議院議員の任期満了日）前九〇日に当たる日のいずれか遅い日、その他の事由による選挙の場合はその事由発生の告示があった日の翌日）から選挙の期日までの間に行われる場合も寄附の禁止の例外には当たらない。

なお、必要やむを得ない実費の補償の範囲から食事についての実費の補償は除かれているので、食事又は食事料の提供をすることは、寄附禁止の例外には当たらない。

㈢　公職の候補者等を寄附の名義人とする寄附の禁止

公職の候補者等以外の者が行う当該公職の候補者等を寄附の名義人とする当該選挙区内にある者に対する寄附については、特定の場合（次の⑴⑵を除き、いかなる名義をもってするを問わず禁止されている（法一九九の二②）。

これは、公職の候補者等以外の者があたかも公職の候補者等が寄附をしているかのように相手方に認知させて寄附することが考えられるので、公職の候補者等の寄附禁止の脱法的な形態である寄附を禁止することとしたものである。

また、何人も公職の候補者等を寄附の名義人とする当該選挙区内にある者に対する寄附については、当該公職の候補者等以外の者に対してこれを勧誘し、又は要求してはならない（法一九九の二④）。ただし、特定の場合

（次の⑴⑵についての寄附の勧誘・要求はこの限りではない。

公職の候補者等を名義人とする寄附の禁止の例外は、次の二つの場合である。

⑴　公職の候補者等の親族に対してする場合

⑵　公職の候補者等が専ら政治上の主義又は施策を普及するために、その選挙区内で行う講習会その他の政治教育のための集会に関し、必要やむを得ない実費の補償としてする場合

いずれも、前項㈡公職の候補者等の寄附の禁止の⑵⑶を参照されたい。

なお、公職の候補者等の寄附の禁止の場合と異なり、寄附の禁止の例外として、政党その他の政治団体又はその支部に対してする場合が含まれていないが、これは政治資金規正法第二二条の六第一項において、何人も本人の名義以外の名義で政治活動に関する寄附をしてはならないとされているためである。

㈣　**公職の候補者等の関係会社等の寄附の禁止**

公職の候補者等が役職員又は構成員である会社その他の法人又は団体は、当該選挙区内にある者に対して、この公職の候補者等の氏名を表示したり、その氏名が類推されるような方法で寄附をすることは一切禁止されている。ただし、政党その他の政治団体又はその支部に対してする寄附は認められている（法一九九の三）。なお、一般の政党や政党支部は、㈥の後援団体には当たらないものと解されるが、本条の規制対象となり得ることに注意を要する。

㈤　**公職の候補者等の氏名等を冠した団体の寄附の禁止**

公職の候補者等の氏名が表示され又はその氏名が類推されるような名称が表示されている会社その他の法人又は団体は、当該選挙に関し、当該選挙区内にある者に対して寄附をすることは一切禁止されている。ただし、政党その他の政治団体又はその支部に対してする寄附及び当該公職の候補者等に対してする寄附は認められている

（法一九九の四）。

㈣の規制と㈤の規制とではその方法等に違いがある。すなわち、㈣では氏名等を表示する等の方法であれば選挙に関するか否かにかかわらず禁止されるのに対し、㈤では当該選挙に関してする寄附であれば禁止されるのである。

㈥　後援団体に関する寄附等の禁止

後援団体とは、政党その他の団体又はその支部で、特定の公職の候補者等の政治上の主義、施策を支持し、又は特定の公職の候補者等を推薦し、若しくは支持することがその政治活動の主たるものであるものをいう。したがって、主たる活動が文化活動や経済活動を行う団体であっても、従たる活動として政治活動も行っており、その政治活動のうちでは特定の公職の候補者等の支持推薦が主たるものである場合は後援団体に含まれる。

⑴　後援団体は、当該選挙区内にある者に対して、いかなる名義をもってするを問わず、一切寄附をすることはできない。

ただし、特定の場合（次の㈠〜㈢）についての寄附はこの限りではない（法一九九の五①）。

㈠　政党その他の政治団体又はその支部に対して寄附をする場合

㈡　当該公職の候補者等に対して寄附をする場合

㈢　後援団体がその団体の設立目的により行う行事又は事業に関し寄附をする場合

なお、設立目的により行う行事又は事業に関し寄附する場合でも、花輪、供花、香典、祝儀その他これらに類するものとしてされるもの及び選挙前一定期間にされるものは、寄附の禁止の例外から除かれている。

⑵　何人も、後援団体の総会その他の集会（後援団体を結成するための集会を含む。）又は後援団体が行う見学、旅行その他の行事においては、一定期間、当該選挙区内にある者に対し、選挙に関するか否かにかかわら

ず、供応接待（通常用いられる程度の食事の提供を除く。）又は金銭若しくは記念品その他の物品を供与することは禁止される（法一九九の五②）。

(3)　公職の候補者等は、一定期間、自己の後援団体（政治資金規正法第一九条第二項の規定による届出がされた資金管理団体を除く。）に対して寄附をすることが禁止される（法一九九の五③）。

(1)、(2)、(3)で述べた一定期間とは、任期満了の日前九〇日に当たる日（解散の場合は解散の日の翌日、九〇日特例による同時選挙の場合は任期満了の日前九〇日に当たる日又は同時選挙を行う旨の告示がなされた日の翌日のいずれか早い日、衆議院議員又は参議院議員の統一対象再選挙又は補欠選挙の場合は当該選挙を行う旨の告示がなされた日の翌日又は当該選挙期日（参議院議員の通常選挙と同時に行う場合は参議院議員の任期満了日）前九〇日に当たる日のいずれか遅い日、その他の事由による選挙の場合はその事由発生の告示があった日の翌日）から選挙の期日までの間である（法一九九の五④）。

(七)　政治資金規正法における寄附の制限

政治活動に関する寄附については、政治資金規正法による制限があり、同法の規制の対象には、政党その他の政治団体に対してされる寄附のほか、公職の候補者等の政治活動（選挙運動も含む。）に関してされる寄附も含まれる（規正法四④）。

政治資金規正法における収入、支出、寄附の定義については前述したとおりであるが（第一節一参照）、寄附の制限の内容は次のとおりである。

(1)　会社その他の団体が、政党及び政治資金団体以外の者に対して政治活動に関する寄附をすることを禁止していること（同法二一）。

(2)　何人も、公職の候補者等の政治活動に関して金銭等による寄附（政治団体に対するものを除く。）をすることは、選挙運動に関するものを除き、禁止していること（政党がするものを除く。）（同法二一の二）。

⑶　一の個人、会社、その他の団体が一年間に支出することのできる政治活動に関する寄附の総額について制限を設けていること（同法二一の三）。

⑷　一の個人が、一の政治団体、公職の候補者等に対して、また、政党及び政治資金団体以外の一の政治団体同士が、一年間に支出することのできる政治活動に関する寄附の総額について制限を設けていること（同法二二）。

⑸　国又は地方公共団体から一定の補助金や出資等を受けている会社その他の法人の寄附、赤字会社の寄附、外国人・外国法人等（上場会社の一部を除く。）からの寄附及び匿名等の寄附（政党及び政治資金団体に対する街頭等での千円以下の寄附を除く。）について、その授受を制限又は禁止していること（同法二二の三～二二の六）。

第六章　政治活動

第一節　政治活動規制の目的と確認団体制度

一　憲法と政治活動の自由

我が国は近代民主国家として、代議制民主主義を採用しているため、自己の政治上の主義施策を実現しようとする者は、同様の政見を有する者を糾合して政党を組織し、その政党は選挙において勝利をおさめ、多数党として政権を担当することによりその政治上の主義施策の実現を図ろうとする。したがって、政党が、その政策の普及宣伝、党勢拡張等の政治活動を平素から行うとともに選挙時にはその成果を得るべく一層その政治活動に拍車をかけるのは、代議制民主主義の発展の方向に沿った現象といわなければならない。このことは、政治上の主義施策を実現しようとする政党以外の政治団体及び個人においても同様であろう。

現に、憲法は民主主義の二本柱として主権在民のほか基本的人権を保障しており、その中でも特に重要なものとして、集会、結社及び言論、出版その他の表現の自由を認めているところである。したがって、政党その他の政治団体を結成したり、文書図画や言論により政治活動を行うことは憲法で保障された基本的人権であるということができる。

しかしながら、憲法で保障された表現の自由も絶対無制限というわけではなく、公共の福祉のため必要がある場合には、時期、場所、方法などにつき合理的制限を加えることを妨げるものではないと解されている。

公選法は、前述のように選挙の腐敗防止、候補者間の平等確保、金のかからない選挙等、選挙の自由と公正を確保するため候補者等の当選を目的とする選挙運動を厳しく規制している。

この選挙運動の規制との関連で、選挙運動にわたらない純然たる政治活動であれば、平常時と選挙時とを問わず、また、個人と政党その他の団体とを問わず、全て自由であるということで弊害がないのかということが問題となる。

二　平常時の政治活動規制の目的

公選法は、従前、平常時においては、純然たる政治活動に規制を加えていなかった。しかしながら選挙時と否とを問わず、立候補予定者の氏名や後援会の名称を書いた大きな立札、看板等が乱立し、また、選挙が近づくと、時局講演会等の開催、後援会の事務所の開設等を名目として、その氏名や名称を表示した立札、看板、ポスター等が必要以上に掲示され、世上批判を招くに至った。これらは、選挙目当ての単なる氏名等の普及宣伝と紛らわしいものが多く、また、選挙に金のかかる要因ともなっていた。このような実情に鑑み、昭和五〇年、昭和五六年及び平成六年の改正で、立候補予定者の氏名や後援団体の名称を記載した政治活動用文書図画の掲示は、大幅に制限することとされた。

三　選挙時の政治活動規制の目的

次に選挙時における政治活動であるが、まず、個人の純然たる政治活動については、選挙運動にわたらない政治活動を禁止するいわれはなく、先に述べた平常時からの政治活動用文書図画の掲示の規制を除き、禁止されない。

最も問題となるのは、選挙時における政党その他の政治団体等の政治活動の取扱いである。

公選法制定当初は、選挙運動と政治活動は理論的に明確に区分し得るものであり、選挙運動と関係のない政治活動に対して規制を加えることは妥当でないという考え方の下に、純然たる政治活動は本来自由なものとして何らの規制も加えられず、ただその活動が選挙運動にわたる場合にのみ選挙運動の制限に関する規定の適用を受けるにとどめられた。しかしながら、選挙の実態はそれほど単純ではなく、政党その他の政治団体は、選挙運動にわたる活動が厳格に禁止されているために、いきおい選挙運動にわたらない政治活動に全力を注ぐことになり、しかも政治活動は理論的観念的には選挙運動と明確に区別されるものでありながら、実態的には極めて選挙運動と紛らわしいものとならざるを得ず、したがって、政党その他の政治団体等の政治活動を選挙運動に対する規制のみをもって規制することは、選挙の自由と公正の確保の見地からみて必ずしも十分とは言い難い。このような現実的見地に立って、昭和二七年の改正では、衆議院議員の総選挙において、原則として政党その他の政治団体は、その政治活動のうち、政談演説会及び街頭政談演説の開催、政策の普及宣伝及び演説会の告知のための自動車の使用並びにポスターの掲示をその選挙運動期間中に限り行うことができないこととした。例外として、全国を通じ二五人以上の所属候補者を有する政党その他の政治団体に限り、これらの行為を一定範囲内で行うことができる確認団体制度を採用したのである。このような規制はその後の改正で、参議院議員の通常選挙、衆議院議員及び参議院議員の再選挙及び補欠選挙、都道府県知事及び市長の選挙、都道府県及び指定都市の議会の議員の選挙についても設けられることとなった。

ところが、法の意図は、選挙運動は候補者個人を中心とし、政党その他の政治団体は純粋の政治活動に限る（しかも一定の政治活動は確認団体のみ行い得る。）こととして、選挙の自由と公正を確保しようとしたのであるが、選挙時における政党等の政治活動の実態を見ると必ずしもその目的を達しているとはいい難い状況であったし、議院内閣制の理念や代議制民主主義の発展の方向に沿うものといえないものとなっていた。第一次選挙制度審議会でもこの点が取り上げられたが、同審議会は、我が国の選挙、特に衆議院議員の選挙の公明化を阻むものの一つは、個人本位の選挙制度であるとした。すなわち、個人本位の選挙のため、政見をもって争うより個人的縁故や個人的声望をもって選挙人に呼びかけるためひんしゅくを買うような売名行為を行い、多額の金がかかることとなり、結局は選挙の腐敗につながるので、この際政党の政策本位の選挙に切り替えることにより公明にして金のかからない選挙にすべきであるということであった。

このような考え方に立って、昭和三七年の改正では、確認団体として選挙期間中に政治活動を行うことができる政党その他の政治団体は、その政治活動の一環として一定の選挙運動をも行うことができることとされた。

また、昭和五七年の改正では、参議院全国区が拘束名簿式比例代表制とされ、政党本位の選挙に大きく一歩踏み出した。

さらに、平成六年の改正により、衆議院議員の選挙制度が小選挙区比例代表並立制とされ、政党本位、政策本位の仕組みに改められたことに伴い、選挙運動についても、これまでの候補者個人中心の選挙運動から政党中心の選挙運動に変わることとなり、候補者届出政党及び衆議院名簿届出政党等に幅広く選挙運動を認めることとし、衆議院議員の選挙においては、確認団体制度を廃止することとなった。

なお、個人本位の選挙である参議院選挙区選挙においては、選挙運動の認められる政党その他の政治団体に所属する候補者とそうでない候補者の間で著しいアンバランスが生じないよう、後述のとおり推薦団体による選挙運動を認めている。

第二節　「政治活動」及び「政党その他の政治活動を行う団体」等の意義

公選法は、選挙運動と政治活動を理論的に区別しているが、選挙運動の場合と同様（「選挙運動」の定義については第四章参照）、政治活動についても同法に定義規定を設けていない。

抽象的には、「政治活動」とは、政治上の目的をもって行われる一切の活動、すなわち政治上の主義施策を推進し、支持し、若しくはこれに反対し、又は公職の候補者を推薦し、支持し、若しくは反対することを目的として行う直接間接の一切の行為を総称するものであるということができる。したがって、これらの一切の行為の中には、特定の候補者の推薦、支持等その当選を図るために行う選挙運動にわたる活動をも含むものとなろう。

しかしながら、前述のとおり公選法においては選挙運動と政治活動を理論的に区別している。したがって、「公選法上の政治活動」とは、右の政治活動の定義の中から選挙運動にわたる行為を除いた一切の行為ということができる。すなわち、選挙運動にわたる政治活動は、公選法においては政治活動としてではなく選挙運動としての規制を受けるのである。

次に「政党その他の政治活動を行う団体」についても公選法上その意義に関する明文の規定はないが、政治活動規制の目的に照らして判断すべきであろう。そうすると、「政党」とは「政治活動を行う団体」の例示であるからそれほどその定義は重要でないが、「政治活動を行う団体」とは、「政治上の主義施策を推進し、支持し、若しくはこれに反対し、又は公職の候補者を推薦し、支持し、若しくはこれに反対する目的を有する団体」すなわち広く「政治活動を行う目的を有する団体」をいうものと解される。これを政治資金規正法との関係でみると、同法第三条の「政治団体」とは、要約すれば「政治活動を行うことを本来の目的とする団体及び政治活動をその主たる活動として組織的かつ継続的に行う団体」をいうこととされているため、副次的に政治活動を行うことを目的とする経済団体、労働団体、文化団体等が除かれることとなるが、公選法上の政治活動規制の目的からいえば政治団体はもちろんこれらの団体をも含むものと解すべきであろう。

なお、政治資金規正法上は、政党その他の政治団体が結成されたときは、七日以内に選挙管理委員会又は総務大臣に届け出ることが要求されているが、その届出をしていない団体であっても、その実質において政治活動を行う目的を有する団体であるならば、公選法上は、政党その他の政治活動を行う団体として規制を受けるべきものであることは、立法の趣旨に鑑み当然と考えられる。

また確認団体として選挙運動期間中及び選挙の当日に特定の政治活動及び選挙運動が認められる政党その他の政治団体は、政治資金規正法上の届出をしていることが当然に必要とされるものである。

第三節　平常時における政治活動の規制

選挙が行われていない平常時における政治活動については、公選法第一三章において次のような制限がある。すなわち、公職の候補者又は公職の候補者となろうとする者（公職にある者を含む。以下「公職の候補者等」という。）の政治活動のために使用される当該公職の候補者等の氏名又はその氏名が類推されるような事項を表示する文書図画及び後援団体（第五章第二節㈥（二七二頁）参照）の政治活動のために使用されるその後援団体の名称を表示する文書図画については、次に掲げるもの以外のものは掲示することができない（法一四三⑯〜⑲、令一一〇の五）。

⑴　立札及び看板の類で、表24に掲げる総数の範囲内で、かつ、当該公職の候補者等又は当該後援団体が政治活動

表24　立札・看板の類の数

選挙の種類		公職の候補者等一人が掲示できる立札、看板の類の数	後援団体が掲示できる立札、看板の類の数（同一の公職の候補者等に係る後援団体が二以上あるときはそのすべてを通じて次の数以内）
衆議院（小選挙区選出）議員		一〇	一五
衆議院（比例代表選出）議員		二三＋二×$\left(\frac{X-13}{2}\right)$（ただし、一小選挙区においては一〇以内）	三三＋三×$\left(\frac{X-13}{2}\right)$（ただし、一小選挙区においては一五以内）
参議院（比例代表選出）議員		一〇〇（ただし、一都道府県においては次のn以内）	一五〇（ただし、一都道府県においては次のn以内）
参議院（選挙区選出）議員（合同選挙区を除く）		一二＋二×$\left(\frac{y-2}{2}\right)$…………n	一八＋三×$\left(\frac{y-2}{2}\right)$…………n
参議院（選挙区選出）議員（合同選挙区の場合）		二四	三六
都道府県	知事	一二＋二×$\left(\frac{y-2}{2}\right)$…………n	一八＋三×$\left(\frac{y-2}{2}\right)$…………n
	議会議員	六	六
指定都市	長	一〇	一〇
	議会議員	六	六
市（指定都市を除く）及び特別区	長	六	六
	議会議員	六	六
町村	長	四	四
	議会議員	四	四

（注）Xとは、当該ブロックの区域内の衆議院議員の小選挙区の数をいう。

yとは、当該都道府県の区域内の衆議院議員の小選挙区の数をいう。

各計算式におけるかっこ内は小数点以下端数を切り捨てる。また、かっこ内が負となる場合には〇とする。

のために使用する事務所ごとにその場所において通じて二を限り掲示されるもの

なお、立札、看板の類は、縦横それぞれ一五〇センチメートル、四〇センチメートル以内で、かつ、当該選挙に関する事務を管理する選挙管理委員会（参議院合同選挙区選挙については当該選挙に関する事務を管理する参議院合同選挙区選挙管理委員会、衆議院比例代表選挙又は参議院比例代表選挙については中央選挙管理会）の定める表示をしたものでなければならない。

⑵　ポスターで、当該ポスターを掲示するためのベニヤ板、プラスチック板その他これらに類するものを用いて掲示されるもの以外のもの（すなわち、ベニヤ板等で裏打ちされていないポスター）

ただし、ベニヤ板等で裏打ちされていないポスターであっても、公職の候補者等若しくは後援団体の政治活動のために使用する事務所若しくは連絡所を表示し、又は後援団体の構成員であることを表示するためのもの（小形の短冊形ポスター（いわゆるステッカー））は掲示することができない。

また、その表面に掲示責任者及び印刷者の氏名（法人にあっては名称）及び住所を記載しなければ、これを掲示することはできない。

さらに、各選挙ごとにそれぞれ選挙前の一定期間（次の㈦～㈸の期間）当該選挙区内に掲示することが禁止されている。

㈦　衆議院総選挙にあっては、衆議院議員の任期満了の日の六月前の日から当該総選挙の期日までの間又は衆議院の解散の日の翌日から当該総選挙の期日までの間

(イ)　参議院議員の通常選挙にあっては、参議院議員の任期満了の日の六月前の日から当該通常選挙の期日までの間

(ウ)　地方公共団体の議会の議員又は長の任期満了による選挙にあっては、その任期満了の日の六月前の日から当該選挙の期日までの間

(エ)　衆議院議員又は参議院議員の再選挙（統一対象再選挙（法三三の二③〜⑤により行われる再選挙を除く。）又は補欠選挙（法三三の二③〜⑤により行われる補欠選挙に限る。）にあっては、当該選挙を行うべき事由が生じたときその旨を当該選挙に関する事務を管理する選挙管理委員会（参議院合同選挙区選挙については当該選挙に関する事務を管理する参議院合同選挙区選挙管理委員会、衆議院比例代表選挙又は参議院比例代表選挙については中央選挙管理会）が告示した日の翌日から当該選挙の期日までの間

(オ)　(エ)によるもの以外の衆議院議員又は参議院議員の統一対象再選挙又は補欠選挙にあっては、当該選挙を行うべき事由が生じたときその旨を当該選挙に関する事務を管理する選挙管理委員会（参議院合同選挙区選挙については当該選挙に関する事務を管理する参議院合同選挙区選挙管理委員会、衆議院比例代表選挙又は参議院比例代表選挙については中央選挙管理会）が告示した日の翌日又は当該選挙期日の六月前の日のいずれか遅い日から当該選挙の期日までの間

(カ)　地方公共団体の議会の議員又は長の任期満了選挙以外の選挙にあっては、当該選挙を行うべき事由が生じたときその旨を当該選挙に関する事務を管理する選挙管理委員会が告示した日の翌日から当該選挙の期日までの間

(3)　政治活動のためにする演説会、講演会、研修会その他これらに類する集会の会場において当該演説会等の開催中使用されるもの

(4)　確認団体が当該選挙の選挙期間中に認められる政治活動及び選挙運動において使用することができるものなお、ここで規制される文書図画は、政治活動用のものであるから、営業用などそれ以外の用途に使用されるものは対象とならない（ただ、時期、場所その他の態様によっては政治活動用と認定されることもある。）。また、公職の候補者等及び後援団体の政治活動用のものが規制の対象となっており、これら以外の政党その他の政治活動を行う団体の政治活動用のものは対象とならない。公職の候補者等又は後援団体の政治活動用のものであっても公職の候補者等の氏名若しくは氏名類推事項又は後援団体の名称を表示しないものも適用外である。さらには、政治活動用のものであっても掲示するものでなく頒布するものであるときは対象外であることに注意を要する。

第四節　選挙時における政治活動の規制

選挙時における政治活動については、公選法は、政党その他の政治活動を行う団体の政治活動のうち、特定の活動につき、特定の選挙の行われる区域に限って規制を行うこととしている。そこで、①政治活動の規制される選挙、②政治活動の時間的場所的範囲、③規制される政治活動の方法に区分して説明することとしたい。

一　政治活動の規制される選挙

次に掲げる選挙（以下「政治活動の規制される選挙」という。）においては、その政治活動が規制されることとなる。

(一)　衆議院議員の総選挙、再選挙及び補欠選挙（法二〇一の五、二〇一の七）

(二)　参議院議員の通常選挙、再選挙及び補欠選挙（法二〇一の六、二〇一の七）
(三)　都道府県の議会の議員の一般選挙、再選挙及び補欠選挙（法二〇一の八）
(四)　指定都市の議会の議員の一般選挙、再選挙、補欠選挙及び増員選挙（法二〇一の八）
(五)　都道府県知事の選挙（法二〇一の九）
(六)　市長（特別区の区長を含む。）の選挙（法二〇一の九）

これら以外の次に掲げる選挙については、政治活動のために連呼行為をすること等一定の行為（法二〇一の一三）のほかは政治活動の規制を受けない（ただし、政治活動の規制される選挙の際に確認団体が行うことを認められている所属（支援）候補者のための選挙運動は、法文上確認団体制度がないので行うことができない。）。
(一)　指定都市以外の市（特別区を含む。）の議会の議員の選挙
(二)　町村の議会の議員及び長の選挙

二　政治活動規制の時間的場所的範囲

政治活動が規制される期間は、選挙の期日の公示（告示）の日から選挙の当日までの間である。

規制の場所的範囲については、衆議院総選挙及び参議院通常選挙においては全国を通じて規制を受けるが、その他の選挙については、それぞれの選挙の行われる区域においてのみ規制を受けるのであって、その他の地域にあっては自由である（法二〇一の五～二〇一の九）。

三　規制される政治活動の方法

政治活動のうち、その態様あるいは効果の点で選挙運動と紛らわしい次に掲げるものが規制を受ける。

(一)　政談演説会の開催
(二)　街頭政談演説の開催
(三)　宣伝告知（政党その他の政治活動を行う団体の発行する新聞紙、雑誌、書籍及びパンフレットの普及宣伝を含む。(四)も同じ。）のための自動車（衆議院選挙にあっては、船舶を含む。）の使用
(四)　宣伝告知のための拡声機の使用
(五)　ポスターの掲示
(六)　立札及び看板の類の掲示（政党その他の政治団体の本部又は支部の事務所において掲示するものを除く。）
(七)　ビラ（これに類する文書図画を含む。）の頒布
(八)　機関新聞紙及び雑誌に選挙に関する報道、評論を掲載して頒布し、又は掲示すること。
(九)　連呼行為
(十)　国又は地方公共団体が所有し又は管理する建物（専ら職員の居住の用に供されているもの及び公営住宅を除く。）における文書図画（新聞紙及び雑誌を除く。）の頒布（郵便等又は新聞折り込み方法による頒布を除く。）
(土)　掲示又は頒布する文書図画（新聞紙及び雑誌並びにインターネット等を利用する方法により頒布されるものを除く。）における当該選挙区（選挙区がないときは、選挙の行われる区域）の特定候補者の氏名又は氏名類推事項の記載

これら以外の方法による政治活動、例えば新聞紙又は雑誌による広告、パンフレット、ラジオ、テレビ、インターネット等による政治活動は、選挙運動にわたらない限り、いかなる選挙の期日の公示（告示）の日から選挙

の当日までの間であろうと、また、いかなる政党その他の政治活動を行う団体であろうと自由に行うことができる。

なお、確認団体は、前記の規制される政治活動を一定の条件の下で行うことができる（㈩を除く。）ものであり、また、衆議院議員総選挙においては、公職選挙法第二〇一条の五において「別段の定めがある場合を除き、」と規定され、選挙運動として許される態様・方法において、規制を受ける政治活動を行うことができる。

また、いうまでもなく、純粋に個人として行う政治活動は自由であって、前述（法一四三⑯～⑲）を除き何ら制限されない。

以上に述べたところを図示すると次ページのようになる。

図　政党その他の政治活動を行う団体の政治活動

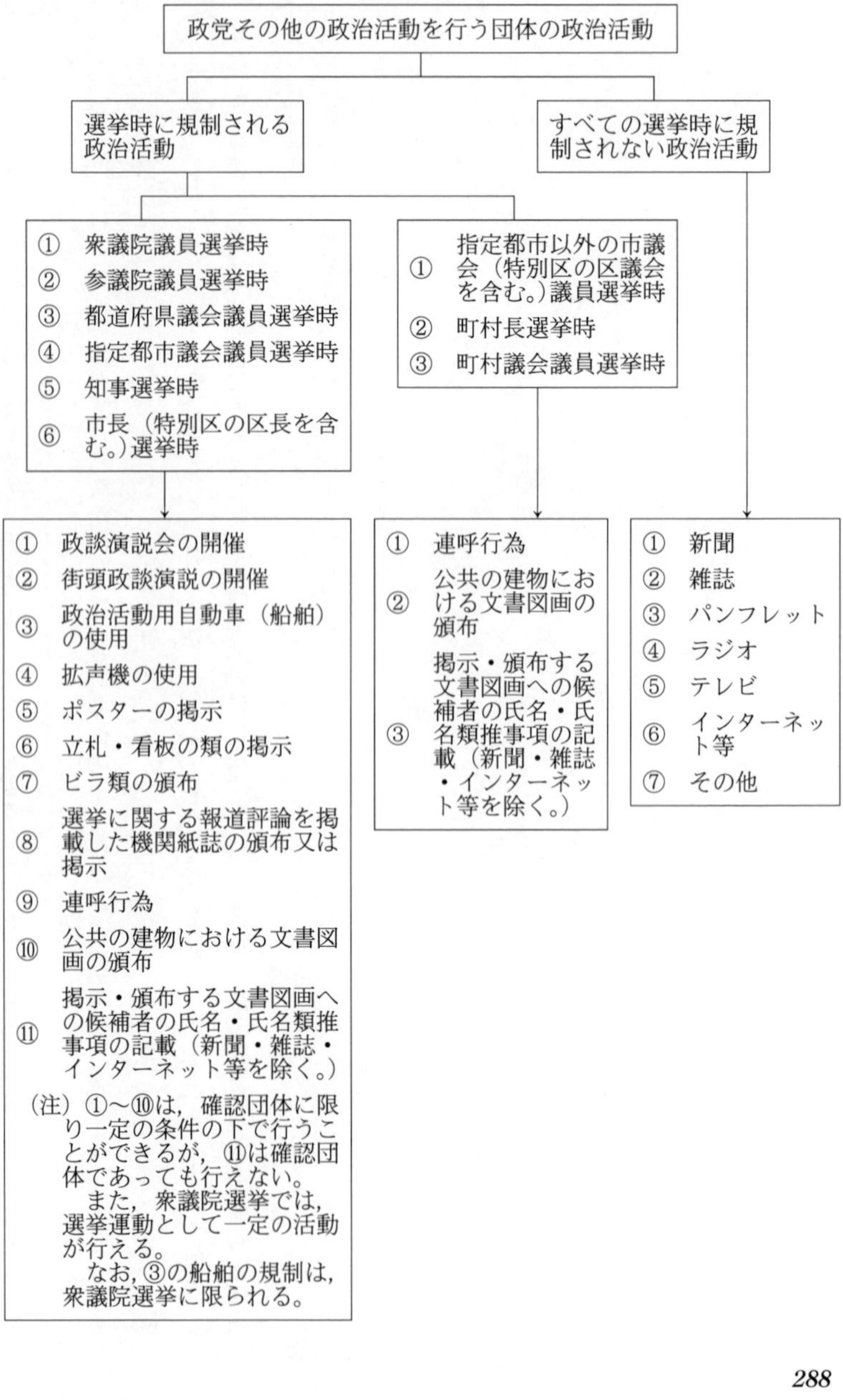

政党その他の政治活動を行う団体の政治活動
選挙時に規制される政治活動
すべての選挙時に規制されない政治活動
① 衆議院議員選挙時
② 参議院議員選挙時
③ 都道府県議会議員選挙時
④ 指定都市議会議員選挙時
⑤ 知事選挙時
⑥ 市長（特別区の区長を含む。）選挙時
① 指定都市以外の市議会（特別区の区議会を含む。）議員選挙時
② 町村長選挙時
③ 町村議会議員選挙時
① 政談演説会の開催
② 街頭政談演説の開催
③ 政治活動用自動車（船舶）の使用
④ 拡声機の使用
⑤ ポスターの掲示
⑥ 立札・看板の類の掲示
⑦ ビラ類の頒布
⑧ 選挙に関する報道評論を掲載した機関紙誌の頒布又は掲示
⑨ 連呼行為
⑩ 公共の建物における文書図画の頒布
⑪ 掲示・頒布する文書図画への候補者の氏名・氏名類推事項の記載（新聞・雑誌・インターネット等を除く。）
（注）①～⑩は，確認団体に限り一定の条件の下で行うことができるが，⑪は確認団体であっても行えない。
また，衆議院選挙では，選挙運動として一定の活動が行える。
なお，③の船舶の規制は，衆議院選挙に限られる。
① 連呼行為
② 公共の建物における文書図画の頒布
③ 掲示・頒布する文書図画への候補者の氏名・氏名類推事項の記載（新聞・雑誌・インターネット等を除く。）
① 新聞
② 雑誌
③ パンフレット
④ ラジオ
⑤ テレビ
⑥ インターネット等
⑦ その他

四　参議院通常選挙における政治活動の規制

以上述べたとおり、「政党その他の政治活動を行う団体」は、選挙の期日の公示（告示）の日から選挙の当日までの間に限り、政談演説会の開催等特定の政治活動をすることができない。しかし、一定の要件を具備する「政党その他の政治団体」は、確認団体として選挙の期日の公示（告示）の日から選挙の期日の前日までの間一定の規制の範囲内でこれを行うことができる。ただし、衆議院総選挙においては、前述のとおり、候補者届出政党及び衆議院名簿届出政党等に選挙運動を認めることとしたことに伴い確認団体制度は廃止された。次に参議院通常選挙の場合を例にとって確認団体の要件、確認団体にのみ認められる政治活動及び選挙運動並びに確認団体であっても禁止される政治活動につき説明し、他の選挙におけるこれらの事項については通常選挙におけるそれとの対比により図表で示したい。

㈠　通常選挙における確認団体

通常選挙における確認団体は、参議院名簿届出政党等又は全国を通じて一〇人以上の所属候補者を有する政党その他の政治団体で総務大臣から確認書の交付を受けたものである。「所属候補者」とは、立候補の際に当該政党その他の政治団体に所属する旨を届け出た者をいう。また、「一〇人以上」とは、継続要件ではないので、申請書提出後において離党、死亡、立候補届出の却下等によって所属候補者が一〇人未満となっても確認の効力すなわち特定の政治活動を行うことができる資格に影響を及ぼさないと解されている。

㈡　確認団体のみが行うことができる政治活動

確認団体が行うことができる政治活動及びその制限は次のとおりである。

(1)　政談演説会

ア　政談演説会とは

政談演説会とは、政治活動を行う団体がその政治活動として政策の普及宣伝を図るため行う演説会をいう。したがって、定期大会、支部発会式のように外部に対する政策の普及宣伝を目的としないものは政談演説会ではなく、また、「演説会」とは、不特定多数の者の参集を得て演説する集会をいうものであるから、他の目的をもって参集した多数人に対してたまたま政談演説をするのは政談演説会とはいえない。

イ　政談演説会の開催回数制限

確認団体は、政談演説会を衆議院小選挙区選出議員の一選挙区ごとに一回開催することができる（法二〇一の六①Ⅰ）。この回数を確認するため、確認団体は、政談演説会を開催する場合には、都道府県の選挙管理委員会にあらかじめ届け出なければならない（法二〇一の一一②）。

ウ　政談演説会における選挙運動のための演説等

確認団体の開催する政談演説会では、政策の普及宣伝のほか、所属候補者（参議院比例代表選挙にあっては、当該参議院名簿届出政党等又は当該参議院名簿登載者（特定枠名簿登載者を除く。））の選挙運動のための演説をもすることができるし、候補者は、そこで弁士として自己の選挙運動のための演説をもすることができる。しかし、政談演説会で選挙運動のための演説ができるのは、政談を本来の目的とする政談演説会においてあくまでも従として行われる程度でなければならない（法二〇一の一一①）。

また、その政談演説会の会場においては、政治活動のための連呼行為をすることができるが（法二〇一の一三）、選挙運動のための連呼行為は一切禁止される（法一四〇の二）。

なお、平成三〇年の法改正で参議院比例代表選挙について特定枠制度が導入されたが、特定枠名簿登載者については、原則として特定枠名簿登載者個人としての選挙運動は認められていないことから、政談演説会においても、特定枠名簿登載者の選挙運動のための演説をすることはできない。ただし、特定枠名簿登載者自身が弁士として、当該参議院名簿届出政党等や他の名簿登載者（特定枠名簿登載者を除く。）の選挙運動のための演説をもすることは可能である。

エ　政談演説会の開催についての他の制限

選挙運動期間に他の選挙が執行される場合には、政談演説会は、他の選挙の投票当日投票所を閉じる時刻までの間は、投票所を設けた場所の入口から三〇〇メートル以内の区域において開催することができない（法二〇一の一二②）。

オ　政談演説会の会場内に掲示できる文書図画と政談演説会の周知方法

政談演説会の会場内に掲示することができる文書図画は、その記載内容として当該選挙区の特定の候補者の氏名又は氏名類推事項の記載が禁止されること及びポスターについて枚数、規格、検印等の制限があることを除き制限はない。したがって、横断幕、懸すい幕、立札、看板、ちょうちん、のぼり、旗などの掲示は、規格、枚数などに制限はなく自由に掲示することができる。

政談演説会の周知については、これも一種の政治活動であるから、何ら規制を受けない方法（新聞、雑誌、パンフレット、ラジオ、テレビ、インターネット等）によることは、選挙運動にわたらない限り、差し支えない。これに対し、ビラ、ポスター、立札、看板、連呼行為といった規制されている方法によるときは一定の制限に従うことを要する。

(2)　街頭政談演説

ア　街頭政談演説とは

街頭政談演説とは、政治活動を行う団体が街頭又はこれに類似する場所において政策の普及宣伝のために行う演説をいう。

イ　街頭政談演説の態様の制限

確認団体は、停止した自動車（⑶参照）の車上及びその周囲においてのみ街頭政談演説を行うことができる（法二〇一の六①Ⅱ）。したがって、常に自動車を使用し、機動力を発揮して随時、随所において行われることを特色とする。そこで、停止した自動車の車上又はその周囲において行われる政談演説であっても、あらかじめその演説が行われることが周知されており、ある程度一般の通行から遮断された場所において多数の聴衆を集めて開催されるものは、政談演説会としての規制を受ける。

ウ　街頭政談演説のその他の制限等

街頭政談演説は、午前八時から午後八時までの間でなければ行うことができない（法二〇一の一二①）が、その開催回数に制限はない。

なお、他の選挙の投票当日における制限及び街頭政談演説の場所における連呼行為の取扱い並びに街頭政談演説においても選挙運動のための演説をもすることができることについては、政談演説会の場合と同じであるが、このほか学校及び療養施設の周辺においては静穏保持の義務がある。

また、長時間にわたり、同一の場所にとどまってすることのないように努めなければならないこととされている（法二〇一の一二③）。

⑶　政治活動用自動車の使用

ア　台数制限

政策の普及宣伝（政党その他の政治団体の発行する新聞紙、雑誌、書籍及びパンフレットの普及宣伝を含む。）及び演説の告知のための自動車（政治活動用自動車）は、確認団体の本部及び支部を通じて六台以内（所属候補者数（参議院名簿登載者を含む。以下同じ。）が一〇人を超える場合はその超える数が五人を増すごとに一台をこれに加えた台数以内）で使用することができる（法二〇一の六①Ⅲ）。

しかし、政治活動用自動車の種類には別段の制限はない。また、政治活動用自動車には、公選法上選挙運動用自動車のような乗車制限はないが、交通取締法規による制限はあるから、乗車制限について、例えば貨物自動車であれば荷台乗車に関する出発地警察署長の許可を必要とする場合もあり得る。

イ　表示板の掲示

政治活動用自動車には、確認の際交付された政治活動用自動車であることを証する表示板をダッシュボード上その他外部から見やすい箇所に、その使用中常時掲示しておかなければならない（法二〇一の一一③）。

ウ　自動車に掲示することができる文書図画

政治活動用自動車に掲示する文書図画については、当該選挙区の特定候補者の氏名等の記載の禁止（㈢参照）及びポスターの使用の制限（⑸参照）に従うほかは自由であり、党名、政策等を記載した立札、看板を取り付け、又は車体にこれらの記載をしても差し支えない。

⑷　拡声機の使用

政策の普及宣伝（政党その他の政治団体の発行する新聞紙、雑誌、書籍及びパンフレットの普及宣伝を含む。）及び演説の告知のための拡声機は、政談演説会の会場、街頭政談演説（政談演説を含む。）の場所及び政治活動用自動車の車上においてのみ使用することができる（法二〇一の六①Ⅲの2）。

⑸　ポスターの掲示

ア　ポスターの規格及び枚数の制限

確認団体が掲示することができるポスターの規格は、長さ八五センチメートル、幅六〇センチメートル以内のものに限られ、掲示することができるポスターの枚数は、七万枚（所属候補者の数が一〇人を超える場合においては、その超える数が五人を増すごとに五、〇〇〇枚をこれに加えた枚数）以内である（法二〇一の六①Ⅳ）。

なお、政党その他の政治団体のシンボル・マークのみを印刷した図画を掲示することもポスターの掲示に当たるため、これらを制限枚数のほかに掲示することはできない。

イ　ポスターの記載内容

ポスターの記載内容は、純然たる政治活動に関することはもちろん、参議院名簿届出政党等、参議院名簿登載者又は所属候補者の選挙運動にわたる内容を記載することもできる。しかし、当該選挙区（選挙区がないときは、選挙の行われる区域）の特定の候補者の氏名又は氏名が類推される事項を記載することは禁止される。したがって、例えば政談演説会の告知用のポスターに弁士として特定の候補者の氏名を記載することはできない（法二〇一の六②）。

ポスターには、その表面に必ず当該政党その他の政治団体の名称並びに掲示責任者及び印刷者の氏名（法人にあっては名称）及び住所を記載しなければならない（法二〇一の一一⑤）。

なお、ポスターには総務大臣の交付する証紙を貼り、又は検印を受けなければならない（法二〇一の一一④）。

ウ　ポスターの掲示箇所の制限

選挙運動用ポスターと同じく、国若しくは地方公共団体が所有し若しくは管理するもの又は不在者投票管理者の管理する投票を記載する場所には掲示することができない。ただ、例外として橋りょう、電柱、公営住宅、地方公共団体の管理する食堂及び浴場においてはその管理者の承諾があれば掲示できる（法二〇一の一一⑥、規則三一の三①）。

(6)　立札及び看板の類の掲示

ア　立札及び看板の類の掲示が許される場合

政党その他の政治活動を行う団体が政治活動のために使用する立札及び看板の類については、選挙期日の公示の日から選挙の当日までの間に限り、政党その他の政治団体の本部及び支部の事務所において掲示するものを除き掲示することができない。ただし、確認団体は、選挙運動期間中、次のものを掲示することができる（法二〇一の六①Ⅴ）。

①　政談演説会の告知用のもの及びその会場内で使用するもの

②　政治活動用自動車に取り付けて使用するもの

なお、政党その他の政治活動を行う団体のシンボル・マークを表示した立札及び看板の類の掲示も政治活動用立札及び看板の類の掲示に含まれる。

イ　立札及び看板の類の枚数制限

規格については制限はないが、政談演説会告知用の立札及び看板の類については、一の政談演説会ごとに、立札及び看板の類を通じて五個以内という数の制限がある。ただし、政談演説会の会場内で使用する場合は、枚数に制限はない。

ウ　記載内容

記載内容については、参議院名簿届出政党等、参議院名簿登載者又は所属候補者の選挙運動にわたることはできない。また、当該選挙区（選挙区がないときは、選挙の行われる区域）の特定の候補者の氏名又は氏名が類推される事項を記載することは禁止されている。

政談演説会告知用の立札及び看板の類には、その表面に掲示責任者の氏名及び住所を記載するとともに当該政談演説会場の所在する都道府県選挙管理委員会の定める表示をしなければならない（法二〇一の一一⑧⑨）。

エ　掲示箇所の制限

政治活動用ポスターの場合とほぼ同じ掲示箇所の制限があるが、例外的に掲示し得る箇所として立札及び看板の場合には、「地方公共団体の管理する食堂及び浴場」の代わりに「政談演説会の会場内及び会場前並びに公園、広場、緑地及び道路」が規定されている（法二〇一の一一⑥、規則三一の三②）。

(7)　ビラの頒布（散布を除く。）

ア　ビラとは

ビラ（これに類する文書図画を含む。）とは、常識的に判断するほかはないが、おおむね一定の宣伝目的をもって作成され、不特定多数の人に頒布する文書図画であって綴られていない一枚のものをいう。

イ　ビラの種類制限

総務大臣に届け出た三種類以内に限られるが、枚数及び規格には制限はない（法二〇一の六①Ⅵ）。

ウ　記載内容

ポスターの場合とほぼ同じであるが、ビラには、その表面に確認団体の名称、選挙の種類及び公選法上の法定ビラである旨を表示する記号を記載する（法二〇一の一一⑤）こととされている点で若干異なる。なお、政党その他の政治団体のシンボル・マークのみを表示したビラを頒布する場合についても政治活動用ビラの頒布に当たるため届出を要する。

エ　ビラの頒布方法

ビラの頒布は、確認団体がその政談演説会の会場において行う場合はもちろん、街頭で通行人に直接手渡したり、郵便、新聞折込み等の方法によって頒布することも差し支えない。ただし、選挙人宅を戸別に訪問して頒布することは、戸別訪問の禁止違反に問われる場合があろうし、小型飛行機によって住宅団地にばらまくようなことは散布に該当し禁止される。

(8)　連呼行為の制限

ア　連呼行為が許される場合

政治活動のための連呼行為は、全ての選挙について（次の(9)及び(三)も同様）選挙の期日の公示（告示）の日から選挙の当日までの間は禁止されるが、例外として政治活動の規制される選挙において確認団体は次の場合に限り行うことができる（法二〇一の一三）。

①　政談演説会の会場及び街頭政談演説の場所においてする場合

②　午前八時から午後八時までの間に(3)の自動車の上においてする場合

なお、これらの場合においても選挙運動にわたる連呼行為はできない。

イ　連呼行為の制限

他の選挙の投票当日における制限、学校及び療養施設周辺における静穏保持義務については、街頭政談演説の場合と同じである（法二〇一の一二②、二〇一の一三②）。

(9)　公共の建物における文書図画の頒布の禁止

政党その他の政治活動を行う団体は、確認団体であると否とを問わず、全ての選挙について、その選挙期日の公示（告示）の日から選挙の当日までの間は、国又は地方公共団体が所有し又は管理する建物（専ら職員の居住の用に供されているもの及び公営住宅を除く。）において文書図画（新聞紙及び雑誌を除く。）の頒布（郵便等又は新聞折込みの方法による頒布を除く。）をすることが禁止される。ただし、確認団体がこれらの建物で開催される政談演説会の会場において頒布する場合は禁止されない（法二〇一の一三①）。

㈢　確認団体も行えない政治活動

政党その他の政治活動を行う団体は、確認団体であると否とを問わず、全ての選挙について、その選挙期日の公示又は告示の日からその選挙の当日までの間は、いかなる名義をもってするを問わず、政治活動として頒布し、又は掲示する文書図画（新聞紙及び雑誌並びにインターネット等を利用する方法により頒布されるものを除く。）に当該選挙区（選挙区がないときは、選挙が行われる区域）の特定の候補者の氏名又はその氏名が類推される事項を記載することが禁止される（法二〇一の一三①）。したがって、例えば、政治活動用ポスターに掲示責任者として当該選挙区の特定の候補者を記載することもできない。

五　その他の選挙における政治活動の規制

参議院通常選挙以外の選挙も含めた政治活動の規制の概要は、次のとおりである。なお、参議院比例代表選挙における参議院名簿届出政党等は、所属候補者数を問わず全て確認団体の要件に該当することとされている。

表25　選挙時における政党その他の政治活動を行う団体の政治活動

選挙期日の公示（告示）の日から選挙の当日までの間は、政党その他の政治活動を行う団体は原則として次の政治活動を行うことができない。ただし、確認団体は、選挙の当日を除き（ただし、７⑷については当日もできる。）、左記の範囲内で□内の政治活動を行うことができる。

なお、衆議院選挙については、候補者届出政党又は衆議院名簿届出政党等が第一三章（選挙運動）の規定により選挙運動として許される態様、方法において、第二〇一条の五の規定により制限されている政治活動を行ったとしてもそれは同条の規定に違反するものではない。

選挙の種類／政治活動	参議院議員	知事	市長及び特別区の区長	都道府県及び指定都市の議会の議員	指定都市以外の市（特別区を含む。）町村の議会の議員、町村長
1　政談演説会の開催	衆議院小選挙区選出議員の一選挙区ごとに一回		二回	所属候補者数の四倍に相当する回数	
2　街頭政談演説の開催	(1)　午前八時から午後八時までの間 (2)　政治活動用自動車で停車しているものの車上及びその周囲				
3　政治活動用自動車の使用	(1)　通常選挙 六台（所属候補者数（名簿登載者を含む。）が一〇人を超えるときは五人ごとに一台を加える。） (2)　再選挙・補欠選挙　一台	一台	一台	一台（所属候補者数が三人を超えるときは五人ごとに一台を加える。）	
4　拡声機の使用	(1)　政談演説会の会場 (2)　街頭政談演説（政談演説を含む。）の場所 (3)　政治活動用自動車の車上				
	(1)　通常選挙、比例代表選挙の再			一選挙区ごとに一〇〇枚（選挙区の	

5 ポスターの掲示	6 ビラの頒布	7 立札、看板の類の掲示	8 連呼行為	9 公共の建物における文書図画の頒布の禁止
選挙、補欠選挙　七〇、〇〇〇枚（所属候補者数が一〇人を超えるときは、五人ごとに五、〇〇〇枚を加える。） (2) 選挙区選挙の再選挙、補欠選挙、比例代表選挙の一部無効による再選挙　衆議院小選挙区選出議員の一選挙区ごとに五〇〇枚	三種類	(1) 政談演説会告知用のもの（会場ごとに通じて五） (2) 政談演説会の会場内で使用するもの (3) 政治活動用自動車に取り付けて使用するもの (4) 政党その他の政治団体の本部・支部の事務所で掲示するもの （確認団体以外の政治団体も禁止されない。）	(1) 原則として、禁止される。 (2) 確認団体は、政談演説会場、街頭政談演説の場所及び午前八時から午後八時まで政治活動用自動車の上でできる。	(1) 原則として、禁止される。 (2) 確認団体は、政談演説会の会場で頒布できる。
衆議院小選挙区選出議員の一選挙区ごとに五〇〇枚	二種類			
一、〇〇〇枚				
所属候補者数が一人を超えるときは、一人ごとに五〇枚を加える。）				
規制なし			禁止	禁止

10 候補者の氏名、氏名類推事項の記載	新聞紙、雑誌、インターネット等を利用する方法により頒布されるものを除き一切禁止される。

（注）⑴　1及び2においては、連呼行為及び選挙運動のための演説をすることができる。

⑵　5及び6の文書は、所属候補者（又は参議院名簿届出政党等若しくは参議院名簿登載者（特定枠名簿登載者を除く。））の選挙運動のために使用することができるが、候補者の氏名又は氏名類推事項を記載することはできない。

⑶　その他具体的事項については、通常選挙における政治活動の部分を参照されたいが、各種の届出先等は次のとおりである。

政談演説会開催の届出先	都道府県の選管（指定都市の議会の議員及び市長の選挙については市の選管（特別区の区長の選挙については特別区の選管。以下同じ。））
自動車の表示板の決定主体	総務大臣（都道府県の議会の議員及び都道府県知事の選挙については都道府県の選管、指定都市の議会の議員及び市長の選挙については市の選管）
ポスターの検印又は証紙の交付主体	都道府県の選管（参議院合同選挙区選挙の再選挙又は補欠選挙については当該選挙に関する事務を管理する参議院合同選挙区選管、参議院議員の通常選挙及び参議院比例代表選挙の再選挙又は補欠選挙については総務大臣、指定都市の議会の議員及び市長の選挙については市の選管）
ビラの届出先	総務大臣（都道府県の議会の議員及び都道府県知事の選挙については都道府県の選管、指定都市の議会の議員及び市長の選挙については市の選管）
政談演説会告知用の立札、看板の類の表示の決定主体	都道府県の選管（指定都市の議会の議員及び市長の選挙については市の選管）

表26　確認団体の要件

選挙の種類		所属候補者数
１　参議院議員の選挙	通常選挙	全国を通じて一〇人以上又は参議院名簿届出政党等
	再選挙、補欠選挙	一人以上
２　都道府県及び指定都市の議会の議員の選挙	一般選挙	選挙が行われる区域を通じて三人以上
	再選挙、補欠選挙、増員選挙	一人以上
３　知事及び市長の選挙		所属候補者又は支援候補者を有すること。

（注）１　「支援候補者」とは，立候補届出書においていずれの政党その他の政治団体にも所属しないものとして届け出られた候補者で，一の政党その他の政治団体が推薦し，又は支持するものをいう。

２　確認書の交付申請先は，１の選挙が総務大臣，２及び３の選挙が当該選挙に関する事務を管理する選挙管理委員会である。

六　選挙運動の期間前に掲示されたポスターの撤去

全ての選挙について、当該選挙の公示（告示）前に政党その他の政治活動を行う団体がその政治活動のために使用するポスターを掲示した者は、当該ポスターにその氏名又はその氏名が類推されるような事項を記載された者が当該選挙において候補者となったときは、当該候補者となった日のうちに、当該選挙区（選挙区がないときは、選挙が行われる区域）において、当該ポスターを撤去しなければならない（法二〇一の一四）。

七　選挙が重複して行われる場合の政治活動の規制

政治活動の規制される選挙が二以上行われる場合にその二以上の選挙の行われる区域とその選挙の公示（告示）の日からその選挙の当日までの期間がともに重複する場合でも、一の政党その他の政治団体は、それぞれの確認団体となって、それぞれの規制に従って政治活動を行うことができる。これを具体的にいうと、例えば参議院議員の通常選挙と都道府県知事の選挙が区域及び期間とも重複して行われる場合は、一の政党その他の政治団体は、それぞれの選挙の確認団体となることができ、双方の選挙の確認団体となったときは、政談演説会の開催、政治活動用自動車の使用などは、それぞれの選挙について定められた回数（台数）開催（使用）することができる（法二〇一の一〇）。

八　選挙に関する報道・評論を掲載した機関紙誌の頒布又は掲示

政党その他の政治団体が発行する新聞紙及び雑誌（機関紙誌）も、他の一般の新聞紙及び雑誌と同じく、選挙がないときは、選挙に関する報道・評論を行うことは自由であるが、政治活動の規制される選挙（二八〇頁参照）が行われるときは、その選挙期日の公示（告示）の日からその選挙の当日までの間は制限があり、確認団体（衆議院選挙の場合には候補者届出政党又は衆議院名簿届出政党等。以下この項において「確認団体等」という。）の機関紙誌で次の要件を備えたものに限り、当該選挙に関する報道・評論を行うことができる（法二〇一の一五）。

ア　確認団体等の本部で直接発行するもの。
イ　国の選挙については総務大臣、地方公共団体の選挙については当該選管に届け出た機関紙誌各一に限る。
ウ　機関紙誌の号外等臨時に発行するものを除く。
エ　通常の方法（機関新聞紙は政談演説会場（衆議院選挙の場合には、政党演説会又は政党等演説会の会場）での頒布を含む。）で頒布し、又は都道府県選挙管理委員会の指定する場所に掲示すること。頒布については、引き続いて発行されている期間が六月以上のものについては、当該選挙期日の公示（告示）の日前六月間において平常行われていた方法をいい、その間に行われた臨時又は特別の方法を含まず、引き続いて発行されている期間が六月に満たないものについては、政談演説会場（衆議院選挙の場合には、政党演説会又は政党等演説会の会場）における頒布に限る。

また、確認団体等の届出機関紙誌の号外等で選挙に関する報道・評論を掲載していないものについても特定の候補者の氏名又は氏名類推事項が記載されているときは、当該選挙区（選挙区がないときは、選挙の行われる区域）内において頒布してはならない。

なお、政治活動の規制を受けない選挙（二八五頁参照）においては、以上の制限は一切ない代わり、公選法第一四八条の一般原則にかえり、選挙に関する報道・評論を掲載する機関紙誌は、一定の要件を具備しなければならない（二四八頁参照）。

第五節　推薦団体制度

昭和三七年の改正によって確認団体が政治活動のほか選挙運動を大幅に行うことができることとなったことに伴い、確認団体に所属する候補者とその他の候補者との間で選挙運動上の均衡を図るため、衆議院議員、参議院議員の選挙においては確認団体に所属しない候補者について一定の政治団体が選挙運動のための推薦演説会を開催し、及びその開催に付随する文書図画を掲示することを認めることとされた。これを推薦団体制度という。

なお、衆議院選挙については、平成六年の改正により推薦団体制度は廃止された。

すなわち、参議院選挙区選挙（補欠選挙及び再選挙を含む。）においては、確認団体の所属候補者以外の候補者を推薦し、又は支持する政党その他の政治団体で、当該選挙を管理する都道府県の選挙管理委員会（参議院合同選挙区選挙については、当該選挙に関する事務を管理する参議院合同選挙区選挙管理委員会）から確認書の交付を受けたもの（推薦団体）は、選挙運動期間中、次の選挙運動を行うことができる（法二〇一の四）。

一　推薦演説会の開催

その推薦し、又は支持する候補者（推薦候補者）の属する選挙区につき、当該推薦候補者の数の四倍（参議院合同選挙区選挙にあっては、八倍）に相当する回数以内に限る（法二〇一の四①）。開催場所については、国又は地方公共団体の所有し又は管理する建物においても開催することができるが、電車等の乗物及び交通施設や病院等の療養施設での開催は禁止される（法二〇一の四⑤）。

二　推薦演説会のために使用する文書図画の掲示

推薦演説会のために使用する文書図画（ウェブサイト等を利用する方法により頒布されるものを除く。）は、以下のいずれかに該当するものに限り、掲示し又は頒布することができる。

㈠　推薦演説会の周知用ポスター

一の推薦演説会の会場につき五〇〇枚以内で、規格もタブロイド型（長さ四二センチメートル、幅三〇センチメートル）以内でなければならない。また、その表面に推薦団体の名称並びに掲示責任者及び印刷者の氏名（法人にあっては名称）及び住所を記載するほか、選挙管理委員会（参議院合同選挙区選挙については、当該選挙に関する事務を管理する参議院合同選挙区選挙管理委員会）の検印を受け又は証紙を貼らなければならない（法二〇一の四⑥Ⅰ⑦⑨）。

このポスターには、内容の制限として、当該選挙区の特定の候補者の氏名及び氏名類推事項を記載することはできない（法二〇一の四⑧）。

　このポスターは、選挙の当日も掲示しておくことができるが、掲示場所については公選法第一四五条の規定が準用されている（法二〇一の四⑨）。

㈡　推薦演説会開催中掲示するポスター、立札及び看板の類

　ポスター、立札及び看板の類は、縦二七三センチメートル、横七三センチメートル以内とされているが、屋内の演説会場内で使用する場合は制限がない。また会場外に掲示するものの数は、会場ごとに通じて二を超えることができない（法二〇一の四⑥Ⅱ⑨）。

　これらのポスター、立札、看板の類の記載事項は、その表面に掲示する者の氏名及び住所並びに推薦団体の名称を記載しなければならないこと（令一二九の三）のほかは、制限がない。

㈢　屋内の推薦演説会の会場内においてその推薦演説会の開催中掲示する映写等の類

　屋内の推薦演説会の会場内においては、その推薦演説会の開催中映写等の類を掲示することができる（法二〇一の四⑥Ⅲ）。

第七章　選挙に関する争訟

第一節　概　説

公選法は、これまで述べてきたように、選挙が公正に行われるようにその管理執行及び選挙運動等について詳細な規定を設けているが、仮に、選挙の執行や当選人の決定が、その効力要件と考えられる規定に反して行われ、選挙人の意思を正しく反映していないと考えられる場合には、そのような選挙や当選人の決定の効力がそのまま確定してしまうことは不都合である。そこで、このような場合には、争訟手段によって選挙の効力や当選人の決定を是正する途が関係者に与えられている。

公選法に基づく選挙に関する争訟は、内容からみて、①選挙争訟（法二〇二、二〇三、二〇四）、②当選争訟（法二〇六、二〇七、二〇八）、③選挙人名簿又は在外選挙人名簿に関する争訟（法二四、二五、三〇の八、三〇の九）、④連座制による特殊な当選争訟（法二一〇、二一一）に分けることができる。本章では、①～③の争訟について解説し、④の争訟については第八章で述べることとする。

第二節　選挙争訟

選挙争訟とは、選挙の手続に瑕疵があるとして、その選挙の全部又は一部の効力を争う争訟のことをいう。

公選法第二〇五条は、選挙争訟については、「選挙の規定に違反することがあるときは選挙の結果に異動を及ぼす虞がある場合に限り」選挙が無効となるとしている。「選挙の規定に違反すること」とは、選挙の管理執行の手続に関する規定に違反することであり、法律の規定だけでなく、施行令や命令等の規定も含むものであるし、また、明文の規定はなくとも、選挙法の基本理念である選挙の自由公正の原則が著しく阻害されるときは、選挙の規定に違反する場合に当たるとされている。他方、選挙運動の取締規定や罰則に触れるというだけでは選挙の規定違反に当たらないと解される。

「選挙の結果に異動を及ぼす虞がある場合」とは、当該選挙の管理執行の手続に関する規定違反がなかったなら、選挙の結果について異なった結果を生じたかもしれないと考えられる（つまり、当選人に異動を生じる可能性がある）場合をいう。

また、選挙の無効には、選挙の区域（選挙区、選挙区のないときは、選挙の行われる区域）全体にわたり無効とされる場合と、その一部のみが無効とされる場合とがある。つまり、選挙の手続においては、投票は全て開票区ごとに混同して開票され、その効力が決定される（法六六②）ことから、開票区がある選挙においては、規定違反の影響が特定の投票区又は開票区に限定されれば、当該開票区の選挙を無効として、その部分のみの再選挙を行えば足りる。これが、選挙の一部無効といわれるものである。この場合、結果に異動を及ぼすおそれの有無の判定は、当該開票区に限らず、選挙全体としてその結果、つまり当落に異動を及ぼすか否かを判断すべきものである。なお、一部無効に関して、無効とされる開票区で改めて再選挙が行われる場合、その投票結果がどのようになろうとも当選は動かないという者を区分し、それ以外の者について、当該再選挙が行われることがある（法二〇五②～④）。

第三節　当選争訟

当選争訟とは、選挙が有効に行われたことを前提として、誰がその選挙における正しい当選人であるかを争うものである。第三章第六節で述べたように、当選人の決定は選挙会で行われることから、当選争訟は、一般的には、選挙会において当選人と定められた者の当選が無効であるとか、落選人とされた者が当選人であると主張して選挙会の決定の取消しを求めるもののように、選挙会の決定の適不適を争うものである。

当選無効原因については、公選法は、選挙無効と異なり一般的な規定は設けていないが、このように、主としては選挙会の当選人決定の違法ということができる。

当選争訟が争われるのは、主として、①選挙立会人が適法の資格を欠く等、選挙会の決定手続に違法がある場合、②各候補者又は各名簿届出政党等の有効得票数の計算に誤りがある場合、③当選人となり得る資格の認定に誤りがある場合に分けることができる。

第四節　選挙争訟と当選争訟との関係

選挙争訟は、「選挙の効力」に異議があり、「選挙の規定に違反」し、「結果に異動を及ぼす虞がある」場合の争訟であり、当選争訟は、「当選の効力」に異議がある場合の争訟であるが、実際はどちらに当たるかがはっきりしないことも少なくない。しかしながら、選挙争訟は、集合的行為としての選挙の効力を争うものであって、選挙が無効とされれば当選人を決定できず、再選挙を行わなければならない（法一〇九、一一〇）一方、当選争訟は、選挙が有効であることを前提として、当選人決定の方法が違法であるときにその効力を争うものであって、原則として選挙をやり直す必要がなく、更正決定によって当選人を定め得るものであり（法二〇九、二一〇、九六）、その目的、原因は、両争訟で異なっている。したがって、選挙争訟においては、当選無効原因をその理由とすることは許されず、当選争訟においては、選挙無効原因をその理由とすることは許されない。しかしながら、当選争訟は選挙の有効を前提とする争訟であり、選挙が無効であれば当選争訟自体が成立しないこととなるので、選挙の効力を審理することは、当選争訟の成立要件の存否を審理するものであるとも考えられること等から、当選争訟においては、争訟審理機関は、選挙の効力についても判断できることとされている（法二〇九）。ただし、選挙争訟においては、争訟審理機関も、当選無効の判断をすることはできない。

なお、衆議院比例代表選挙における当選訴訟においては、小選挙区選挙における選挙又は当選の効力に関する事由を理由として訴訟を提起できないこととされている（法二〇八①）。

また、当選争訟において、選挙当日選挙権を有しなかった者の投票、選挙権を有していても選挙人名簿に登録されていない者の投票といった無資格者の投票や二重投票、替玉投票等のいわゆる潜在無効投票（その無効原因が表面に現れない投票で有効投票に算入されたことが推定され、かつ、その帰属が不明な投票）があった場合は、争訟審理機関は、各候補者の有効投票の計算については、このような潜在無効投票を、その開票区ごとに、各候補者又は各名簿届出政党等の得票数から按分して差し引くものとされている（法二〇九の二）。

第五節　選挙争訟及び当選争訟の手続

選挙争訟及び当選争訟には、訴訟とその前審的性質を有する異議の申出及び審査の申立てとがある。すなわち、市町村の選挙については、まず、市町村の選挙管理委員会に異議の申出をし（法二〇二①、二〇六①）、その決定に不服がある場合は、都道府県の選挙管理委員会に審査の申立てをし（法二〇二②、二〇六②）、その裁決になお不服がある場合は、当該都道府県の選挙管理委員会を被告として、当該市町村の選挙管理委員会の所在地を管轄する高等裁判所へ出訴することになる（法二〇三、二〇七、二一七）。この場合、異議の申出については、選挙争訟の場合は選挙の日から一四日以内に、当選争訟の場合は当選人等の告示（法一〇一の三②、一〇六②）の日から一四日以内にしなければならず、申出権者は、いずれも当該選挙の選挙人（選挙区があれば、それに属する選挙人）又は候補者とされている（法二〇二①、二〇六①）。審査の申立てについては、その申立権者は、異議申出人に限られず、当該異議の決定について不服のある選挙人又は候補者であればよく、申立期間は、異議申出人にあっては決定書の交付を受けた日から、その他の者にあっては決定書の要旨の告示の日から、それぞれ二一日以内とされており、選挙争訟と当選争訟とで異なるところはない（法二〇二②、二〇六②）。訴訟については、出訴権者は、都道府県の選挙管理委員会の裁決に不服がある選挙人又は候補者であって、審査申立人に限らない。出訴期間は、審査申立人にあっては裁決書の交付を受けた日から、その他の者にあっては裁決書の要旨の告示の日から、それぞれ三〇日以内であり、この手続も選挙争訟と当選争訟とで異なるところはない（法二〇三、二〇七）。

次に、都道府県の選挙については、まず、都道府県の選挙管理委員会に異議の申出をし（法二〇二①、二〇六①）、その決定に不服がある場合は、当該都道府県の選挙管理委員会を被告として、当該選挙管理委員会の所在地を管轄する高等裁判所へ出訴することになる（法二〇三、二〇七、二一七）。

この場合の異議の申出及び訴訟については、市町村の選挙に関する争訟の場合と同様である。

このように、市町村の選挙については、まず異議の申出を経、次に審査の申立てを経なければ訴訟を提起できず、都道府県の選挙については、異議の申出を経なければ訴訟を提起できないこととされ、不服申立て前置主義がとられている。なお選挙関係訴訟において判断の対象となるのは、裁決庁の判断を含めた原処分としての選挙又は当選の効力であり、裁判所としては、裁決庁の判断の是非に限らず、原処分の効力そのものを判断できる。

次に、国会議員の選挙については、衆議院小選挙区選挙又は参議院選挙区選挙の場合は都道府県選挙管理委員会（参議院合同選挙区選挙については当該合同選挙区選挙管理委員会）を被告として当該選挙管理委員会の所在地を管轄する高等裁判所（参議院合同選挙区選挙については当該合同選挙区選挙管理委員会の設置に関する規約に定める執務場所を管轄する高等裁判所）に、衆議院比例代表選挙又は参議院比例代表選挙の場合は中央選挙管理会を被告として東京高等裁判所に、それぞれ出訴することのみ認められ、不服申立ての制度は置かれていない（法二〇四、二〇八、二一七）。出訴権者は、選挙訴訟の場合は、当該選挙の選挙人又は候補者（衆議院小選挙区選挙にあっては候補者又は候補者届出政党、衆議院比例代表選挙にあっては衆議院名簿届出政党等、参議院比例代表選挙にあっては参議院名簿届出政党等又は参議院名簿登載者（特定枠名簿登載者を除く。））であり、当選訴訟の場合は、候補者のうち当選をしなかった者（衆議院小選挙区選挙にあっては候補者届出政党、衆議院比例代表選挙にあっては衆議院名簿届出政党等、参議院比例代表選挙にあっては参議院名簿届出政党等を含む。）に限られている。出訴期間については、選挙訴訟の場合は当該選挙の日から、当選訴訟の場合は当選人等の告示の日から、それぞれ三〇日以内である（法二〇四、二〇八）。

以上の関係をまとめると、次の表のとおりとなる。

表27　選挙争訟及び当選争訟の手続

		異議の申出			審査の申立て			訟
		申出人	申出先	申出期間	申立人	申立先	申立期間	原告
市町村の選挙	選挙争訟	当該選挙の選挙人及び候補者	市町村選管	選挙の日から一四日以内	（異議申出人）又は（その他の当該選挙の選挙人及び候補者）	都道府県選管	（異議申出人は決定書の交付の日から二一日以内）又は（その他の者は決定書の要旨の告示の日から二一日以内）	（審査申立人）又は（その他の当該選挙の選挙人及び候補者）
	当選争訟			当選人等の告示の日から一四日以内				
都道府県の選挙	選挙争訟	当該選挙の選挙人及び候補者	都道府県選管	選挙の日から一四日以内				（異議申出人）又は（その他の当該選挙の選挙人及び候補者）
	当選争訟			当選人等の告示の日から一四日以内				
国会議員の選挙	選挙争訟							当該選挙の選挙人及び候補者（衆院小選挙区選挙については候補者及び候補者届出政党、衆院比例代表選挙、参院比例代表選挙については名簿届出政党等又は名簿登載者（特定枠名簿登載者を除く。））
	当選争訟							候補者のうち当選をしなかった者（衆院小選挙区選挙については、候補者届出政党、衆院比例代表選挙又は参院比例代表選挙については名簿届出政党等を含む。）

訴		
出訴期間	被告	出訴先
（審査申立人は裁決書の交付の日から三〇日以内）又は（その他の者は裁決書の要旨の告示の日から三〇日以内）	都道府県選管	市町村選管の所在地を管轄する高等裁判所
（異議申出人は決定書の交付の日から三〇日以内）又は（その他の者は決定書の要旨の告示の日から三〇日以内）	都道府県選管	被告の所在地を管轄する高等裁判所
選挙の日から三〇日以内 当選人等の告示の日から三〇日以内	都道府県選管（参院合同選挙区選挙については参院合同選挙区選管、衆院比例代表選挙又は参院比例代表選挙については中央選管）	被告の所在地を管轄する高等裁判所（参院合同選挙区選挙については被告の設置に関する規約に定める執務場所を管轄する高等裁判所、衆院比例代表選挙又は参院比例代表選挙については東京高裁）

第六節　選挙争訟及び当選争訟と一般の行政事件争訟との関係

選挙争訟及び当選争訟と行政事件争訟の基本法である行政事件訴訟法及び行政不服審査法との関係については次のとおりである。

まず、訴訟については、選挙訴訟及び当選訴訟は、行政事件訴訟法第五条の「選挙人たる資格その他自己の法律上の利益にかかわらない資格で提起する」民衆訴訟であって、同法の民衆訴訟の規定が適用され、同法第四三条により、原則的には、同法の取消訴訟の規定が準用されることになる。しかしながら、選挙という性格の特殊性から、公選法第二一九条第一項が行政事件訴訟法第四三条の特別規定として設けられ、執行停止、第三者の再審の訴え等に関する規定の準用は排除され、請求の客観的併合等に関する規定は限定して準用されるというように、行政事件訴訟法の適用関係が明らかにされている。

また、訴訟の前審手続である不服申立てについては、公選法は、選挙に関する行為は、行政不服審査法第一条第二項の「他の法律に特別の定めがある場合」に当たるとして、明文で同法の適用除外をしている（法二六五）。そして、今まで述べてきた異議の申出及び審査の申立ての制度が行政不服審査法第八条の「別に法令で当該処分又は不作為の性質に応じた不服申立ての制度」に当たるものである。ただし、行政不服審査法に定める規定のうちで選挙に関する不服申立て（異議の申出及び審査の申立て）の性質になじむ一部の手続規定は準用されている（法二一六）。

第七節　選挙人名簿又は在外選挙人名簿に関する争訟

選挙人は、選挙人名簿の登録に関し不服があるときは、原則として、定時登録については登録が行われた日の翌日から五日間、選挙時登録については登録が行われた日の翌日に、文書で当該市町村の選挙管理委員会に異議の申出をすることができる（法二四①）。「登録に関し不服があるとき」とは、登録される資格がないのに登録されている場合や登録される資格があるのに登録されていない場合のことであり、「選挙人」とは、選挙区には関係なく、広く選挙権を有する者又は選挙権を有すると主張する者をいう。

異議の申出に関する市町村の選挙管理委員会の決定があった場合、その決定に不服がある異議の申出人又は関係者（登録に関し不服の対象とされた者）は、当該市町村の選挙管理委員会を被告として、決定の通知を受けた日から七日以内に、当該選挙管理委員会の所在地を管轄する地方裁判所に出訴することができる（法二五①②）。

判決に不服がある者は、控訴はできないが、最高裁判所に上告することができる（法二五③）。

なお、選挙人名簿に関する争訟と選挙の効力に関する争訟との関係について、選挙人名簿の個々の登録内容の誤り、すなわち選挙人名簿の脱漏、誤載に帰する瑕疵は、選挙人名簿に関する争訟のみで争われるべきで、選挙の効力に関する争訟で争うことは許されない。しかし、選挙人名簿そのものが無効であったり、定時登録や選挙時登録が全体として無効であるような場合は、例外的に選挙の効力に関する争訟で争うことができると解される。

選挙人名簿に関する争訟の性質は民衆争訟であると解されており、したがって行政事件訴訟法、行政不服審査法との関係は、第六節で述べたところと同様である。すなわち、行政事件訴訟法との適用関係については公選法第二五条第四項、行政不服審査法の一部の規定の準用については公選法第二四条第三項により、それぞれ明らかにされている。在外選挙人名簿の登録等に関する異議の申出、訴訟については、選挙人名簿の登録に関する異議の申出、訴訟の手続が基本的に準用されている（法三〇の八、三〇の九）ので、選挙人名簿に関するものと原則として同様となるが、訴状を国外から国内へ郵送する場合は、郵送に要した日数は出訴期間に含めないこととされている。

第八章　選挙犯罪

第一節　概　説

選挙に関する犯罪は、その性質からみて、刑事犯と行政犯に区分することが可能である。刑事犯とは、買収や選挙の自由妨害等のように、その行為の性質上反道徳的なものであって、公選法上は、罰則の章で直接にその犯罪構成要件と処罰とを併せて定めているのが普通であり、自然犯又は実質犯とも呼ばれている。行政犯とは、事前運動や文書図画等に関する制限の違反のように、命令や禁止の規定に違反するために犯罪とされているものであって、公選法上は、他の章（主に選挙運動の章）で制限規定を置き、別に罰則の章でその違反に対する処罰を定めているのが普通であり、法定犯又は形式犯とも呼ばれている。

選挙犯罪を犯せば、懲役、禁錮、罰金等の刑罰を科せられることとなるが、一定の選挙犯罪を犯した場合には、その他に、当選人の当選無効（当選人の選挙犯罪による場合と当選人と一定の関係にある者の選挙犯罪によるいわゆる連座の場合とがある。）や、選挙権及び被選挙権の一定期間の停止といった制裁も設けられている。

最近の主な選挙における選挙違反の実態は、表28～30のとおりである。この表からは、選挙犯罪としては最も悪質と考えられる買収事犯が一般に高い比率を占めていることがわかる。

なお、当選人の選挙犯罪や連座対象者の買収罪等の犯罪に関する刑事事件については、訴訟の判決は、事件受理日から一〇〇日以内にするよう努めなければならないこととされているが、更にその迅速化を確実なものとするた

表28　衆議院総選挙における違反検挙状況

選挙別／件数，人員／罪種別	第48回 平成29年10月22日		第49回 令和３年10月31日		増減数	
	件数	人員	件数	人員	件数	人員
総数	41	46	88	101	47	55
買収	20	24	47	56	27	32
文書違反	2	3	4	5	2	2
戸別訪問	0	0	0	0	0	0
自由妨害	10	11	11	9	1	△　2
その他	9	8	26	31	17	23

（『犯罪統計書　令和３年の犯罪』（警察庁）等をもとに作成。いずれも選挙期日後90日現在。）

表29　参議院通常選挙における違反検挙状況

選挙別／件数，人員／罪種別	第24回 平成28年７月10日		第25回 令和元年７月21日		増減数	
	件数	人員	件数	人員	件数	人員
総数	107	117	47	59	△　60	△　58
買収	48	54	4	8	△　44	△　46
文書違反	5	9	8	12	3	3
戸別訪問	0	0	0	0	0	0
自由妨害	34	28	24	22	△　10	△　6
その他	20	26	11	17	△　9	△　9

（『犯罪統計書　令和元年の犯罪』（警察庁）等をもとに作成。いずれも選挙期日後90日現在。）

表30　統一地方選挙における違反検挙状況

選挙別 件数，人員 罪種別	第18回 平成27年４月12日 ４月26日		第19回 平成31年４月７日 ４月21日		増減数	
	件数	人員	件数	人員	件数	人員
総数	406	673	143	280	△263	△393
買収	314	550	97	217	△217	△333
文書違反	11	20	8	18	△3	△2
自由妨害	23	21	19	16	△4	△5
その他	58	82	19	29	△39	△53

（『犯罪統計書　令和元年の犯罪』（警察庁）等をもとに作成。いずれも選挙期日後90日現在。）

め、平成四年一二月の公選法の改正により、一〇〇日裁判の対象となる刑事訴訟については、裁判長は公判期日を事前に一括して定めることとされた（法二一三、二五三の二）。

第二節　選挙犯罪の類型

一　買収罪

買収罪は、選挙犯罪のうちでは最も悪質なものであり、典型的な選挙犯罪であるといえる。買収行為は、不正な利益の授受によって、本来選挙人の自由な意思の表明により行われるべき選挙の結果を左右しようとするものであるから、選挙の自由公正を甚だしく侵害するものである。公選法は、買収行為に対して、極めて広範かつ厳重な処罰規定を設けており、また、候補者はもちろん、選挙運動の総括主宰者、出納責任者、組織的選挙運動管理者等などが買収罪によって処罰されたときは、当選人の当選を無効とすることとし、更には当該選挙の当該選挙区において、五年間立候補も禁止されることにしている（第三節参照）。なお、買収罪において収受し又は交付を受けた利益は没収され、没収できないときはその価額が追徴される（法二二四）。

(一) 普通買収罪（事前買収）及び事後報酬供与罪（事後買収）

本罪は「当選を得若しくは得しめ又は得しめない目的をもって」（事前買収）あるいは「投票をし若しくはしないこと、選挙運動をし若しくは止めたこと又はその周旋勧誘をしたことの報酬とする目的をもって」（事後買収）選挙人又は選挙運動者に対して金銭、物品その他の財産上の利益若しくは公私の職務の供与、その供与の申込み若しくは約束をし、又は供応接待、その申込み若しくは約束をしたときに成立する（法二二一①Ⅰ、Ⅲ）。これは買収罪の最も典型的なものであり、選挙人に対して行われる買収は「投票買収」、選挙運動者に対して行われる買収は「運動買収」とも呼ばれる。また、この供与、供応接待を受け、若しくは要求し、又はその申込みを承諾した場合も同様に処罰される（利益収受及び要求罪）（法二二一①Ⅳ）。刑罰は、三年以下の懲役若しくは禁錮又は五〇万円以下の罰金とされている。

(二) 利害誘導罪

本罪は、当選を得若しくは得させ、又は得させない目的をもって選挙人又は選挙運動者に対し、その者又はその者と関係のある社寺、学校、会社、組合、市町村等に対する用水、小作、債権、寄附その他特殊の直接利害関係を利用して誘導をしたときに成立する（法二二一①Ⅱ）。国又は地方公共団体の選挙について候補者が自己の政見を述べることは当然であるが、国又は地方公共団体全体に影響がある問題ではなく、ある特定の又は限られた範囲の選挙人若しくは選挙運動者又はそれと関係のある団体にとってのみ特別かつ直接に利害関係がある事項について、それを強調することで選挙人をひきつけ自己の選挙を有利に導くことは、本罪に該当する。利害誘導に応じたり又はこれを促した場合も同様に処罰される（利益収受及び要求罪）（法二二一①Ⅳ）。

刑罰は㈠に同じである。

㈢　**買収目的交付罪**

㈠又は㈡で述べた買収又は利害誘導をさせる目的をもって、選挙運動者に対し金銭若しくは物品の交付、交付の申込み若しくは約束をし又は選挙運動者がその交付を受け、その交付を要求し若しくはその申込みを承諾した場合、その実質は買収の予備にすぎないが、他の買収行為と同様に処罰される（法二二一①Ⅴ）。刑罰は㈠に同じである。

㈣　**買収周旋勧誘罪**

㈠、㈡又は㈢で述べた行為に関して周旋又は勧誘をした場合、その実質はそれらの犯罪の教唆又は幇助であるが、独立罪として処罰される（法二二一①Ⅵ）。刑罰は㈠に同じである。

㈤　**選挙事務関係者及び候補者等の買収罪**

中央選挙管理会の委員若しくはその庶務に従事する総務省の職員、参議院合同選挙区選挙管理委員会の委員若しくは職員、選挙管理委員会の委員若しくは職員、投票管理者、開票管理者、選挙長若しくは選挙分会長又は選挙事務に関係のある国若しくは地方公共団体の公務員（以下「選挙事務関係者」という。）が、当該選挙に関し㈠から㈣に掲げる罪を犯したときは、その刑が加重されて四年以下の懲役若しくは禁錮又は一〇〇万円以下の罰金に処せられる。公安委員会の委員又は警察官がその関係区域内の選挙に関して犯したとき、又は候補者、総括主宰者、出納責任者若しくは地域主宰者が犯したときも同様である（法二二一②③）。

㈥　**選挙ブローカー等の買収罪**

いわゆる選挙ブローカー及び買収常習者については、一般の買収罪に比べて刑が加重されている。つまり、

(1)　財産上の利益を図る目的をもって、候補者又は候補者となろうとする者のために多数の選挙人又は選挙運

動者に対して、買収行為をし又はさせたとき（法二二二①Ⅰ）

(2)　財産上の利益を図る目的をもって、候補者又は候補者となろうとする者のために多数の選挙人又は選挙運動者に対して、買収行為をすることを請け負い若しくは請け負わせ又はその申込みをしたとき（法二二二①Ⅱ）

には、五年以下の懲役又は禁錮に処せられる。常習者の買収行為についても同様である（法二二二②）。

また、候補者、総括主宰者、出納責任者、地域主宰者が、(1)、(2)の罪を犯せば、六年以下の懲役又は禁錮に処せられる（法二二二③）。

(七)　**候補者又は当選人に対する買収罪**

候補者であること、候補者となろうとすることを止めさせ、若しくは当選人であることを辞させることを目的として不正な利益を供与し、若しくは利害誘導をしたり、又は候補者であることを止めたことや当選を辞したこと等の報酬とする目的として不正の利益を供与すれば、四年以下の懲役若しくは禁錮又は一〇〇万円以下の罰金に処せられる（法二二三①Ⅰ、Ⅱ）。これらの供与を受け若しくは要求したり、申込みを承諾し又は誘導に応じ若しくは促したときやこれらの行為に関し周旋又は勧誘をしたときも同様である（法二二三①Ⅲ、Ⅳ）。選挙事務関係者が当該選挙に関して以上述べた罪を犯したとき、公安委員会の委員又は警察官がその関係区域内の選挙に関しその罪を犯したとき及び候補者、総括主宰者、出納責任者又は地域主宰者がその罪を犯したときは、刑が加重されて五年以下の懲役若しくは禁錮又は一〇〇万円以下の罰金に処せられる（法二二三②③）。

(八)　**新聞紙、雑誌の不法利用罪**

公選法第一四八条の二第一項又は第二項の規定に違反して、新聞紙又は雑誌の持つ影響力を不法に利用しようとした者は、五年以下の懲役又は禁錮に処せられる（法二二三の二①）。候補者、総括主宰者、出納責任者又は地域主宰者がこの罪を犯したときは、刑が加重されて六年以下の懲役又は禁錮に処せられる（法二二三の二②）。

二　おとり罪

公選法第二五一条の二及び第二五一条の三に規定するいわゆる連座制を利用して候補者Aの当選又は立候補資格を失わせるために、候補者Bその他Bの選挙運動従事者と意思を通じて、候補者Aの総括主宰者、出納責任者、地域主宰者、一定の親族、秘書又は組織的選挙運動管理者等を誘導し又は挑発して買収及び利害誘導罪、新聞紙、雑誌の不法利用罪又は選挙費用の法定額違反の罪を犯させた者は、一年以上五年以下の懲役又は禁錮に処せられる（法二二四の二①）。

総括主宰者、出納責任者、地域主宰者、一定の親族、秘書又は組織的選挙運動管理者等が、その候補者Aの当選又は立候補の資格を連座制により失わせるために、候補者Bその他Bの選挙運動従事者と意思を通じてこれらの罪を犯したときは、いわゆる寝返り罪となって、一年以上六年以下の懲役又は禁錮に処せられる（法二二四の二②）。

三　候補者の選定に関する罪

衆議院小選挙区選挙の候補者となるべき者の選定について権限を有する者又は衆議院比例代表選挙若しくは参議院比例代表選挙において名簿登載者の選定について権限を有する者が、その選定に際し請託を受けて、財産上の利益を収受し又はこれを要求し、若しくは約束すれば、三年以下の懲役に処せられる（法二二四の三①）。また、財産上の利益を供与したりその申込み若しくは約束をした者は、三年以下の懲役又は一〇〇万円以下の罰金に処せられる（法二二四の三②）。

四　選挙妨害罪

選挙においては、選挙人の意思が自由に表明されなければならず、また、選挙運動が平等かつ自由に行われなければならない。投票の自由及び選挙運動の自由は、選挙の基本をなすものであり、これらを犯す行為は、自由妨害罪として処罰される。

(一)　選挙の自由妨害罪

選挙の自由妨害罪は、選挙に関して（選挙に際し、選挙に関係のある事項を動機として）次の(1)から(3)までの行為が行われたときに成立し、四年以下の懲役若しくは禁錮又は一〇〇万円以下の罰金に処せられる（法二二五）。

(1)　暴行、威力又はかどわかしによる自由妨害罪

選挙人、候補者、候補者となろうとする者、選挙運動者又は当選人に対して暴行を加え、若しくは心理的に威迫し、又は欺き若しくは誘惑して他所へ連れていった場合がこれに該当する。

(2)　交通、集会、演説の妨害、文書図画の毀棄その他不正の方法による選挙の自由妨害罪

(3)　利害関係利用威迫による選挙の自由妨害罪

利害誘導による買収罪と反対に、不利益を加え又は不利益を加えることを予告して、選挙人、候補者、候補者となろうとする者、選挙運動者又は当選人に不安を抱かせるに足りる行為によって成立する。

(二)　職権濫用による選挙の自由妨害罪

公務員、選挙事務関係者、行政執行法人又は特定地方独立行政法人の役職員が、選挙に関して、故意に職務

の執行を怠り又は正当な理由がなくて候補者若しくは選挙運動者につきまとい、その住居や選挙事務所に立ち入る等その職権を濫用して選挙の自由を妨害したときは、四年以下の禁錮に処せられ、選挙人に対してその投票しようとし又は投票した被選挙人の氏名（衆議院比例代表選挙にあっては政党等の名称又は略称、参議院比例代表選挙にあっては被選挙人の氏名又は政党等の名称若しくは略称）の表示を求めたときは、六月以下の禁錮又は三〇万円以下の罰金に処せられる（法二二六）。

㈢　**多衆の選挙妨害罪**

多くの者が集合して㈠の⑴暴行、威力又はかどわかしによる選挙の自由妨害罪や㈠の⑵のうちの交通、集会、演説の妨害罪又は後述する選挙の平穏を害する罪の㈠の選挙事務関係者、施設等に対する暴力行使罪を犯した場合、あるいは、これらの罪を犯す目的で多くの者が集合して、警察官から三回以上にわたって解散の命令を受けても解散しない場合は、首謀者、指揮者及び付和随行者の別により、それぞれ刑に処せられる（法二三〇）。

㈣　**虚偽事項公表罪**

当選を得又は得させる目的で、候補者又は候補者となろうとする者の身分、職業、経歴、その者に対する個人の推薦若しくは支持、政党その他の団体との関係（所属、推薦、支持）、その者に係る候補者届出政党の候補者の届出又はその者に係る参議院名簿届出政党等の届出に関して虚偽の事項を公にした者は、二年以下の禁錮又は三〇万円以下の罰金に処せられる（法二三五①）。

また、当選を得させない目的で候補者又は候補者となろうとする者に関して、虚偽の事項を公にし、又は事実をゆがめて公にした者は、四年以下の懲役若しくは禁錮又は一〇〇万円以下の罰金に処せられる（法二三五②）。

㈤　政見放送又は選挙公報の不法利用罪

政見放送又は選挙公報において㈣の後段に述べた罪を犯した者は、五年以下の懲役若しくは禁錮又は一〇〇万円以下の罰金に処せられ、政見放送又は選挙公報において特定の商品の広告その他営業に関する宣伝をした者は、一〇〇万円以下の罰金に処せられる（法二三五の三）。

㈥　氏名等の虚偽表示罪

当選を得若しくは得させ又は得させない目的で真実に反する氏名、名称又は身分の表示をして郵便等、電報、電話又はインターネット等を利用する方法により通信をした者は、二年以下の禁錮又は三〇万円以下の罰金に処せられる（法二三五の五）。

五　投票に関する罪

㈠　詐偽登録罪

詐偽の方法で選挙人名簿又は在外選挙人名簿に登録をさせた者や、選挙人名簿に登録させる目的で住民基本台帳法第二二条の規定による転入届に関し虚偽の届出をすることによって登録させた者は、六月以下の禁錮又は三〇万円以下の罰金に処せられる（法二三六①②）。

㈡　選挙人の虚偽宣言罪

投票管理者は、投票しようとする選挙人が本人であるかどうか確認することができないときは、本人である旨を宣言させなければならない（法五〇①）が、この場合に虚偽の宣言をした者は、二〇万円以下の罰金に処せられる（法二三六③）。

㈢　不正投票及び投票偽造、増減罪

(1)　非選挙人投票罪、詐偽投票罪

選挙人でない者が投票をしたときは、一年以下の禁錮又は三〇万円以下の罰金に処せられる（法二三七①）。氏名を偽りその他詐偽の方法で投票し又は投票しようとした者は、二年以下の禁錮又は三〇万円以下の罰金に処せられる（法二三七②）。

(2)　投票の偽造、増減罪

投票を偽造し又はその数を増減した者は、三年以下の懲役若しくは禁錮又は五〇万円以下の罰金に処せられる（法二三七③）。選挙事務関係者、立会人又は監視者が、この罪を犯したときは、五年以下の懲役若しくは禁錮又は五〇万円以下の罰金に処せられる（法二三七④）。

㈣　**代理投票における記載義務違反罪**

代理投票の補助者が、選挙人の指示する候補者の氏名又は名簿届出政党等の名称若しくは略称を記載しなかったとき（記号式投票の場合は、選挙人の指示する候補者に対して〇の記号を記載しなかったとき）は、二年以下の禁錮又は三〇万円以下の罰金に処せられる（法二三七の二①）。

また、郵便等による不在者投票をすることができる選挙人で、自ら投票の記載をすることができない者は、あらかじめ市町村の選挙管理委員会に届け出た者に代理記載をさせることができるが、この記載をすべき者が選挙人の指示する候補者の氏名又は名簿届出政党等の名称若しくは略称を記載しなかったときは、二年以下の禁錮又は三〇万円以下の罰金に処せられる（二三七の二②）。投票を無効とする目的をもって、投票に関する記載をせず、又は虚偽の記載をしたときも同様である（二三七の二③）。

㈤　**投票の秘密侵害罪**

選挙事務関係者、立会人、代理投票補助者、郵便等による不在者投票における代理記載をすべき者又は監視者が、選挙人の投票した候補者の氏名（衆議院比例代表選挙にあっては政党等の名称又は略称、参議院比例代表選挙にあっては候補者の氏名又は政党等の名称若しくは略称）を表示したときは、二年以下の禁錮又は三〇万円以下の罰金に処せられる。その表示した事実が虚偽であるときも同様である（法二二七）。

(六)　投票干渉及び氏名認知罪

投票所（期日前投票所を含む）又は開票所において、正当な理由がなくて選挙人が投票するのに指示したり、勧誘したり、威圧したりして投票に干渉したり、又はどの候補者（衆議院比例代表選挙にあってはどの政党等、参議院比例代表選挙にあってはどの候補者又はどの政党等）に投票したかを認知する方法（例えば、選挙人に投票用紙に一定の書体で記載させる等）を行った者は、一年以下の禁錮又は三〇万円以下の罰金に処せられる（法二二八①）。

(七)　投票箱開披及び投票取出罪

投票箱は、その閉鎖後、開票管理者が所定の手続によって開く場合以外、誰も開くことができないものであり、法令の規定を無視して投票箱を開き、又は投票箱の投票を取り出した者は、三年以下の懲役若しくは禁錮又は五〇万円以下の罰金に処せられる（法二二八②）。

六　選挙の平穏を害する罪

(一)　選挙事務関係者、施設等に対する暴力行使罪

投票管理者、開票管理者、選挙長、選挙分会長、立会人又は選挙監視者に暴行若しくは脅迫を加え、投票所、開票所、選挙会場若しくは選挙分会場を混乱させ、又は投票、投票箱その他関係書類を抑留、破壊若しくは奪い取った者は、四年以下の懲役又は禁錮に処せられる（法二二九）。

㈡　凶器携帯罪

選挙に関して、銃砲、刀剣、こん棒その他人を殺傷することのできる物件を携帯した者は、二年以下の禁錮又は三〇万円以下の罰金に処せられる（法二三一①）。このような凶器を携帯して投票所、開票所、選挙会場又は選挙分会場に入った者は、三年以下の禁錮又は五〇万円以下の罰金に処せられる（法二三二）。また、これらの罪を犯した場合、その携帯した物件は没収され（法二三三）、前段の罪の場合、必要と認める場合においては警察官は当該物件を領置することができる（法二三一②）。

㈢　選挙犯罪のせん動罪

買収罪、選挙の自由妨害罪、投票干渉罪等の選挙犯罪を犯させる目的をもって人をせん動した者は、一年以下の禁錮又は三〇万円以下の罰金に処せられる（法二三四）。

七　選挙に関する報道及び評論に関する罪

㈠　新聞紙、雑誌が選挙の公正を害する罪

(1)　新聞紙、雑誌の表現の自由濫用罪

選挙に関して新聞紙、雑誌が報道、評論を掲載する場合に、虚偽の事項を記載したり事実をゆがめて記載する等表現の自由を濫用して選挙の公正を害したときは、その編集を実際に担当した者又はその経営を担当した者は、二年以下の禁錮又は三〇万円以下の罰金に処せられる（法二三五の二Ⅰ）。

(2)　法定の新聞紙等以外の新聞紙又は雑誌の報道評論の掲載禁止違反罪

公選法第一四八条第三項の新聞紙、雑誌及び公選法第二〇一条の一五の機関新聞紙、機関雑誌以外の新聞紙、雑誌が選挙運動の期間中及び選挙の当日、当該選挙に関し報道、評論を掲載したときに成立する。処罰

対象及び刑罰は、(1)と同様である（法二三五の二Ⅱ）。

(3)　新聞紙、雑誌の不法利用等の制限違反罪

当選を得させ又は得させない目的で、新聞紙又は雑誌に対する編集その他経営上の特殊の地位を利用してこれに選挙に関する報道及び評論を掲載し又は掲載させることによって成立し、掲載し又は掲載させた者が処罰される。刑罰については(1)と同様である（法二三五の二Ⅲ）。

(二)　選挙放送等の制限違反罪

(1)　放送によって選挙の公正を害する罪

選挙に関して虚偽の事項を放送し又は事実をゆがめて放送する等表現の自由を濫用して選挙の公正を害したときは、その放送をし又は編集をした者は、二年以下の禁錮又は三〇万円以下の罰金に処せられる（法二三五の四Ⅰ）。

(2)　放送制限違反罪

公選法第一五一条の五の規定に違反して、放送設備を使用して選挙運動のための放送をし又は放送させることによって成立し、当該放送をし又はさせた者が処罰される。刑罰については(1)と同様である（法二三五の四Ⅱ）。

八　公務員等の選挙犯罪

国又は地方公共団体の公務員等については、その職務の性格上、一定の行為が制限され、あるいは他の者に比べて刑罰が加重されている。公務員等の選挙犯罪については、これまでも述べてきた（例えば、選挙事務関係者の買収罪や職権濫用による選挙の自由妨害罪）が、ここでは公務員等のその他の選挙犯罪について項目、条文及

び刑罰のみ掲げておく。

なお、㈠及び㈡の罪に関しては、行政執行法人又は特定地方独立行政法人の役職員及び沖縄振興開発金融公庫の役職員も、対象となるので注意を要する。

㈠　公務員等の地盤培養行為の禁止違反罪（法二三九の二①）　二年以下の禁錮又は三〇万円以下の罰金

㈡　公務員等の地位利用による選挙運動の禁止違反罪（法二三九の二②）　二年以下の禁錮又は三〇万円以下の罰金

㈢　特定公務員等の選挙運動の禁止違反罪（法二四一Ⅱ）　六月以下の禁錮又は三〇万円以下の罰金

㈣　教育者の地位利用禁止違反罪（法二三九①Ⅰ）　一年以下の禁錮又は三〇万円以下の罰金

㈤　立会人の義務懈怠罪（法二三八）　二〇万円以下の罰金

九　公職の候補者等の寄附の制限違反罪

公職の候補者等が公選法一九九条の二の規定に違反して「当該選挙に関し」又は「通常一般の社交の程度」を超えて寄附した場合は一年以下の禁錮又は三〇万円以下の罰金に処せられる。「当該選挙に関しないもの」でかつ「通常一般の社交の程度を超えない」寄附をした者で次の㈠又は㈡以外の寄附をしたものは、五〇万円以下の罰金に処せられる（法二四九の二）。

㈠　公職の候補者等が結婚披露宴に自ら出席してその場においてする当該結婚式に関する祝儀の供与

㈡　公職の候補者等が葬式（告別式を含む。）に自ら出席してその場においてする香典の供与又は当該公職の候補者が葬式の日（葬式が二回以上行われる場合にあっては、最初に行われる葬式の日）までの間に自ら弔問しその場においてする香典の供与

十　その他の選挙犯罪

その他の選挙犯罪については、項目及び条文のみ掲げておくこととする。

㈠　選挙人名簿の抄本等の閲覧に係る命令違反及び報告義務違反（法二三六の二）
㈡　選挙運動の期間制限違反罪（法二三九①Ⅰ）
㈢　選挙事務所の制限違反罪（法二三九①Ⅱ、②、二四〇、二四一Ⅰ、二四二）
㈣　戸別訪問の禁止又は署名運動の禁止違反罪（法二三九①Ⅲ、Ⅳ）
㈤　選挙運動の主体に関する制限違反罪（法二三九①Ⅰ）
㈥　連呼行為の禁止違反罪（法二四三①Ⅰの２）
㈦　自動車、拡声機、船舶の制限違反罪（法二四三①Ⅱ、Ⅱの２、Ⅱの３、二四四①Ⅱ）
㈧　文書図画の制限違反罪（法二四三①Ⅲ、Ⅲの２、Ⅲの３、Ⅳ、Ⅴ、Ⅴの２、Ⅷの２、二四四①Ⅱの２、Ⅱの３、Ⅲ、Ⅳ）
㈨　人気投票の公表の禁止違反罪（法二四二の二）
㈩　飲食物の提供の禁止違反罪（法二四三①Ⅰ）
⑾　気勢を張る行為の禁止違反罪（法二四四①Ⅰ）
⑿　新聞紙、雑誌の頒布、掲示の制限又は新聞広告の制限違反罪（法二四三①Ⅵ、Ⅶ、②）
⒀　演説に関する制限違反罪（法二四三①Ⅷの３、Ⅷの４、Ⅷの６、Ⅸ、Ⅹ、二四四①Ⅴの２、Ⅵ）
⒁　通常葉書の返還義務違反又は通常葉書等の譲渡禁止違反罪（法二四四①Ⅶ、Ⅷ）
⒂　選挙期日後のあいさつ行為の制限違反罪（法二四五）

㈥　収入支出の規制違反罪（法二四六、二四七）
㈦　寄附に関する制限違反罪（法二四八、二四九、二四九の三、二四九の四、二四九の五）
㈧　推薦団体の選挙運動の規制違反罪（法二五二の二）
㈨　政党その他の政治活動を行う団体の政治活動の規制違反罪（法二五二の三）
㈩　立候補に関する虚偽宣誓罪（法二三八の二）
㈪　選挙人等の偽証罪（法二五三）
㈫　あいさつを目的とする有料広告の制限違反罪（法二三五の六）

十一　国外における選挙犯罪

在外選挙制度の創設を契機として、一定の選挙犯罪については、国外犯処罰規定が設けられた（法二五五の三）。国外犯とは、日本国外で犯罪を犯した場合にも処罰することとしている罪をいい、公選法において定められた国外犯は、日本国民に限って処罰の対象とする考え方（国民の国外犯）がとられている。

国外犯として処罰される罪としては、選挙の自由と公正を確保するため特に処罰が必要不可欠な選挙犯罪が定められた（表31参照）。

㈠　選挙犯罪の中で最も選挙の公正を害し、かつ、民主主義を腐敗させるおそれのある買収罪等
㈡　選挙が公正に行われるための基本的条件である選挙の自由を妨害する罪
㈢　公正な方法・手段による投票を阻害する投票干渉罪、詐偽投票罪等
㈣　選挙人の投票に不当な影響を及ぼす公務員等の選挙運動制限違反罪等

国内においては、選挙運動について厳しい制限が課されており、法定のもの以外の文書図画の頒布、掲示、戸

表31　国外犯処罰規定一覧

公職選挙法の条項	内　　容
1.　買収罪の類型	
法221条	買収及び利害誘導罪
法222条	多数人買収及び多数人利害誘導罪
法223条	公職の候補者及び当選人に対する買収及び利害誘導罪
法223条の２	新聞紙、雑誌の不法利用罪
法224条の２	おとり罪
法224条の３　１項及び２項	候補者の選定に関する罪
法234条	選挙犯罪（買収罪等）の煽動罪
2.　自由妨害の類型	
法225条	選挙の自由妨害罪
法226条	職権濫用による選挙の自由妨害罪
法230条	多衆の選挙妨害罪
法231条　１項	凶器携帯罪
法232条	投票所，開票所，選挙会場等における凶器携帯罪
法234条	選挙犯罪（自由妨害罪等）の煽動罪
法235条	虚偽事項の公表罪
法235条の５	氏名等の虚偽表示罪
法235条の６　２項	あいさつを目的とする有料広告の制限違反
3.　投票に関する選挙犯罪の類型	
法228条　１項	投票干渉罪
法229条	選挙事務関係者、施設等に対する暴行罪、騒擾罪等
法234条	選挙犯罪（投票干渉罪等）の煽動罪
法237条	詐偽投票罪
法237条の２	代理投票における記載義務違反
法238条	立会人の義務を怠る罪
4.　公務員等による選挙犯罪の類型	
法227条	投票の秘密侵害罪
法239条　１項１号	選挙権及び被選挙権を有しない者の選挙運動の禁止（第137条の３）違反
法239条の２　２項	公務員等の選挙運動等の制限違反
法241条　２号	特定公務員の選挙運動の禁止（第136条）違反
5.　その他	
法246条　３号及び５号	選挙運動に関する収入及び支出の制限（明細書の提出義務等）違反
法250条　２項	重大な過失による法第246条第３号・第５号違反

別訪問等については、処罰されることとされているが、選挙公営を実施しない国外においては、日本国内における選挙運動規制と同様の規制をすることとすれば、国によっては選挙人から候補者等の選択に必要な情報を得る機会を奪うことにもなりかねず、また、規制の実効も期し難いことから、ビラ、ポスター等の頒布、掲示等の国外の選挙運動については、その行為が国外において完結する限り規制しないこととされている。

なお、国によっては、外国人による政治活動を禁止している国もあることから、外国における選挙運動についてもそれぞれの国の法令等により許される範囲で、外国との摩擦を生じないよう行わなければならない。

第三節　選挙犯罪による当選無効

一　当選人の選挙犯罪による当選無効

当選人が、その選挙に関して、公選法第一六章（罰則）に規定する罪を犯し刑に処せられたとき（執行猶予も含む。）は、何らの手続を要せず裁判の確定と同時にその当選が無効となる。ただし、公選法第二三五条の六（あいさつを目的とする有料広告の制限違反）、第二三六条の二（選挙人名簿の抄本等の閲覧に係る命令違反及び報告義務違反）、第二四五条（選挙期日後のあいさつ行為の制限違反）、第二四六条（選挙運動に関する収入及び支出の規制違反）第二号から第九号まで、第二四八条（寄附の制限違反）、第二四九条の二（公職の候補者等の寄附の制限違反）第三項から第五項まで及び第七項、第二四九条の三（公職の候補者等の関係会社等の寄附の制限違反）、第二四九条の四（公職の候補者等の氏名等を冠した団体の寄附の制限違反）、第二四九条の五（後援団体に関する寄附等の制限違反）第一項及び第三項、第二五二条の二（推薦団体の選挙運動の規制違反）、第二五二条の三（政党その他の政治活動を行う団体の政治活動の規制違反）並びに第二五三条（選挙人等の偽証罪）の罪は除かれる（法二五一）。

二　連座制による当選無効

㈠　総括主宰者、出納責任者等の選挙犯罪による当選無効等

総括主宰者、出納責任者（事実上の出納責任者を含む。）、地域主宰者、候補者又は立候補予定者の一定の親族、候補者又は立候補予定者の秘書が、公選法第二二一条（買収及び利害誘導罪）、第二二二条（多数人買収及び多数人利害誘導罪）、第二二三条（候補者及び当選人に対する買収及び利害誘導罪）又は第二二三条の二（新聞紙、雑誌の不法利用罪）の罪を犯し刑に処せられたとき（一定の親族又は秘書については、これらの罪を犯し禁錮以上の刑に処せられたとき（執行猶予を含む。））は、その当選人の当選は無効となる（法二五一の二①）。

また出納責任者が、公選法第二四七条（選挙費用の法定額違反）の罪を犯し刑に処せられたときも同様である（法二五一の二③）。

なお、衆議院比例代表選挙については、連座制は適用がないが（法二五一の二⑤）、衆議院選挙の重複立候補者で小選挙区で連座制が適用になったものは、比例代表の当選も無効になる（ただし、買収罪等がおとり、寝返りによって行われた場合は免責される。）。また、参議院比例代表選挙については、名簿登載者のために行う選挙運動に限り、連座制が適用される。

さらに、連座制の効果としては、当選無効に加え、連座裁判の確定等のときから五年間、同一選挙の同一選挙区（選挙区がないときは、選挙の行われる区域）からは立候補することができない（ただし、おとり、寝返

りの場合は免責される。）。

(二)　組織的選挙運動管理者等の選挙犯罪による当選無効等

組織的選挙運動管理者等が、買収罪等の罪を犯し、禁錮以上の刑に処せられたとき（執行猶予を含む。）は、当該公職の候補者等であった者の当選は無効とし、かつ、これらの者は、連座裁判確定のときから五年間、同一選挙の同一選挙区（選挙区がないときは、選挙の行われる区域）からは立候補することができない（法二五一の三）。

ここで組織的選挙運動管理者等とは、公職の候補者又は候補者となろうとする者と意思を通じて組織により行われる選挙運動において、当該選挙運動の計画の立案若しくは調整又は当該選挙運動に従事する者の指揮若しくは監督その他当該選挙運動の管理を行う者をいう。

これは、選挙運動の計画・作戦の立案調整、情報の収集分析、運動員の指揮監督、資金の調達などの管理の行為を行う者を捉える概念であり、一定の地域あるいは一定の分野の全部又は一部において、組織により行われる選挙運動の中心となって取りまとめている人、それを補佐する立場の人、それらの者と一緒になって選挙運動の重要な部分を担当する参謀格の人など、選挙運動を行う組織の構成員の選挙運動の在り方を決定し、実行させる行為を行う者をいう。

組織的選挙運動管理者等を連座の対象としたのは、候補者や立候補予定者に対し、選挙の浄化に向けた重い責任を課すことにより、選挙の腐敗をなくしていこうというものであり、候補者等に選挙浄化の責任を負わせている。従来の連座制は候補者と一定の関係にある者が悪質な違反行為をしたことはその候補者のための選挙運動が全体的に悪質な方法により行われたということを推認させるため、不法な手段によって得られた選挙結果を覆して選挙の公正を回復する点に主な目的があると説明されてきたが、この規定はそれとは異なる新しい考え方に基づき平成六年に設けられたものである。

このような候補者等の責任を問うという考え方があるので、一定の場合は連座制が適用されず、免責される。すなわち、組織的選挙運動管理者等の買収罪等に該当する行為がおとり若しくは寝返りにより行われたものであるとき又は当該公職の候補者等が当該行為を防止するため相当の注意を怠らなかったときは、連座制を適用しないものとされている。

また、「意思を通じて」とは、公職の候補者等とその組織の総括者（例えば、政党の都道府県連の会長・支部長、後援会長、社長、委員長等が該当する場合が多いと思われる。）との間に組織により選挙運動を行うことについての意思の連絡（暗黙のうちに相互の意思の疎通がある場合も含む。）があることをいい、組織的選挙運動管理者等との間で意思を通ずる必要はないこと、買収罪等を犯すことについて意思を通ずる必要はないことに留意する必要がある。

なお、衆議院比例代表選挙については、連座制の適用はないが、重複立候補者については㈠と同様である。また、参議院比例代表選挙については、名簿登載者のために行う選挙運動に限り、連座制が適用される。

㈢　公務員等の選挙犯罪による当選無効

国又は地方公共団体の公務員、行政執行法人又は特定地方独立行政法人の役職員及び沖縄振興開発金融公庫の役職員（公職にある者を除く。）であった者が、その職を離れた日以後三年以内に行われる国会議員の選挙のうち最初に立候補した選挙で当選した場合に、その者と職務上関係のあった者が、その当選人のために行った選挙運動等によって一定の選挙犯罪（法二二一、二二二、二二三、二二三の二、二二五、二二六、二三九①Ｉ・Ⅲ・Ⅳ、二三九の二）を犯して刑に処せられたときは、その当選人の当選は無効となる（法二五一の四①）。

なお、衆議院比例代表選挙については、適用がない（法二五一の四②）。

㈣　連座制による当選無効等に関する訴訟

公選法は、㈠から㈢までに述べたように連座制による当選人の当選無効及び立候補制限の規定を置いているが、このような刑事裁判の結果によって直ちに当選無効等の効果が生じるものとはせず、同法第二一〇条で当該当選人が当選無効とならないこと等の確認を求める訴訟を提起できることとし、あるいは第二一一条で検察官が当該当選人の当選無効等を求める訴訟を提起しなければならないこととしており、現実に当選無効等となるにはこれらの結果を待つ必要がある。

(1)　連座制による当選の効力及び立候補の資格に関する訴訟等

総括主宰者、出納責任者（事実上の出納責任者を含む。）、地域主宰者が一定の選挙犯罪（法二二一③、二二二③、二二三③、二二三の二②）により刑に処せられた場合又は出納責任者が公選法第二四七条（選挙費用の法定額違反）の規定により刑に処せられた場合には、これらの者に係る当選人が当該裁判所からこれらの者の処刑の通知（法二五四の二）を受けたときは、当該当選人は検察官を被告とし、通知を受けた日から三〇日以内に、高等裁判所に、これらの者が当該当選人の総括主宰者等に該当しないことあるいは立候補制限等について免責事由に該当することを理由とし、当該当選が無効とならないこと、立候補制限がかからないことの確認を求める訴訟を提起することができる（法二一〇①）。

当選無効等の効果は、この訴訟において原告（当選人）敗訴の判決が確定したとき、この訴訟を提起しないで出訴期間が経過したとき又はこの訴訟において訴えの取下げがあったときに生じる（法二五一の五）。

(2)　連座制における当選無効及び立候補禁止の訴訟

(1)に該当する場合を除き、連座制の適用により当該当選人の当選が無効であり、立候補制限がかかると認める検察官は、当選人を被告として、総括主宰者、出納責任者、地域主宰者、一定の親族、秘書、組織的選挙運動管理者等又は当該当選人と関係のある公務員等が犯した連座制の適用のある選挙犯罪について有罪の裁判が確定した日から三〇日以内に、高等裁判所に当選無効訴訟を提起しなければならない（法二一一）。

この訴訟は、(1)で除かれている一定の親族、秘書、組織的選挙運動管理者等及び公務員等の選挙犯罪による連座制の場合のみでなく、総括主宰者、出納責任者、地域主宰者が実質上はその地位にありながら刑事裁判においてはそれが認定されないまま刑が確定し、その後新たな証拠が出てきて総括主宰者等であることが判明する場合にも適用される。

当選無効の効果は、この訴訟において原告（検察官）勝訴の判決が確定したときに生じる（法二五一の五）。

第四節　選挙権及び被選挙権の停止

選挙犯罪を犯した者は、それぞれ当該法条による刑罰を科せられるが、処刑者は、一定の場合を除き、更に一定期間、選挙権及び被選挙権（公民権）を停止される（法二五二）。この停止期間中は投票すること（法一一、四三）も立候補すること（法八六の八）もできず、また選挙運動をすることもできない（法一三七の三）。

選挙権及び被選挙権を停止される期間は、その犯した罪及び刑罰の種類によって異なる。

一　罰金刑の場合

公選法第二三六条の二第二項（選挙人名簿の抄本等の閲覧に係る報告義務違反）、第二四〇条（選挙事務所、休憩所等の制限違反）、第二四二条（選挙事務所設置の届出違反）、第二四四条（選挙運動に関する各種制限違反、その二）、第二四五条（選挙期日後のあいさつ行為の制限違反）、第二五二条の二（推薦団体の選挙運動の規制違反）、第二五二条の三（政党その他の政治活動を行う団体の政治活動の規制違反）及び第二五三条（選挙人等の偽証罪）の罪を除き、同法第一六章に掲げる罪を犯し、

㈠　罰金刑に処せられた者は、その裁判が確定した日から五年間

㈡　罰金刑に処せられ刑の執行猶予の言渡しを受けた者は、その裁判が確定した日から刑の執行を受けることがなくなるまでの間

選挙権及び被選挙権を停止される（法二五二①）。

二　禁錮以上の刑の場合

公選法第二五三条（選挙人等の偽証罪）の罪を除き、同法第一六章に掲げる罪を犯し、禁錮以上の刑に処せられた者は、次に掲げる期間、選挙権及び被選挙権を停止される（法二五二②）。

㈠　その裁判が確定した日から刑の執行を終わるまでの間及びその後五年間

㈡　刑の執行の免除を受けた場合は、刑の時効による場合を除いて、その免除を受けるまでの間及びその後五年間

㈢　刑の執行猶予の言渡しを受けた場合はその執行猶予の期間、大赦若しくは特赦又は刑の時効により刑の執行を受けることがなくなった場合はそれまでの間（この場合は五年間の付加期間はない。）

三　累犯者の場合

公選法第二二一条から第二二三条までの買収罪や利害誘導罪又は第二二三条の二の新聞紙、雑誌の不法利用罪

の罪を犯して刑に処せられた者が更にこれらの罪を犯し刑に処せられたときは、一の㈠及び二の㈠、㈡の五年間の付加期間は一〇年間とされる（法二五二③）。なお、この場合、刑法第三四条の二第一項の規定により、罰金以下の刑の執行を終えた者が罰金以上の刑に処せられないで五年を経過したときは、刑の言い渡しは効力を失うとされていることから、その時点で選挙権及び被選挙権が回復することとなる。

四　停止期間の短縮

一から三のように、選挙犯罪の処刑者は、一定期間選挙権及び被選挙権を停止されるのであるが、裁判所は情状によって、刑の言渡しと同時に選挙権及び被選挙権を停止しない旨又は停止する期間を短縮する旨を宣告することができる。しかし、買収等（法二二一から二二三の二まで）の悪質な罪を犯した者又は禁錮以上の刑に処せられた者については、停止期間の短縮を宣告することはできるが、停止しない旨を宣告することはできない（法二五二④）。

第三編　外国の選挙制度

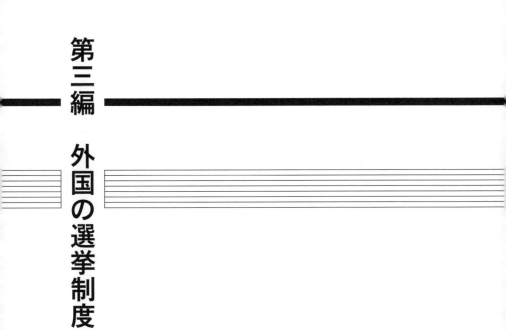

選挙は、古代ギリシアの都市国家においても既に行われていたとされるが、そこでの選挙はあくまでも、特定の身分や階級の代表を選ぶためのものであり、選挙権の資格も非常に限定されたものでしかなかった。国民の代表を選挙によって選出するという代議制民主主義に不可欠の要素である近代選挙制度は、議会政治、立憲政治と不可分の関係にあり、イギリス等の欧米の諸国において発展をみたものである。ここでは、英・米・独・仏の諸国における現行の選挙制度の概要を述べ、最後に諸外国の選挙制度の一覧表を掲げることにする。

一　イギリス

イギリスは典型的な議院内閣制をとっており、イギリス議会は非公選の貴族から構成される上院と公選の議員から構成される下院とからなる。ここでは、下院議員の選挙制度について簡単に述べる。

総定数は六五〇人で、任期は五年（解散はある。）であり、一人一区の小選挙区制をとっているため、選挙区数も六五〇である。また、選挙権年齢は一八歳以上、被選挙権年齢も一八歳以上となっている。

投票については、候補者の氏名、住所、党派等が印刷された投票用紙を用い、投票しようとする候補者一人（一人一票）の氏名の右側に×印をつけるという記号式投票方法がとられており、当選人の決定方法は、最高得票を得た候補者を当選人とする比較多数得票主義である。

二　アメリカ

アメリカ合衆国は連邦制をとっており、大統領選挙や連邦議会議員の選挙についても、連邦法で規定される事項以外は、各州法で定められている。

(一) 連邦議会議員の選挙

アメリカの連邦議会は、上院と下院の二院から構成される。

下院は、総定数四三五人、任期二年（解散はない。）で、各州にその人口に応じた議員定数が配分されている。選挙権は、アメリカ社会の歴史的な事情から憲法で人種、体色等により差別することが禁止されている。年齢要件が一八歳以上とされているほかは、各州法によって選挙権の内容に差異がある。被選挙権の要件は、年齢二五歳以上で七年以上合衆国市民であり、選挙の行われる際に選出される州の住民であること等が必要とされている。また、選挙区は一人一区の小選挙区制であり、当選人の決定方法は、一般に比較多数得票主義をとっている。

上院は、各州から人口にかかわらず二人ずつ選出される議員一〇〇人から構成され、任期は六年であるが、二年ごとに約三分の一ずつ改選される。選挙権は下院と同様であるが、被選挙権の要件は、年齢三〇歳以上で九年以上合衆国市民であり、選挙の行われる際にその州の住民であること等が必要とされている。

(二) 大統領の選挙

大統領の任期は四年であるが、憲法で三選が禁止されている。選挙権の要件は、ほぼ下院議員の選挙の場合と同様であるが、一定の住所要件は必要とされていない。被選挙権の要件としては、年齢三五歳以上の生まれながらの合衆国市民であって一四年以上合衆国内に住所を有する者であることとされている。

大統領の選挙は、間接選挙制を採用しているため独特のしくみで行われている。つまり、各州において一般有権者が一般選挙によってまず大統領選挙人を選び、次にこの大統領選挙人が大統領を選挙するというものである。大統領選挙人は、各州ごとにその州における連邦議会の上院・下院の議員数に等しい定数（ワシントン

DCは三人）が割り当てられる。各政党は、それぞれ大統領選挙人の候補者を指名し、有権者による一般投票はいずれかの政党の大統領選挙人団を選ぶこととなる。そして、ある政党が有権者の投票を一票でも多く獲得すれば、原則としてその州の大統領選挙人団を独占できることとなっている（メイン州、ネブラスカ州を除く。）。さらに、大統領選挙人の投票総数の過半数以上の得票を得た候補者が、大統領に選任される。いずれの候補者も過半数の得票を得られなかった場合には、得票数の多い上位三者について下院議員による州単位（各州一票）の決選投票によって大統領を選任する。

三　ドイツ

ドイツは連邦制をとっており、アメリカ合衆国と同様、州（ここでは、以下「邦」と呼ぶことにする。）権が強いのが特色である。連邦の政治機構は、大統領、連邦政府、国会（連邦議会、連邦参議院）から成っている。大統領はアメリカと異なり大きな権限はないが、一定の場合に議会を解散することができる。また、連邦政府の長たる首相は、大統領の提議に基づいて連邦議会が選挙する。したがって、一種の議院内閣制がとられている。

㈠　国会議員の選挙

ドイツの国会は、連邦議会（下院）と連邦参議院（上院）の二院制である。

連邦議会は、総定数六三〇、任期四年（解散あり）の議員から構成される。各選挙人は小選挙区候補者に対する第一票と政党の提出する候補者名簿に対する第二票の二票を有しており、小選挙区は二九九議席である。議席配分の方法はまず、各党の連邦全体での第二票の得票数に応じて、六三〇議席を比例配分する（上位配分）。次に、その配分議席を、各党の各邦における第二票の得票数に応じて邦ごとに配分する（下位配分）。ここで、小選挙区において最多の第一票を得た者の数（A）と邦ごとの各党の配分議席数（B）について、A＜Bの場合には、小選挙区の勝者が全員当選したうえで、B－A議席分は各党の邦ごとの比例名簿の上位から当選人となる。他方でA＞Bの場合は、小選挙区選挙における第一票得票率の高い順に当選人となり、小選挙区の最多得票者でも得票率が低ければ当選しない場合が生ずる。

なお、従来は、第一票による小選挙区当選者数と第二票による比例配分議席数の差を、議員数の増加により調整する仕組み（超過議席・調整議席）が採用されていたため、本来の定数（五九八議席）よりも多くの議員が選出されることが通例となっていた。二〇二一年の選挙では七三六人が当選し、議会の肥大化への批判が高まった結果、選挙制度の見直しが議論され、二〇二三年六月の法改正により現行の制度となった。改正前の制度において議席の比例配分の対象となるためには、第二票の得票数が全国で五％以上であるか、小選挙区選挙での当選人が三名以上の政党である必要があったが、この改正により後者の要件は撤廃されることとなった。また、選挙権年齢は一八歳以上、被選挙権年齢も一八歳以上となっている。

連邦参議院は、選挙によらず、各邦政府によって任命される各邦政府の閣僚などによって構成される。定数は人口に応じて各邦に割り当てられている。また、連邦参議院議員の任期は不定であり、邦政府が任免を行う。

(二)　大統領の選挙

大統領は、間接選挙の一種である複選制によって選出される。大統領を選挙する選挙人団は連邦会議であり、連邦会議は、連邦議会議員と比例代表制により各邦の議会から選挙された同数の議員で構成される。大統領になり得る資格は、四〇歳以上のドイツ人で連邦議会議員の選挙権を有することであり、任期は五年で連続しての再選は一回しか認められない。そして、連邦会議の議員の投票の過半数を獲得した者が当選人となる。

第一回の投票で過半数を得る者がなければ、第二回目の投票が行われ、そこでも過半数を得た者がなければ、更に第三回目の投票が行われ、そこで最多得票を得た者が当選人となる。

四　フランス

フランスでは、大統領が首相を任命する権限をもっており、内閣の構成員は首相が任命し、内閣は国会に対して責任を負うことになっている。また、国会は国民議会（下院）と元老院（上院）の二院制であるが、国民議会の議員は直接選挙、元老院の議員は間接選挙となっている。

(一)　国会議員の選挙

国民議会は、総定数五七七人で任期は五年である（解散はある。）。選挙権年齢は一八歳以上であり、被選挙権年齢も一八歳以上である。選出方法は、従前は小選挙区二回投票制であったが、一九八五年の選挙法改正により、各県を単位とした選挙区ごとに、比例代表制により選出されることとなり、比例代表制による選挙が一度行われた。しかし、一九八六年の選挙法改正により、再び小選挙区二回投票制に戻され、一九八八年の選挙から施行されている。なお、在外フランス人代表については、二〇一二年の選挙から議席が設けられ、全世界を一一の在外選挙区に分け、直接選挙が実施されている。

元老院は定数三四八人、任期は六年であり、三年ごとに約半数が改選されることになっている。選挙が行われる地域は、フランス本国、海外県及び海外領土のほか、在外フランス人代表にも一定の定数が割り当てられている。この選挙は一種の間接選挙であり、国民議会議員、元老院議員、州議会議員、県議会議員の全員及び市町村議会の代表が選挙人となる。また、被選挙権年齢は二四歳以上であり、選挙区は原則として各県の区域とされる。選出方法は、選挙区によって、定数二以下の選挙区は完全連記二回投票制又は小選挙区二回投票制、定数三以上の選挙区は拘束名簿式比例代表制がとられる。

(二) 大統領の選挙

大統領は任期五年（連続二期まで）であり、直接選挙によって選出される。選挙権年齢は一八歳以上であり、被選挙権年齢も一八歳以上である。

そして、第一回投票で有効投票総数の過半数を獲得した候補者が当選人となる。過半数獲得者がなければ、二週間後に第二回投票として上位二名による決選投票が行われ、相対多数を獲得した候補者が当選人となる。

表32　各国下院選挙制度一覧

国名	総定数	任期	選挙権年齢	被選挙権年齢	投票方法	選挙区、選出方法
アメリカ合衆国	435人	2年（解散なし）	18歳	25歳	候補者に投票	直接選挙（小選挙区制）最多得票者が当選（ジョージア州、ルイジアナ州、メイン州及びアラスカ州では過半数を得た者が当選）
イギリス	650人	5年（解散あり）	18歳	18歳	候補者に投票	直接選挙（小選挙区制）最多得票者が当選
ドイツ	630人	4年（解散あり）	18歳	18歳	第一票を小選挙区候補者に、第二票を各邦の政党の名簿に投票（拘束名簿式）	直接選挙（比例代表制）（注2）

フランス	577人	５年（解散あり）	18歳	18歳	候補者に投票	直接選挙（小選挙区二回投票制）（注３）
イタリア	400人（小選挙区147人、比例代表245人、在外選挙区８人）	５年（解散あり）	18歳	25歳	一票制（注４）	直接選挙（小選挙区比例代表並立制） 小選挙区選挙は最多得票者が当選 比例代表選挙は拘束名簿式で、全国単位で議席配分（阻止条項あり） 在外選挙区選挙は比例代表制で選出
カナダ	338人	４年（解散あり）	18歳	18歳	候補者に投票	直接選挙（小選挙区制） 最多得票者が当選

（注１）本表、次表及び本編の記述は、国立国会図書館調査及び立法考査局政治議会調査室・課資料等によっている。

（注２）第二票に基づき各党に議席が配分されるが、個別の当選人の決定に当たっては小選挙区選挙の立候補者が得票率に応じて優先される。

（注３）第一回投票で有効投票の過半数、かつ有権者の¼以上の票を得た者が当選する。第一回投票において当選者が存在しない場合には、有権者の⅛以上の得票者（該当者が２人未満の場合上位２人）が一週間後の第二回投票の候補者となり、最多得票者が当選する。

（注４）　有権者は、小選挙区の候補者１名と比例代表の候補者名簿が連結された１つのグループを選択する。なお、複数の候補者名簿を連合させて小選挙区の候補者１名と連結することも可能である。

表33　各国上院選挙制度一覧

国名	総定数	任期	選挙権年齢	被選挙権年齢	投票方法	選挙区、選出方法
アメリカ合衆国	100人	6年（解散なし）（2年ごとに定数の1/3ずつ改選）	18歳	30歳	候補者に投票	直接選挙（州の区域を選挙区とする事実上の小選挙区制）最多得票者が当選（ジョージア州、ルイジアナ州、メイン州及びアラスカ州では過半数を得た者が当選）
イギリス	なし	終身（一部を除く）	—	21歳（有資格年齢）	—	非公選制（大主教及び主教の聖職貴族、首相の助言に基づき国王が任命する一代貴族、世襲貴族により構成される。）
ドイツ	票数　69票（各邦3～6票）	不定	—	18歳（有資格年齢）	—	任命制（邦政府が各邦に割り当てられた票数と同数の邦

						政府構成員（邦政府の首相、閣僚など）を議員に任命）
フランス	348人	６年（解散なし）（３年ごとに定数の約½ずつ改選）	18歳	24歳	候補者に対する投票又は政党に対する投票	間接選挙（複選制）（注５）
イタリア	200人（小選挙区74人、比例代表122人、在外選挙区４人）※他に終身議員（2023年１月現在６名）	５年（解散あり）	18歳	40歳	一票制（注４）	直接選挙（小選挙区比例代表並立制） 小選挙区選挙は最多得票者が当選 比例代表選挙は拘束名簿式で、州単位で議席配分（阻止条項あり） 在外選挙区選挙は比例代表制で選出
カナダ	105人	なし（75歳定年）	—	30歳（有資格年齢）	—	任命制（首相の助言に基づき、総督が任命）

（注５）　選挙人団（県内選出の下院議員及び上院議員、州議会議員、県会議員、市町村会議員代表）による間接選挙である。定数２人以下の選挙区においては定数に応じて完全連記二回投票制又は小選挙区二回投票制により、定数３人以上の選挙区においては拘束名簿式比例代表制により選出する。なお、在外選挙区においては、海外在留フランス人の代表機関である在外フランス人議会で12人を選出する。

参考資料

一　衆議院（小選挙区選出）議員の選挙区（令和5年9月1日現在）

北海道

第一区

札幌市

中央区

北区

本庁管内

北六条西一丁目、北六条西二丁目、北六条西三丁目、北六条西四丁目、北六条西五丁目、北六条西六丁目、北六条西七丁目、北六条西八丁目、北六条西九丁目、北七条西一丁目、北七条西二丁目、北七条西三丁目、北七条西四丁目、北七条西五丁目、北七条西六丁目、北七条西七丁目、北七条西八丁目、北七条西九丁目、北七条西十丁目、北八条西一丁目、北八条西二丁目、北八条西三丁目、北八条西四丁目、北八条西五丁目、北八条西六丁目、北八条西七丁目、北八条西八丁目、北八条西九丁目、北八条西十丁目、北八条西十一丁目、北九条西一丁目、北九条西二丁目、北九条西三丁目、北九条西四丁目、北九条西五丁目、北九条西六丁目、北九条西七丁目、北九条西八丁目、北九条西九丁目、北九条西十丁目、北九条西十一丁目、北十条西一丁目、北十条西二丁目、北十条西三丁目、北十条西四丁目、北十条西五丁目、北十条西六丁目、北十条西七丁目、北十条西八丁目、北十条西九丁目、北十条西十丁目、北十条西十一丁目、北十一条西一丁目、北十一条西二丁目、北十一条西三丁目、北十一条西四丁目、北十一条西五丁目、北十一条西六丁目、北十一条西七丁目、北十一条西八丁目、北十一条西九丁目、北十一条西十丁目、北十一条西十一丁目、北十二条西五丁目、北十二条西六丁目、北十二条西七丁目、北十二条西八丁目、北十二条西九丁目、北十二条西十丁目、北十二条西十一丁目、北十二条西十二丁目、北十三条西五丁目、北十三条西六丁目、北十三条西七丁目、北十三条西八丁目、北十三条西九丁目、北十三条西十丁目、北十三条西十一丁目、北十三条西十二丁目、北十四条西五丁目、北十四条西六丁目、北十四条西七丁目、北十四条西八丁目、北十四条西九丁目、北十四条西十丁目、北十四条西十一丁目、北十四条西十二丁目、北十四条西十三丁目、北十五条西六丁目、北十五条西七丁目、北十五条西八丁目、北十五条西九丁目、北十五条西十丁目、北十五条西十一丁目、北十五条西十二丁目、北十五条西十三丁目、北十六条西六丁目、北十六条西七丁目、北十六条西八丁目、北十六条西九丁目、北十六条西十丁目、北十六条西十一丁目、北十六条西十二丁目、北十六条西十三丁目、北十七条西七丁目、北十七条西八丁目、北十七条西九丁目、北十七条西十丁目、北十七条西十一丁目、北十七条西十二丁目、北十七条西十三丁目

南区

西区

山の手一条一丁目、山の手一条二丁目、山の手一条三丁目、山の手一条四丁目、山の手一条五丁目、山の手一条六丁目、山の手一条七丁目、山の手一条八丁目、山の手一条九丁目、山の手一条十丁目、山の手一条十一丁目、山の手一条十二丁目、山の手一条十三丁目、山の手二条一丁目、山の手二条二丁目、山の手二条三丁目、山の手二条四丁目、山の手二条五丁目、山の手二条六丁目、山の手二条七丁目、山の手二条八丁目、山の手二条九丁目、山の手二条十丁目、山の手二条十一丁目、山の手二条十二丁目、山の手三条一丁目、山の手三条二丁目、山の手三条三丁目、山の手三条四丁目、山の手三条五丁目、山の手三条六丁目、山の手三条七丁目、山の手三条八丁目、山の手三条九丁目、山の手三条十丁目、山の手三条十一丁目、山の手三条十二丁目、山の手四条一丁目、山の手四条二丁目、山の手四条三丁目、山の手四条四丁目、山の手四条五丁目、山の手四条六丁目、山の手四条七丁目、山の手四条八丁目、山の手四条九丁目、山の手四条十丁目、山の手四条十一丁目、山の手五条一丁目、山の手五条二丁目、山の手五条三丁目、山の手五条四丁目、山の手五条五丁目、山の手五条六丁目、山の手五条七丁目、山の手五条八丁目、山の手五条九丁目、山の手五条十丁目、山の手六条一丁目、山の手六条二丁目、山の手六条三丁目、山の手六条四丁目、山の手六条五丁目、山の手六条六丁目、山の手六条七丁目、山の手六条八丁目、山の手六条九丁目、山の手七条五丁目、山の手七条六丁目、山の手七条七丁目、山の手七条八丁目、山の手、二十四軒一条一丁目、二十四軒一条二丁目、二十四軒一条三丁目、二十四軒一条四丁目、二十四軒一条五丁目、二十四軒一条六丁目、二十四軒一条七丁目、二十四軒二条一丁目、二十四軒二条二丁目、二十四軒二条三丁目、二十四軒二条四丁目、二十四軒二条五丁目、二十四軒二条六丁目、二十四軒二条七丁目、二十四軒三条一丁目、二十四軒三条二丁目、二十四軒三条三丁目、二十四軒三条四丁目、二十四軒三条五丁目、二十四軒三条六丁目、二十四軒三条七丁目、二十四軒四条一丁目、二十四軒四条二丁目、二十四軒四条三丁目、二十四軒四条四丁目、二十四軒四条五丁目、二十四軒四条六丁目、二十四軒四条七丁目、琴似一条一丁目、琴似一条二丁目、琴似一条三丁目、琴似一条四丁目、琴似一条五丁目、琴似一条六丁目、琴似一条七丁目、琴似二条一丁目、琴似二条二丁目、琴似二条三丁目、琴似二条四丁目、琴似二条五丁目、琴似二条六丁目、琴似二条七丁目、琴似三条一丁目、琴似三条二丁目、琴似三条三丁目、琴似三条四丁目、琴似三条五丁目、琴似三条六丁目、琴似三条七丁目、琴似四条一丁目、琴似四条二丁目、琴似四条三丁目、琴似四条四丁目、琴似四条五丁目、琴似四条六丁目、琴似四条七丁目、発寒六条十四丁目、発寒七条十四丁目、発寒八条十三丁目（十四番に限る）、発寒八条十四丁目、発寒九条十三丁目（五

番から七番までに限る。）、発寒九条十四丁目、小別沢、宮の沢一条一丁目、宮の沢一条二丁目、宮の沢一条三丁目、宮の沢一条四丁目、宮の沢一条五丁目、宮の沢二条一丁目、宮の沢二条二丁目、宮の沢二条三丁目、宮の沢二条四丁目、宮の沢二条五丁目、宮の沢三条二丁目、宮の沢三条三丁目、宮の沢三条四丁目、宮の沢三条五丁目、宮の沢四条三丁目、宮の沢四条四丁目、宮の沢四条五丁目、宮の沢、西町南一丁目、西町南二丁目、西町南三丁目、西町南四丁目、西町南五丁目、西町南六丁目、西町南七丁目、西町南八丁目、西町南九丁目、西町南十丁目、西町南十一丁目、西町南十二丁目、西町南十三丁目、西町南十四丁目、西町南十五丁目、西町南十六丁目、西町南十七丁目、西町南十八丁目、西町南十九丁目、西町南二十丁目、西町南二十一丁目、西町北一丁目、西町北二丁目、西町北三丁目、西町北四丁目、西町北五丁目、西町北六丁目、西町北七丁目、西町北八丁目、西町北九丁目、西町北十丁目、西町北十一丁目、西町北十二丁目、西町北十三丁目、西町北十四丁目、西町北十五丁目、西町北十六丁目、西町北十七丁目、西町北十八丁目、西町北十九丁目、西町北二十丁目、西野一条一丁目、西野一条二丁目、西野一条三丁目、西野一条四丁目、西野一条五丁目、西野一条六丁目、西野一条七丁目、西野一条八丁目、西野一条九丁目、西野二条一丁目、西野二条二丁目、西野二条三丁目、西野二条四丁目、西野二条五丁目、西野二条六丁目、西野二条七丁目、西野二条八丁目、西野二条九丁目、西野二条十丁目、西野三条一丁目、西野三条二丁目、西野三条三丁目、西野三条四丁目、西野三条五丁目、西野三条六丁目、西野三条七丁目、西野三条八丁目、西野三条九丁目、西野三条十丁目、西野四条一丁目、西野四条二丁目、西野四条三丁目、西野四条四丁目、西野四条五丁目、西野四条六丁目、西野四条七丁目、西野四条八丁目、西野四条九丁目、西野四条十丁目、西野五条一丁目、西野五条二丁目、西野五条三丁目、西野五条四丁目、西野五条五丁目、西野五条六丁目、西野五条七丁目、西野五条八丁目、西野五条九丁目、西野五条十丁目、西野六条一丁目、西野六条二丁目、西野六条三丁目、西野六条四丁目、西野六条五丁目、西野六条六丁目、西野六条七丁目、西野六条八丁目、西野六条九丁目、西野六条十丁目、西野七条一丁目、西野七条二丁目、西野七条三丁目、西野七条四丁目、西野七条五丁目、西野七条六丁目、西野七条七丁目、西野七条八丁目、西野七条九丁目、西野七条十丁目、西野八条一丁目、西野八条二丁目、西野八条三丁目、西野八条四丁目、西野八条五丁目、西野八条六丁目、西野八条七丁目、西野八条八丁目、西野八条九丁目、西野八条十丁目、西野九条三丁目、西野九条四丁目、西野九条五丁目、西野九条六丁目、西野九条七丁目、西野九条八丁目、西野九条九丁目、西野十条六丁目、西野十条七丁目、西野十条八丁目、西野十条九丁目、西野十一条七丁目、西野十一条八丁目、西野十一条九丁目、西野十二条八丁目、西野十三条八丁目、西野十四条八丁目、西野、福井一丁目、福井二丁目、福井三丁目、福井四丁目、福井五丁目、福井六丁目、福井七丁目、福井八丁目、福井九丁目、福井十丁目、福井、平和一条二丁目、平和一条三丁目、平和一条四丁目、平和一条五丁目、平和一条六丁目、平和一条七丁目、平和一条八丁目、平和一条九丁目、平和一条十丁目、平和一条十一丁目、平和二条一丁目、平和二条二丁目、平和二条三丁目、平和二条四丁目、平和二条五丁目、平和二条六丁目、平和二条七丁目、平和二条八丁目、平和二条九丁目、平和二条十丁目、平和二条十一丁目、平和三条四丁目、平和三条五丁目、平和三条六丁目、平和三条七丁目、平和三条八丁目、平和三条九丁目、平和三条十丁目、平和

第二区

札幌市

北区　第一区に属しない区域

東区

第三区

札幌市

白石区

菊水一条一丁目、菊水一条二丁目、菊水一条三丁目、菊水一条四丁目、菊水二条一丁目、菊水二条二丁目、菊水二条三丁目、菊水三条一丁目、菊水三条二丁目、菊水三条三丁目、菊水三条四丁目、菊水三条五丁目、菊水四条一丁目、菊水四条二丁目、菊水四条三丁目、菊水五条一丁目、菊水五条二丁目、菊水五条三丁目、菊水六条一丁目、菊水六条二丁目、菊水六条三丁目、菊水六条四丁目、菊水七条一丁目、菊水七条二丁目、菊水七条三丁目、菊水七条四丁目、菊水八条一丁目、菊水八条二丁目、菊水八条三丁目、菊水八条四丁目、菊水九条一丁目、菊水九条二丁目、菊水九条三丁目、菊水九条四丁目、菊水上町一条一丁目、菊水上町一条二丁目、菊水上町一条三丁目、菊水上町一条四丁目、菊水上町二条一丁目、菊水上町二条二丁目、菊水上町二条三丁目、菊水上町二条四丁目、菊水上町三条一丁目、菊水上町三条二丁目、菊水上町三条三丁目、菊水上町三条四丁目、菊水上町四条一丁目、菊水上町四条二丁目、菊水上町四条三丁目、菊水上町四条四丁目、菊水上町、菊水元町一条一丁目、菊水元町一条二丁目、菊水元町一条三丁目、菊水元町一条四丁目、菊水元町一条五丁目、菊水元町二条一丁目、菊水元町二条二丁目、菊水元町二条三丁目、菊水元町二条四丁目、菊水元町二条五丁目、菊水元町三条一丁目、菊水元町三条二丁目、菊水元町三条三丁目、菊水元町三条四丁目、菊水元町三条五丁目、菊水元町四条一丁目、菊水元町四条二丁目、菊水元町四条三丁目、菊水元町五条一丁目、菊水元町五条二丁目、菊水元町五条三丁目、菊水元町六条一丁目、菊水元町六条二丁目、菊水元町六条三丁目、菊水元町六条四丁目、菊水元町七条一丁目、菊水元町七条二丁目、菊水元町七条三丁目、菊水元町七条四丁目、菊水元町八条一丁目、菊水元町八条二丁目、菊水元町八条三丁目、菊水元町九条一丁目、菊水元町九条二丁目、菊水元町十条一丁目、菊水元町、米里一条一丁目、米里一条二丁目、米里一条三丁目、米里一条四丁目、米里二条一丁目、米里二条二丁目、米里二条三丁目、米里二条四丁目、米里三条一丁目、米里三条二丁目、米里三条三丁目、米里四条一丁目、米里四条二丁目、米里四条三丁目、米里五条一丁目、米里五条二丁目、米里五条三丁目、米里、東米里、東札幌一条一丁目、東札幌一条二丁目、東札幌一条三丁目、東札幌一条四丁目、東札幌一条五丁目、東

＜参考資料＞

札幌一条六丁目、東札幌二条一丁目、東札幌二条二丁目、東札幌二条三丁目、東札幌二条四丁目、東札幌二条五丁目、東札幌二条六丁目、東札幌三条一丁目、東札幌三条二丁目、東札幌三条三丁目、東札幌三条四丁目、東札幌三条五丁目、東札幌三条六丁目、東札幌四条一丁目、東札幌四条二丁目、東札幌四条三丁目、東札幌四条四丁目、東札幌四条五丁目、東札幌四条六丁目、東札幌五条一丁目、東札幌五条二丁目、東札幌五条三丁目、東札幌五条四丁目、東札幌五条五丁目、東札幌五条六丁目、東札幌六条一丁目、東札幌六条二丁目、東札幌六条三丁目、東札幌六条四丁目、東札幌六条五丁目、東札幌六条六丁目、中央一条一丁目、中央一条二丁目、中央一条三丁目、中央一条四丁目、中央一条五丁目、中央一条六丁目、中央一条七丁目、中央二条一丁目、中央二条二丁目、中央二条三丁目、中央二条四丁目、中央二条五丁目、中央二条六丁目、中央二条七丁目、中央三条一丁目、中央三条二丁目、中央三条三丁目、中央三条四丁目、中央三条五丁目、中央三条六丁目、本通一丁目南、本通二丁目南、本通三丁目南、本通四丁目南、本通五丁目南、本通六丁目南、本通七丁目南、本通八丁目南、本通九丁目南、本通十丁目南、本通十一丁目南、本通十二丁目南、本通十三丁目南、本通十四丁目南、本通十五丁目南、本通十六丁目南、本通十七丁目南、本通十八丁目南、本通十九丁目南、本通二十丁目南、本通二十一丁目南、本通一丁目北、本通二丁目北、本通三丁目北、本通四丁目北、本通五丁目北、本通六丁目北、本通七丁目北、本通八丁目北、本通九丁目北、本通十丁目北、本通十一丁目北、本通十二丁目北、本通十三丁目北、本通十四丁目北、本通十五丁目北、本通十六丁目北、本通十七丁目北、本通十八丁目北、本通十九丁目北、本通二十丁目北、本通二十一丁目北、平和通一丁目南、平和通二丁目南、平和通三丁目南、平和通四丁目南、平和通五丁目南、平和通六丁目南、平和通七丁目南、平和通八丁目南、平和通九丁目南、平和通十丁目南、平和通十一丁目南、平和通十二丁目南、平和通十三丁目南、平和通十四丁目南、平和通十五丁目南、平和通十六丁目南、平和通十七丁目南、平和通一丁目北、平和通二丁目北、平和通三丁目北、平和通四丁目北、平和通五丁目北、平和通六丁目北、平和通七丁目北、平和通八丁目北、平和通九丁目北、平和通十丁目北、平和通十一丁目北、平和通十二丁目北、平和通十三丁目北、平和通十四丁目北、平和通十五丁目北、平和通十六丁目北、平和通十七丁目北、本郷通一丁目北、本郷通二丁目北、本郷通三丁目北、本郷通四丁目北、本郷通五丁目北、本郷通六丁目北、本郷通七丁目北、本郷通八丁目北、本郷通九丁目北、本郷通十丁目北、本郷通十一丁目北、本郷通十二丁目北、本郷通十三丁目北、本郷通一丁目南、本郷通二丁目南、本郷通三丁目南、本郷通四丁目南、本郷通五丁目南、本郷通六丁目南、本郷通七丁目南、本郷通八丁目南、本郷通九丁目南、本郷通十丁目南、本郷通十一丁目南、本郷通十二丁目南、本郷通十三丁目南、北郷一条一丁目、北郷一条二丁目、北郷一条三丁目、北郷一条四丁目、北郷一条五丁目、北郷一条六丁目、北郷一条七丁目、北郷一条八丁目、北郷一条九丁目、北郷一条十丁目、北郷二条一丁目、北郷二条二丁目、北郷二条三丁目、北郷二条四丁目、北郷二条五丁目、北郷二条六丁目、北郷二条七丁目、北郷二条八丁目、北郷二条九丁目、北郷二条十丁目、北郷三条一丁目、北郷三条二丁目、北郷三条三丁目、北郷三条四丁目、北郷三条五丁目、北郷三条六丁目、北郷三条七丁目、北郷三条八丁目、北郷三条九丁目、北郷三条十丁目、北郷四条一丁目、北郷四条二丁目、北郷四条三丁目、北郷四条四丁目、北郷四条五丁目、北郷四条六丁目、北郷四条七丁目、北郷四条八丁目、北郷四条九丁目、北郷四条十丁目、北郷五条三丁目、北郷五条四丁目、北郷五条五丁目、北郷五条六丁目、北郷五条七丁目、北郷五条八丁目、北郷五条九丁目、北郷五条十丁目、北郷六条三丁目、北郷六条四丁目、北郷六条七丁目、北郷六条八丁目、北郷六条九丁目、北郷六条十丁目、北郷七条三丁目、北郷七条四丁目、北郷七条七丁目、北郷七条八丁目、北郷七条九丁目、北郷七条十丁目、北郷八条三丁目、北郷八条四丁目、北郷八条七丁目、北郷八条八丁目、北郷八条九丁目、北郷八条十丁目、北郷九条三丁目、北郷九条七丁目、北郷九条八丁目、北郷九条九丁目、北郷、南郷通一丁目北、南郷通二丁目北、南郷通三丁目北、南郷通四丁目北、南郷通五丁目北、南郷通六丁目北、南郷通七丁目北、南郷通八丁目北、南郷通九丁目北、南郷通十丁目北、南郷通十一丁目北、南郷通十二丁目北、南郷通十三丁目北、南郷通十四丁目北、南郷通十五丁目北、南郷通十六丁目北、南郷通十七丁目北、南郷通十八丁目北、南郷通十九丁目北、南郷通二十丁目北、南郷通一丁目南、南郷通二丁目南、南郷通三丁目南、南郷通四丁目南、南郷通五丁目南、南郷通六丁目南、南郷通七丁目南、南郷通八丁目南、南郷通九丁目南、南郷通十丁目南、南郷通十一丁目南、南郷通十二丁目南、南郷通十三丁目南、南郷通十四丁目南、南郷通十五丁目南、南郷通十六丁目南、南郷通十七丁目南、南郷通十八丁目南、南郷通十九丁目南、南郷通二十丁目南、南郷通二十一丁目南、栄通一丁目、栄通二丁目、栄通三丁目、栄通四丁目、栄通五丁目、栄通六丁目、栄通七丁目、栄通八丁目、栄通九丁目、栄通十丁目、栄通十一丁目、栄通十二丁目、栄通十三丁目、栄通十四丁目、栄通十五丁目、栄通十六丁目、栄通十七丁目、栄通十八丁目、栄通十九丁目、栄通二十丁目、栄通二十一丁目、流通センター一丁目、流通センター二丁目、流通センター三丁目、流通センター四丁目、流通センター五丁目、流通センター六丁目、流通センター七丁目、川北四条一丁目、川北四条二丁目（二番に限る。）、川北五条一丁目、川北

豊平区

清田区

第四区

札幌市

西区

第一区に属しない区域

手稲区

小樽市

石狩市

北海道後志総合振興局管内

第五区

札幌市

白石区

第三区に属しない区域

厚別区

江別市

千歳市

恵庭市

北広島市

北海道石狩振興局管内

第六区

旭川市
士別市
名寄市
富良野市
北海道上川総合振興局管内

第七区

釧路市
根室市
北海道釧路総合振興局管内
北海道根室振興局管内

第八区

函館市
北斗市
北海道渡島総合振興局管内
北海道檜山振興局管内

第九区

室蘭市
苫小牧市
登別市
伊達市
北海道胆振総合振興局管内
北海道日高振興局管内

第十区

夕張市
岩見沢市
留萌市
美唄市
芦別市
赤平市
三笠市
滝川市
砂川市
歌志内市
深川市
北海道空知総合振興局管内
北海道留萌振興局管内

第十一区

帯広市
北海道十勝総合振興局管内

第十二区

北見市
網走市
稚内市
紋別市
北海道宗谷総合振興局管内
北海道オホーツク総合振興局管内

青森県

第一区

青森市
むつ市
東津軽郡
上北郡
　野辺地町
　横浜町
　六ケ所村
下北郡

第二区

八戸市
十和田市
三沢市
上北郡
　七戸町
　六戸町
　東北町
　おいらせ町
三戸郡

第三区

弘前市
黒石市
五所川原市
つがる市
平川市
西津軽郡
中津軽郡
南津軽郡
北津軽郡

岩手県

第一区

盛岡市
紫波郡

第二区

宮古市
大船渡市
久慈市
遠野市
陸前高田市
釜石市
二戸市
八幡平市
滝沢市
岩手郡
気仙郡
上閉伊郡
下閉伊郡
九戸郡
二戸郡

第三区

花巻市
北上市
一関市

奥州市
和賀郡
胆沢郡
西磐井郡

宮城県

第一区
仙台市
青葉区
太白区

第二区
仙台市
宮城野区
若林区
泉区

第三区
白石市
名取市
角田市

岩沼市
刈田郡
柴田郡
伊具郡
亘理郡

第四区
石巻市
塩竈市
多賀城市
東松島市
富谷市
宮城郡
黒川郡
牡鹿郡

第五区
気仙沼市
登米市
栗原市
大崎市
加美郡
遠田郡
本吉郡

秋田県

第一区
秋田市

第二区
能代市
大館市
男鹿市
鹿角市
潟上市
北秋田市
鹿角郡
北秋田郡
山本郡
南秋田郡

第三区
横手市
湯沢市
由利本荘市
大仙市
にかほ市
仙北市
仙北郡
雄勝郡

山形県

第一区
山形市
上山市
天童市
東村山郡

第二区
米沢市
寒河江市
村山市
長井市
東根市
尾花沢市
南陽市
西村山郡
北村山郡
東置賜郡
西置賜郡

第三区
鶴岡市
酒田市
新庄市
最上郡
東田川郡
飽海郡

福島県

第一区
福島市
二本松市
伊達市
本宮市
伊達郡
安達郡

第二区
郡山市
須賀川市
田村市
岩瀬郡
石川郡
田村郡

第三区
会津若松市
白河市
喜多方市
南会津郡

＜参考資料＞

耶麻郡
河沼郡
大沼郡
西白河郡
東白川郡

第四区

いわき市
相馬市
南相馬市
双葉郡
相馬郡

茨城県

第一区

水戸市
笠間市
筑西市
桜川市
東茨城郡
城里町

第二区

鹿嶋市
潮来市
神栖市
行方市
鉾田市
小美玉市
東茨城郡
茨城町
大洗町

第三区

龍ケ崎市
取手市
牛久市
守谷市
稲敷市
稲敷郡
北相馬郡

第四区

常陸太田市
ひたちなか市
常陸大宮市
那珂市
久慈郡

第五区

日立市
高萩市
北茨城市
那珂郡

第六区

土浦市
石岡市
つくば市
かすみがうら市
つくばみらい市

第七区

古河市
結城市
下妻市
常総市
坂東市
結城郡
猿島郡

栃木県

第一区

宇都宮市
本庁管内
宇都宮市平石地区市民センター管内
宇都宮市清原地区市民センター管内
宇都宮市横川地区市民センター管内
宇都宮市瑞穂野地区市民センター管内
宇都宮市城山地区市民センター管内
宇都宮市国本地区市民センター管内
宇都宮市富屋地区市民センター管内
宇都宮市豊郷地区市民センター管内
宇都宮市篠井地区市民センター管内
宇都宮市姿川地区市民センター管内
宇都宮市雀宮地区市民センター管内
宇都宮市役所宝木出張所管内
宇都宮市役所陽南出張所管内
河内郡

第二区

宇都宮市
第一区に属しない区域
鹿沼市
日光市
さくら市
塩谷郡

第三区

大田原市
矢板市
那須塩原市
那須烏山市
那須郡

第四区

小山市
真岡市

下野市
芳賀郡
下都賀郡

第五区
足利市
栃木市
佐野市

群馬県

第一区
前橋市
沼田市
利根郡

第二区
桐生市
伊勢崎市
みどり市
佐波郡

第三区
太田市
館林市
邑楽郡

第四区
高崎市
本庁管内
高崎市新町支所管内
高崎市吉井支所管内
藤岡市
多野郡

第五区
高崎市第四区に属しない区域
渋川市
富岡市
安中市
北群馬郡
甘楽郡
吾妻郡

埼玉県

第一区
さいたま市
見沼区
浦和区
緑区

第二区
川口市
本庁管内
新郷支所管内
神根支所管内
大字安行領根岸（二百九十番地から六百七十六番地まで、七百十一番地及び七百十二番地に限る。）、大字安行領在家（百十三番地から百十六番地まで及び二百二十六番地から二百八十二番地までに限る。）、在家町、大字木曽呂（千三百十三番地、千三百三十六番地、千三百四十一番地、千三百六十五番地、千三百六十九番地から千三百七十二番地まで、千三百九十二番地から千三百九十九番地まで、千四百九番地、千四百十九番地から千四百二十七番地まで、千四百五十番地、千四百五十九番地から千四百六十二番地まで、千四百六十七番地、千四百六十八番地、千四百七十三番地、千四百七十七番地から千四百七十九番地まで、千四百八十六番地から千四百八十八番地まで、千四百九十二番地から千五百二十四番地まで及び千五百二十八番地から千五百六十番地までに限る。）、柳崎一丁目、柳崎四丁目、柳崎五丁目、北園町、柳根町、本前川三丁目
芝支所管内
安行支所管内（大字安行慈林（六百十四番地から六百二十九番地までに限る。）に属する区域を除く。）
鳩ヶ谷支所管内

第三区
川口市第二区に属しない区域
越谷市

第四区
朝霞市
志木市
和光市
新座市

第五区
さいたま市
西区
北区
大宮区
中央区

第六区
鴻巣市
上尾市
桶川市
北本市

第七区

<参考資料>

川越市
富士見市

第八区
所沢市
ふじみ野市
入間郡
三芳町

第九区
飯能市
狭山市
入間市
日高市
入間郡
毛呂山町
越生町

第十区
東松山市
坂戸市

鶴ヶ島市
比企郡

第十一区
秩父市
本庄市
深谷市
秩父郡
児玉郡
大里郡

第十二区
熊谷市
行田市
加須市
羽生市

第十三区
久喜市
蓮田市
幸手市

白岡市
北足立郡
南埼玉郡
北葛飾郡
杉戸町

第十四区
草加市
八潮市
三郷市

第十五区
さいたま市
桜区
南区
蕨市
戸田市

第十六区
さいたま市
岩槻区

春日部市
吉川市
北葛飾郡
松伏町

千葉県

第一区
千葉市
中央区
稲毛区
美浜区

第二区
千葉市
花見川区
八千代市

第三区
千葉市
緑区
市原市

第四区
市川市
本庁管内
国府台一丁目、国府台二丁目、国府台三丁目、国府台四丁目、国府台五丁目、国府台六丁目、市川四丁目、真間四丁目、真間五丁目、東菅野四丁目、東菅野五丁目、宮久保一丁目、宮久保二丁目、宮久保三丁目、宮久保四丁目、宮久保五丁目、宮久保六丁目、鬼越一丁目、鬼越二丁目、鬼高一丁目、鬼高二丁目、鬼高三丁目、鬼高四丁目、高石神、中山一丁目、中山二丁目、中山三丁目、中山四丁目、若宮一丁目、若宮二丁目、若宮三丁目、北方一丁目、北方二丁目、北方三丁目、本北方一丁目、本北方二丁目、本北方三丁目、北方町四丁目、国分一丁目、国分二丁目、国分三丁目、国分四丁目、国分五丁目、国分六丁目、国分七丁目、中国分一丁目、中国分二丁目、中国分三丁目、中国分四丁目、中国分五丁目、北国分一丁目、北国分二丁目、北国分三丁目、北国分四丁目、須和田一丁目、須和田二丁目、稲越一丁目、稲越二丁目、稲越三丁目、曽谷一丁目、曽谷二丁目、曽谷三丁目丁目、曽谷四丁目、曽谷五丁目、曽谷六丁目、曽谷七丁目、曽谷八丁目、下貝塚一丁目、下貝塚二丁目、下貝塚三丁目、東国分一丁目、東国分二丁目、東国分三丁目、堀之内一丁目、堀之内二丁目、堀之内三丁目、堀之内四丁目、堀之内五丁目

大柏出張所管内

船橋市

本庁管内

船橋市西船橋出張所管内

船橋市船橋駅前総合窓口センター管内

第五区

市川市

第四区に属しない区域

浦安市

第六区

松戸市

第七区

野田市

流山市

第八区

柏市

第九区

千葉市

若葉区

佐倉市

四街道市

八街市

第十区

銚子市

成田市

旭市

匝瑳市

香取市

香取郡

第十一区

茂原市

東金市

勝浦市

山武市

いすみ市

大網白里市

山武郡

長生郡

夷隅郡

第十二区

館山市

木更津市

鴨川市

君津市

富津市

袖ケ浦市

南房総市

安房郡

第十三区

我孫子市

鎌ケ谷市

印西市

白井市

富里市

印旛郡

第十四区

船橋市

第四区に属しない区域

習志野市

東京都

第一区

千代田区

新宿区

第二区

中央区

台東区

第三区

品川区

東京都大島支庁管内

東京都三宅支庁管内

東京都八丈支庁管内

東京都小笠原支庁管内

第四区

大田区

大田区大森東特別出張所管内

大田区大森西特別出張所管内

大田区入新井特別出張所管内

大田区馬込特別出張所管内

大田区池上特別出張所管内

大田区新井宿特別出張所管内

大田区久が原特別出張所管内（池上三丁目に属する区域に限る。）

大田区糀谷特別出張所管内

大田区羽田特別出張所管内

大田区六郷特別出張所管内

大田区矢口特別出張所管内（矢口一丁目（一

＜参考資料＞

番、十三番、十四番、二十七番及び二十八番に限る。）及び矢口三丁目（一番及び八番に限る。）に属する区域に限る。）
大田区蒲田西特別出張所管内
大田区蒲田東特別出張所管内

第五区

世田谷区
世田谷区池尻まちづくりセンター管内
世田谷区太子堂まちづくりセンター管内
世田谷区若林まちづくりセンター管内
世田谷区上町まちづくりセンター管内
世田谷区下馬まちづくりセンター管内
世田谷区上馬まちづくりセンター管内
世田谷区代沢まちづくりセンター管内
世田谷区奥沢まちづくりセンター管内
世田谷区九品仏まちづくりセンター管内
世田谷区等々力まちづくりセンター管内
世田谷区上野毛まちづくりセンター管内
世田谷区用賀まちづくりセンター管内
世田谷区二子玉川まちづくりセンター管内
世田谷区深沢まちづくりセンター管内

第六区

世田谷区
第五区に属しない区域

第七区

港区
渋谷区

第八区

杉並区
下高井戸一丁目、下高井戸二丁目、下高井戸三丁目、下高井戸四丁目、下高井戸五丁目、永福一丁目（二番から四十四番までに限る。）、永福二丁目、永福三丁目、永福四丁目、浜田山一丁目、浜田山二丁目、浜田山三丁目、浜田山四丁目、大宮二丁目（五番から十八番までに限る。）、高円寺南二丁目、高円寺南三丁目、高円寺南四丁目、高円寺北二丁目、高円寺北三丁目、高円寺北四丁目、阿佐谷南一丁目、阿佐谷南二丁目、阿佐谷南三丁目、阿佐谷北一丁目、阿佐谷北二丁目、阿佐谷北三丁目、阿佐谷北四丁目、阿佐谷北五丁目、阿佐谷北六丁目、天沼一丁目、天沼二丁目、天沼三丁目、本天沼一丁目、本天沼二丁目、本天沼三丁目、成田西一丁目、成田西二丁目、成田西三丁目、成田西四丁目、成田東一丁目、成田東二丁目、成田東三丁目、成田東四丁目、成田東五丁目、荻窪一丁目、荻窪二丁目、荻窪三丁目、荻窪四丁目、荻窪五丁目、南荻窪一丁目、南荻窪二丁目、南荻窪三丁目、南荻窪四丁目、上荻一丁目、上荻二丁目、上荻三丁目、上荻四丁目、西荻南一丁目、西荻南二丁目、西荻南三丁目、西荻南四丁目、西荻北一丁目、西荻北二丁目、西荻北三丁目、西荻北四丁目、西荻北五丁目、今川一丁目、今川二丁目、今川三丁目、今川四丁目、清水一丁目、清水二丁目、清水三丁目、桃井一丁目、桃井二丁目、桃井三丁目、桃井四丁目、井草一丁目、井草二丁目、井草三丁目、井草四丁目、井草五丁目、下井草一丁目、下井草二丁目、下井草三丁目、下井草四丁目、下井草五丁目、上井草一丁目、上井草二丁目、上井草三丁目、上井草四丁目、善福寺一丁目、善福寺二丁目、善福寺三丁目、善福寺四丁目、松庵一丁目、松庵二丁目、松庵三丁目、宮前一丁目、宮前二丁目、宮前三丁目、宮前四丁目、宮前五丁目、久我山一丁目、久我山二丁目、久我山三丁目、久我山四丁目、久我山五丁目、高井戸東一丁目、高井戸東二丁目、高井戸東三丁目、高井戸東四丁目、高井戸西一丁目、高井戸西二丁目、高井戸西三丁目、上高井戸一丁目、上高井戸二丁目、上高井戸三丁目

第九区

練馬区

貫井四丁目（二十八番、二十九番四号、二十九番八号から二十九番二十二号まで、三十番九号、三十番十号、四十四番から四十六番まで、四十七番十八号から四十七番四十八号まで及び四十七番五十号から四十七番五十二号までに限る。）、高松六丁目、土支田一丁目、土支田二丁目、土支田三丁目、土支田四丁目、富士見台一丁目、富士見台二丁目、富士見台三丁目（二十番六号から二十番十号まで、三十八番から四十六番まで、四十七番五号から四十七番七号まで、五十五番六号から五十五番十七号まで及び五十六番から六十三番までに限る。）、富士見台四丁目、南田中一丁目、南田中二丁目、南田中三丁目、南田中四丁目、南田中五丁目、高野台一丁目、高野台二丁目、高野台三丁目、高野台四丁目、高野台五丁目、谷原二丁目、谷原三丁目、谷原四丁目、谷原五丁目、谷原六丁目、三原台一丁目、三原台二丁目、三原台三丁目、石神井町一丁目、石神井町二丁目、石神井町三丁目、石神井町四丁目、石神井町五丁目、石神井町六丁目、石神井町七丁目、石神井町八丁目、石神井台一丁目、石神井台二丁目、石神井台三丁目、石神井台四丁目、石神井台五丁目、石神井台六丁目、石神井台七丁目、石神井台八丁目、下石神井一丁目、下石神井二丁目、下石神井三丁目、下石神井四丁目、下石神井五丁目、下石神井六丁目、東大泉一丁目、東大泉二丁目、東大泉三丁目、東大泉四丁目、東大泉五丁目、東大泉六丁目、東大泉七丁目、西大泉町、西大泉一丁目、西大泉二丁目、西大泉三丁目、西大泉四丁目、西大泉五丁目、西大泉六丁目、南大泉一丁目、南大泉二丁目、南大泉三丁目、南大泉四丁目、南大泉五丁目、南大泉六丁目、大泉町一丁目、大泉町二丁目、大泉町三丁目、大泉町四丁目、大泉町五丁目、大泉町六丁目、大泉学園町一丁目、大泉学園町二丁目、大泉学園町三丁目、大泉学園町四丁目、大泉学園町五丁目、大泉学園町六丁目、大泉学園町七丁目、大泉学園町八丁目、大泉学園町九丁目、関町北一丁目、関町北二丁目、関町北三丁目、関町北四丁目、関町北五丁目、関町南一丁目、関町南二丁目、関町南三丁目、関町南四丁目、上石神井南町、立野町、上石神井一丁目、上石神井二丁目、上石神井三丁目、上石神井四丁目、関町東一丁目、関町東二丁目

第十区

文京区

豊島区

第十一区

板橋区

本庁管内

板橋一丁目、板橋二丁目、板橋三丁目、板橋四丁目、加賀一丁目、加賀二丁目、大山東町、大山金井町、熊野町、中丸町、南町、稲荷台、仲宿、氷川町、栄町、大山町、大山西町、幸町、中板橋、仲町、弥生町、本町、大和町、双葉町、富士見町、大谷口上町、大谷口北町、大谷口一丁目、大谷口二丁目、向原一丁目、向原二丁目、向原三丁目、小茂根一丁目、小茂根二丁目、小茂根三丁目、小茂根四丁目、小茂根五丁目、常盤台一丁目、常盤台二丁目、常盤台三丁目、常盤台四丁目、南常盤台一丁目、南常盤台二丁目、東新町一丁目、東新町二丁目、上板橋一丁目、上板橋二丁目、上板橋三丁目、清水町、蓮沼町、大原町、泉町、宮本町、志村一丁目、志村二丁目、志村三丁目、坂下一丁目（一番から二十六番まで及び二十八番に限る。）、東坂下一丁目、小豆沢一丁目、小豆沢二丁目、小豆沢三丁目、小豆沢四丁目、西台一丁目、西台二丁目、西台三丁目、西台四丁目、

＜参考資料＞

中台一丁目、中台二丁目、中台三丁目、若木一丁目、若木二丁目、若木三丁目、前野町一丁目、前野町二丁目、前野町三丁目、前野町四丁目、前野町五丁目、前野町六丁目、三園二丁目、東山町、桜川一丁目、桜川二丁目、桜川三丁目、東京都板橋区赤塚支所管内

第十二区

北区

板橋区

第十一区に属しない区域

第十三区

足立区

青井一丁目、青井二丁目、青井三丁目、青井四丁目、青井五丁目、青井六丁目、足立一丁目、足立二丁目、足立三丁目、足立四丁目、綾瀬一丁目、綾瀬二丁目、綾瀬三丁目、綾瀬四丁目、綾瀬五丁目、綾瀬六丁目、綾瀬七丁目、梅島一丁目、梅島二丁目、梅島三丁目、梅田一丁目、梅田二丁目、梅田三丁目、梅田四丁目、梅田五丁目、梅田六丁目、梅田七丁目、梅田八丁目、大谷田一丁目、大谷田二丁目、大谷田三丁目、大谷田四丁目、大谷田五丁目、加平一丁目、加平二丁目、加平三丁目、北加平町、栗原一丁目、栗原二丁目、弘道一丁目、弘道二丁目、佐野一丁目、佐野二丁目、島根一丁目、島根二丁目、島根三丁目、島根四丁目、神明一丁目、神明二丁目、神明三丁目、神明南一丁目、神明南二丁目、関原一丁目、関原二丁目、関原三丁目、千住一丁目、千住二丁目、千住三丁目、千住四丁目、千住五丁目、千住曙町、千住旭町、千住東一丁目、千住東二丁目、千住大川町、千住河原町、千住寿町、千住桜木一丁目、千住桜木二丁目、千住関屋町、千住龍田町、千住中居町、千住仲町、千住橋戸町、千住緑町一丁目、千住緑町二丁目、千住緑町三丁目、千住宮元町、千住元町、千住柳町、竹の塚一丁目、竹の塚二丁目、竹の塚三丁目、竹の塚四丁目、竹の塚五丁目、竹の塚六丁目、竹の塚七丁目、辰沼一丁目、辰沼二丁目、中央本町一丁目、中央本町二丁目、中央本町三丁目、中央本町四丁目、中央本町五丁目、東和一丁目、東和二丁目、東和三丁目、東和四丁目、東和五丁目、中川一丁目、中川二丁目、中川三丁目、中川四丁目、中川五丁目、西綾瀬一丁目、西綾瀬二丁目、西綾瀬三丁目、西綾瀬四丁目、西新井栄町一丁目、西新井栄町二丁目、西加平一丁目、西加平二丁目、西保木間一丁目、西保木間二丁目、西保木間三丁目、西保木間四丁目、花畑一丁目、花畑二丁目、花畑三丁目、花畑四丁目、花畑五丁目、花畑六丁目、花畑七丁目、花畑八丁目、東綾瀬一丁目、東綾瀬二丁目、東綾瀬三丁目、東保木間一丁目、東保木間二丁目、東六月町、一ツ家一丁目、一ツ家二丁目、一ツ家三丁目、一ツ家四丁目、日ノ出町、平野一丁目、平野二丁目、平野三丁目、保木間一丁目、保木間二丁目、保木間三丁目、保木間四丁目、保木間五丁目、保塚町、南花畑一丁目、南花畑二丁目、南花畑三丁目、南花畑四丁目、南花畑五丁目、六木一丁目、六木二丁目、六木三丁目、六木四丁目、谷中一丁目、谷中二丁目、谷中三丁目、谷中四丁目、谷中五丁目、柳原一丁目、柳原二丁目、六月一丁目、六月二丁目、六月三丁目、六町一丁目、六町二丁目、六町三丁目、六町四丁目

第十四区

墨田区

江戸川区

本庁管内

中央四丁目、松島一丁目、松島二丁目、松島三丁目、松島四丁目、東小松川一丁目、東小松川二丁目、東小松川三丁目、東小松川四丁目、西小松川町、興宮町、上一色一丁

目、上一色二丁目、上一色三丁目、本一色一丁目、本一色二丁目、本一色三丁目

江戸川区小松川事務所管内

江戸川区小岩事務所管内

第十五区

江東区

第十六区

江戸川区

第十四区に属しない区域

第十七区

葛飾区

第十八区

武蔵野市

小金井市

西東京市

第十九区

小平市

国分寺市

国立市

第二十区

東村山市

東大和市

清瀬市

東久留米市

武蔵村山市

第二十一区

八王子市

下柚木、下柚木二丁目、下柚木三丁目、上柚木、上柚木二丁目、上柚木三丁目、中山（五百十九番地、五百二十三番地から五百二十六番地まで、八百十九番地から八百三十番地まで、八百四十二番地、八百七十五番地から八百七十八番地まで、八百八十番地から千百四十八番地まで、千百五十六番地、千二百十九番地及び千二百二十一番地を除く。）、越野、南陽台一丁目、南陽台二丁目、南陽台三丁目、堀之内、堀之内二丁目、堀之内三丁目、東中野、大塚、鹿島、松が谷、鑓水（三百三十九番地から三百四十五番地まで、三百六十四番地から三百七十一番地まで及び三百九十六番地を除く。）、鑓水二丁目、南大沢一丁目、南大沢二丁目、南大沢三丁目、南大沢四丁目、南大沢五丁目、松木、別所一丁目、別所二丁目

立川市

日野市

第二十二区

三鷹市

調布市

狛江市

第二十三区

町田市

第二十四区

八王子市

第二十一区に属しない区域

第二十五区

青梅市

昭島市

福生市

羽村市

あきる野市

西多摩郡

第二十六区

目黒区

大田区

第四区に属しない区域

第二十七区

中野区

杉並区

第八区に属しない区域

第二十八区

練馬区

第九区に属しない区域

第二十九区

荒川区

足立区

第十三区に属しない区域

第三十区

府中市

多摩市

稲城市

神奈川県

第一区

横浜市

中区

磯子区

金沢区

第二区

横浜市

西区

南区

港南区

第三区

横浜市

鶴見区

神奈川区

第四区

横浜市

＜参考資料＞

栄区
鎌倉市
逗子市
三浦郡

第五区

横浜市
戸塚区
泉区

第六区

横浜市
保土ケ谷区
旭区

第七区

横浜市
港北区

第八区

横浜市
緑区
青葉区

第九区

川崎市
多摩区
麻生区

第十区

川崎市
川崎区
幸区

第十一区

横須賀市
三浦市

第十二区

藤沢市
高座郡

第十三区

横浜市
瀬谷区
大和市
綾瀬市

第十四区

相模原市
緑区
中央区
愛甲郡

第十五区

平塚市
茅ヶ崎市
中郡
大磯町

第十六区

厚木市
伊勢原市
海老名市

第十七区

小田原市
秦野市
南足柄市
中郡
二宮町
足柄上郡
足柄下郡

第十八区

川崎市
中原区
高津区

第十九区

横浜市
都筑区
川崎市
宮前区

第二十区

相模原市
南区
座間市

新潟県

第一区

新潟市
東区
中央区
江南区
佐渡市

第二区

新潟市
南区
西区
西蒲区
三条市
加茂市
燕市
西蒲原郡
南蒲原郡

第三区

新潟市
北区
秋葉区
新発田市
村上市
五泉市
阿賀野市
胎内市
北蒲原郡
東蒲原郡
岩船郡

第四区

長岡市
柏崎市
小千谷市
見附市
三島郡

刈羽郡

第五区

十日町市
糸魚川市
妙高市
上越市
魚沼市
南魚沼市
南魚沼郡
中魚沼郡

富山県

第一区

富山市

相生町、綾田町一丁目、綾田町二丁目、綾田町三丁目、青柳、青柳新、赤江町、赤田、秋ヶ島、秋吉、秋吉新町、悪王寺、曙町、朝日、旭町、安住町、愛宕町一丁目、愛宕町二丁目、荒川、荒川一丁目、荒川二丁目、荒川三丁目、荒川四丁目、荒川五丁目、荒川新町、荒町、新屋、有沢、有沢新町、粟島町一丁目、粟島町二丁目、粟島町三丁目、安養寺、安養坊、飯野、池多、石金一丁目、石金二丁目、石金三丁目、石倉町、石坂、石坂新、石坂東町、石田、石屋、泉町一丁目、泉町二丁目、磯部町一丁目、磯部町二丁目、磯部町三丁目、磯部町四丁目、一番町、一本木、稲荷園町、稲荷町一丁目、稲荷町二丁目、稲荷町三丁目、稲荷町四丁目、稲荷元町一丁目、稲荷元町二丁目、稲荷元町三丁目、犬島一丁目、犬島二丁目、犬島三丁目、犬島四丁目、犬島五丁目、犬島六丁目、犬島七丁目、犬島新町一丁目、犬島新町二丁目、今泉、今泉西部町、今泉北部町、今市、今木町、岩瀬赤田町、岩瀬天池町、岩瀬池田町、岩瀬入船町、岩瀬梅本町、岩瀬御蔵町、岩瀬表町、岩瀬古志町、岩瀬諏訪町、岩瀬高畠町、岩瀬天神町、岩瀬萩浦町、岩瀬白山町、岩瀬文化町、岩瀬前田町、岩瀬松原町、岩瀬港町、牛島新町、牛島町、牛島本町一丁目、牛島本町二丁目、打出、打出新、内幸町、梅沢町一丁目、梅沢町二丁目、梅沢町三丁目、上野、上野寿町、上野新、上野新町、永楽町、越前町、江本、荏原新町、蛯町、追分茶屋、大井、大泉、大泉北町、大泉中町、大泉東町一丁目、大泉東町二丁目、大泉本町一丁目、大泉本町二丁目、大泉町一丁目、大泉町二丁目、大泉町三丁目、大江干、大江干新町、大島一丁目、大島二丁目、大島三丁目、大島四丁目、太田、太田口通り一丁目、太田口通り二丁目、太田口通り三丁目、於保多町、太田南町、大塚、大塚北、大塚西、大塚東、大塚南、大手町、大場、大宮町、奥井町、奥田寿町、奥田新町、奥田双葉町、奥田本町、奥田町、押上、音羽町一丁目、音羽町二丁目、雄山町、海岸通、開発、掛尾栄町、掛尾町、鹿島町一丁目、鹿島町二丁目、金代、金屋、金山新、金山新北、金山新桜ヶ丘、金山新中、金山新西、金山新東、金山新南、上赤江、上赤江町一丁目、上赤江町二丁目、上飯野、上飯野新町一丁目、上飯野新町二丁目、上飯野新町三丁目、上飯野新町四丁目、上飯野新町五丁目、上今町、上熊野、上栄、上庄町、上新保、上千俵町、上布目、上袋、上冨居、上冨居一丁目、上冨居二丁目、上冨居三丁目、上冨居新町、上堀、上堀南町、上本町、上八日町、願海寺、北押川、北新町一丁目、北新町二丁目、北代、北代新、北代中部、北代東部、北代北部、北二ツ屋、木場町、経田、経堂、経堂一丁目、経堂二丁目、経堂三丁目、経堂四丁目、経堂新町、経力、金泉寺、銀嶺町、久郷、草島、楠木、窪新町、窪本町、公文名、栗山、呉羽野田、呉羽町、呉羽町北、呉羽町西、黒崎、黒瀬、黒瀬北町一丁目、黒瀬北町二丁目、小泉町、興人町、高来、古志町一丁目、古志町二丁目、古志町三丁目、古志町四丁目、古志町五丁目、古志町六丁目、小島町、小杉、五艘、小中、小西、五番町、五福、五本榎、駒見、才覚寺、境野新、栄新町、栄町一丁目、栄町二丁目、栄町三丁目、坂下

＜参考資料＞

新、桜木町、桜谷みどり町一丁目、桜谷みどり町二丁目、桜橋通り、桜町一丁目、桜町二丁目、山王町、三熊、三番町、七軒町、芝園町一丁目、芝園町二丁目、芝園町三丁目、島田、清水中町、清水町一丁目、清水町二丁目、清水町三丁目、清水町四丁目、清水町五丁目、清水町六丁目、清水町七丁目、清水町八丁目、清水町九丁目、清水元町、下赤江、下赤江町一丁目、下赤江町二丁目、下飯野、下奥井一丁目、下奥井二丁目、下熊野、下新北町、下新西町、下新日曹町、下新本町、下新町、下野、下野新、下冨居、下冨居一丁目、下冨居二丁目、下堀、城川原一丁

目、城川原二丁目、城川原三丁目、庄高田、城北町、城村、城村新町、白銀町、新金代一丁目、新金代二丁目、新川原町、新桜町、新庄北町、新庄銀座一丁目、新庄銀座二丁目、新庄銀座三丁目、新庄本町一丁目、新庄本町二丁目、新庄本町三丁目、新庄町、新庄町一丁目、新庄町二丁目、新庄町三丁目、新庄町四丁目、新総曲輪、新千原崎、神通本町一丁目、神通本町二丁目、神通町一丁目、神通町二丁目、神通町三丁目、新冨町一丁目、新冨町二丁目、新根塚町一丁目、新根塚町二丁目、新根塚町三丁目、新冨居、新保、新名、杉瀬、杉谷、砂町、住友町、住吉、住吉

町一丁目、住吉町二丁目、諏訪川原一丁目、諏訪川原二丁目、諏訪川原三丁目、清風町、関、千石町一丁目、千石町二丁目、千石町三丁目、千石町四丁目、千石町五丁目、千石町六丁目、千成町、千俵町、総曲輪一丁目、総曲輪二丁目、総曲輪三丁目、総曲輪四丁目、惣在寺、双代町、高木、高木西、高木東、高木南、高島、高園町、高田、高畠町一丁目、高畠町二丁目、高屋敷、宝町一丁目、宝町二丁目、田刈屋、館出町一丁目、館出町二丁目、辰尾、辰巳町一丁目、辰巳町二丁目、田中町一丁目、田中町二丁目、田中町三丁目、田中町四丁目、田中町五丁目、田

尻、田尻西、田尻東、田尻南、田畑、珠泉西町、珠泉東町、手屋、手屋一丁目、手屋二丁目、手屋三丁目、太郎丸、太郎丸西町一丁目、太郎丸西町二丁目、太郎丸本町一丁目、太郎丸本町二丁目、太郎丸本町三丁目、太郎丸本町四丁目、千歳町一丁目、千歳町二丁目、千歳町三丁目、千原崎、千原崎一丁目、千原崎二丁目、茶屋町、中央通り一丁目、中央通り二丁目、中央通り三丁目、中間島、中間島一丁目、中間島二丁目、千代田町、塚原、月岡新、月岡西緑町、月岡東緑町一丁目、月岡東緑町二丁目、月岡東緑町三丁目、月岡東緑町四丁目、月岡町一丁

目、月岡町二丁目、月岡町三丁目、月岡町四丁目、月岡町五丁目、月岡町六丁目、月岡町七丁目、月見町一丁目、月見町二丁目、月見町三丁目、月見町四丁目、月見町五丁目、月見町六丁目、月見町七丁目、堤町通り一丁目、堤町通り二丁目、つばめ野一丁目、つばめ野二丁目、つばめ野三丁目、鶴ヶ丘町、寺島、寺町、寺町けや木台、天正寺、土居原町、問屋町一丁目、問屋町二丁目、問屋町三丁目、道正、任海、常盤台、常盤町、栃谷、利波、富岡町、友杉、豊丘町、豊川町、豊島町、豊城新町、豊城町、豊田、豊田本町一丁目、豊田本町二丁目、豊田本町三丁目、豊田

本町四丁目、豊田町一丁目、豊田町二丁目、豊若町一丁目、豊若町二丁目、豊若町三丁目、永久町、中市、中市一丁目、中市二丁目、長江、長江一丁目、長江二丁目、長江三丁目、長江四丁目、長江五丁目、長江新町一丁目、長江新町二丁目、長江新町三丁目、長江新町四丁目、長江東町一丁目、長江東町二丁目、長江東町三丁目、長江本町、長柄町一丁目、長柄町二丁目、長柄町三丁目、中老田、長岡、長岡新、中沖、中川原、中川原新町、中川原台一丁目、中川原台二丁目、中島一丁目、中島二丁目、中島三丁目、中島四丁目、中島五丁目、中田、中田一丁目、中田二

丁目、中田三丁目、中布目、中野新、中野新町一丁目、中野新町二丁目、中冨居、中冨居新町、中屋、流杉、鍋田、南央町、西四十物町、西荒屋、西大泉、西押川、西金屋、西公文名、西公文名町、西山王町、西新庄、西町、西田地方町一丁目、西田地方町二丁目、西田地方町三丁目、西長江一丁目、西長江二丁目、西長江三丁目、西長江四丁目、西長江本町、西中野本町、西中野町一丁目、西中野町二丁目、西野新、西番、西宮町、西二俣、西宮、蜷川、布市、布市新町、布瀬本町、布瀬町、布瀬町一丁目、布瀬町二丁目、布瀬町南一丁目、布瀬町南二丁目、布瀬町

南三丁目、布目、布目北、布目西、根塚町一丁目、根塚町二丁目、根塚町三丁目、根塚町四丁目、野口、野口南部、野口北部、野田、野中、野中新、野々上、野町、萩原、蓮町一丁目、蓮町二丁目、蓮町三丁目、蓮町四丁目、蓮町五丁目、蓮町六丁目、旅籠町、畑中、八川、八人町、八ヶ山、八町、八町北、八町中、八町西、八町東、八町南、花園町一丁目、花園町二丁目、花園町三丁目、花園町四丁目、花木、羽根、浜黒崎、林崎、針日、針原、針原中、針原中町、晴海台、東石金町、東岩瀬町、東岩瀬村、東老田、東田地方町一丁目、東田地方町二丁目、東

富山寿町一丁目、東富山寿町二丁目、東富山寿町三丁目、東中野町一丁目、東中野町二丁目、東中野町三丁目、東流杉、東町一丁目、東町二丁目、東町三丁目、日方江、久方町、日之出町、日俣、百塚、鴨島、ひよどり南台、平榎、平岡、開、開ヶ丘、平吹町、福居、冨居栄町、不二越本町一丁目、不二越本町二丁目、不二越町、藤木、藤木新、藤木新町、藤の木、藤の木園町、藤の木台、藤の木台一丁目、藤の木台二丁目、藤の木台三丁目、二口町一丁目、二口町二丁目、二口町三丁目、二口町四丁目、二口町五丁目、二俣、二俣新町、舟橋今町、舟橋北町、舟橋南町、古鍛冶町、

古川、古沢、古寺、文京町一丁目、文京町二丁目、文京町三丁目、別名、星井町一丁目、星井町二丁目、星井町三丁目、堀、堀川小泉町、堀川小泉町一丁目、堀川小泉町二丁目、堀川本郷、堀川町、堀端町、本郷、本郷島、本郷新、本郷西部、本郷中部、本郷東部、本郷北部、本郷町、本町、本丸、牧田、町新、町袋、町村、町村一丁目、町村二丁目、松浦町、松木、松木新、松若町、丸の内一丁目、丸の内二丁目、丸の内三丁目、三上、水落、水落一丁目、水橋池田、水橋池田舘、水橋池田町、水橋石政、水橋石割、水橋伊勢屋、水橋伊勢領、水橋市江、水橋市田

袋、水橋入江、水橋魚躬、水橋大町、水橋沖、水橋肘崎、水橋開発、水橋開発町、水橋鏡田、水橋堅田、水橋金尾、水橋金尾新、水橋金広、水橋上桜木、水橋上砂子坂、水橋川原町、水橋北馬場、水橋狐塚、水橋小池、水橋恋塚、水橋小出、水橋五郎丸、水橋桜木、水橋佐野竹、水橋山王町、水橋下段、水橋柴草、水橋清水、水橋清水堂、水橋下砂子坂、水橋下砂子坂新、水橋常願寺、水橋小路、水橋上条新町、水橋新保、水橋新堀、水橋専光寺、水橋大正、水橋高月、水橋高寺、水橋高堂、水橋舘町、水橋田伏、水橋辻ヶ堂、水橋中馬場、水橋中町、水橋中村、水橋中村町、水

橋入部町、水橋畠等、水橋番頭名、水橋平榎、水橋平塚、水橋二杉、水橋二ッ屋、水橋曲淵、水橋町、水橋町袋、水橋的場、水橋柳寺、緑町一丁目、緑町二丁目、湊入船町、南金屋、南栗山、南新町、南田町一丁目、南田町二丁目、南中田、宮尾、宮条、宮園町、宮成、宮成新、宮保、宮町、向新庄、向新庄町一丁目、向新庄町二丁目、向新庄町三丁目、向新庄町四丁目、向新庄町五丁目、向新庄町六丁目、向新庄町七丁目、向新庄町八丁目、向川原町、室町通り一丁目、室町通り二丁目、明輪町、元町一丁目、元町二丁目、桃井町一丁目、桃井町二丁目、森、森一丁

＜参考資料＞

目、森二丁目、森三丁目、森四丁目、森五丁目、森住町、森田、森若町、安田町、安野屋町一丁目、安野屋町二丁目、安野屋町三丁目、柳町一丁目、柳町二丁目、柳町三丁目、柳町四丁目、八幡、山岸、山室、山室荒屋、山室荒屋新町、山本、山本新、弥生町一丁目、弥生町二丁目、八日町、四方、四方荒屋、四方一番町、四方恵比須町、四方北窪、四方新、四方新出町、四方神明町、四方田町、四方西岩瀬、四方二番町、四方野割町、四方港町、横内、横越、吉岡、吉倉、吉作、四ツ葉町、米田、米田すずかけ台一丁目、米田すずかけ台二丁目、米田すずかけ台三丁目、米田町一丁目、米田町二丁目、米田町三丁目、若竹町一丁目、若竹町二丁目、若竹町三丁目、若竹町四丁目、若竹町五丁目、若竹町六丁目

第二区

富山市
　第一区に属しない区域
魚津市
滑川市
黒部市
中新川郡
下新川郡

第三区

高岡市
氷見市
砺波市
小矢部市
南砺市
射水市

石川県

第一区

金沢市

第二区

小松市
加賀市
白山市
能美市
野々市市
能美郡

第三区

七尾市
輪島市
珠洲市
羽咋市
かほく市
河北郡
羽咋郡
鹿島郡
鳳珠郡

福井県

第一区

福井市
大野市
勝山市
あわら市
坂井市
吉田郡

第二区

敦賀市
小浜市
鯖江市
越前市
今立郡
南条郡
丹生郡
三方郡
大飯郡
三方上中郡

山梨県

第一区

甲府市
韮崎市
南アルプス市
北杜市
甲斐市
中央市
西八代郡
南巨摩郡
中巨摩郡

第二区

富士吉田市
都留市
山梨市
大月市
笛吹市
上野原市
甲州市
南都留郡
北都留郡

長野県

第一区

長野市
　本庁管内
　長野市篠ノ井支所管内
　長野市松代支所管内
　長野市若穂支所管内
　長野市川中島支所管内

長野市更北支所管内
長野市七二会支所管内
長野市信更支所管内
長野市古里支所管内
長野市柳原支所管内
長野市浅川支所管内
長野市大豆島支所管内
長野市朝陽支所管内
長野市若槻支所管内
長野市長沼支所管内
長野市安茂里支所管内
長野市小田切支所管内
長野市芋井支所管内
長野市芹田支所管内
長野市古牧支所管内
長野市三輪支所管内
長野市吉田支所管内
須坂市
中野市
飯山市
上高井郡
下高井郡
下水内郡

第二区

長野市第一区に属しない区域
松本市
大町市
安曇野市
東筑摩郡
北安曇郡
上水内郡

第三区

上田市
小諸市
佐久市
千曲市
東御市
南佐久郡
北佐久郡
小県郡
埴科郡

第四区

岡谷市
諏訪市
茅野市
塩尻市
諏訪郡
木曽郡

第五区

飯田市
伊那市
駒ヶ根市
上伊那郡
下伊那郡

岐阜県

第一区

岐阜市

第二区

大垣市
海津市
養老郡
不破郡
安八郡
揖斐郡

第三区

関市
美濃市
羽島市
各務原市
山県市
瑞穂市
本巣市
羽島郡
本巣郡

第四区

高山市
美濃加茂市
可児市
飛騨市
郡上市
下呂市
加茂郡
可児郡
大野郡

第五区

多治見市
中津川市
瑞浪市
恵那市
土岐市

静岡県

第一区

静岡市
葵区
駿河区

第二区

島田市
焼津市

＜参考資料＞

藤枝市
牧之原市
榛原郡

第三区
磐田市
掛川市
袋井市
御前崎市
菊川市
周智郡

第四区
静岡市
清水区
富士宮市
富士市
木島、岩淵、中之郷、南松野、北松野、中野台一丁目、中野台二丁目

第五区
三島市
富士市
第四区に属しない区域
御殿場市
裾野市
田方郡
駿東郡
小山町

第六区
沼津市
熱海市
伊東市
下田市
伊豆市
伊豆の国市
賀茂郡
駿東郡
清水町
長泉町

第七区
浜松市
西区
北区
浜北区
天竜区
湖西市

第八区
浜松市
中区
東区
南区

愛知県

第一区
名古屋市
東区
北区
西区
中区

第二区
名古屋市
千種区
守山区
名東区

第三区
名古屋市
昭和区
緑区
天白区

第四区
名古屋市
瑞穂区
熱田区
港区
南区

第五区
名古屋市
中村区
中川区
清須市

第六区
瀬戸市
春日井市

第七区
大府市
尾張旭市
豊明市
日進市
長久手市
愛知郡

第八区
半田市
常滑市
東海市
知多市
知多郡

第九区
津島市
稲沢市
愛西市
弥富市
あま市
海部郡

第十区
一宮市
岩倉市

第十一区
豊田市
みよし市

第十二区

岡崎市
西尾市
第十三区
碧南市
刈谷市
安城市
知立市
高浜市
第十四区
豊川市
蒲郡市
新城市
額田郡
北設楽郡
第十五区
豊橋市
田原市
第十六区
犬山市
江南市
小牧市
北名古屋市
西春日井郡
丹羽郡

三重県

第一区
津市
松阪市
第二区
四日市市
四日市市日永地区市民センター管内
四日市市四郷地区市民センター管内
四日市市内部地区市民センター管内
四日市市塩浜地区市民センター管内
四日市市小山田地区市民センター管内
四日市市河原田地区市民センター管内
四日市市水沢地区市民センター管内
四日市市楠地区市民センター管内
鈴鹿市
名張市
亀山市
伊賀市
第三区
四日市市
第二区に属しない区域
桑名市
いなべ市
桑名郡
員弁郡
三重郡
第四区
伊勢市
尾鷲市
鳥羽市
熊野市
志摩市
多気郡
度会郡
北牟婁郡
南牟婁郡

滋賀県

第一区
大津市
高島市
第二区
彦根市
長浜市
近江八幡市
東近江市
米原市
蒲生郡
愛知郡
犬上郡
第三区
草津市
守山市
栗東市
甲賀市
野洲市
湖南市

京都府

第一区
京都市
北区
上京区
中京区
下京区
南区
第二区
京都市
左京区
東山区
山科区
第三区
京都市
伏見区
向日市
長岡京市
乙訓郡
第四区

＜参考資料＞

京都市
右京区
西京区
亀岡市
南丹市
船井郡

第五区

福知山市
舞鶴市
綾部市
宮津市
京丹後市
与謝郡

第六区

宇治市
城陽市
八幡市
京田辺市
木津川市
久世郡
綴喜郡
相楽郡

大阪府

第一区

大阪市
中央区
西区
港区
天王寺区
浪速区
東成区

第二区

大阪市
生野区
阿倍野区
東住吉区
平野区

第三区

大阪市
大正区
住之江区
住吉区
西成区

第四区

大阪市
北区
都島区
福島区
城東区

第五区

大阪市
此花区
西淀川区
淀川区
東淀川区

第六区

大阪市
旭区
鶴見区
守口市
門真市

第七区

吹田市
摂津市

第八区

豊中市
池田市

第九区

茨木市
箕面市
豊能郡

第十区

高槻市
三島郡

第十一区

枚方市
交野市

第十二区

寝屋川市
大東市
四條畷市

第十三区

東大阪市

第十四区

八尾市
柏原市
羽曳野市
藤井寺市

第十五区

堺市
美原区
富田林市
河内長野市
松原市
大阪狭山市
南河内郡

第十六区

堺市
堺区
東区
北区

第十七区

堺市
中区
西区
南区

第十八区

岸和田市

泉大津市
和泉市
高石市
泉北郡

第十九区

貝塚市
泉佐野市
泉南市
阪南市
泉南郡

兵庫県

第一区

神戸市
　東灘区
　灘区
　中央区

第二区

神戸市
　兵庫区
　北区
　長田区
西宮市
　塩瀬支所管内
　山口支所管内

第三区

神戸市
　須磨区
　垂水区

第四区

神戸市
　西区
西脇市
三木市
小野市
加西市
加東市
多可郡

第五区

豊岡市
川西市
　平野（字カキヲジ原に限る。）、石道、虫生、赤松、柳谷、芋生、若宮、清和台東一丁目、清和台東二丁目、清和台東三丁目、清和台東四丁目、清和台東五丁目、清和台西一丁目、清和台西二丁目、清和台西三丁目、清和台西四丁目、清和台西五丁目、けやき坂一丁目、けやき坂二丁目、けやき坂三丁目、けやき坂四丁目、けやき坂五丁目、西畦野（字丸山及び字東通りを除く。）、一庫、国崎、黒川、横路、大和東一丁目、大和東二丁目、大和東三丁目、大和東四丁目、大和東五丁目、大和西一丁目、大和西二丁目、大和西三丁目、大和西四丁目、大和西五丁目、美山台一丁目、美山台二丁目、美山台三丁目、丸山台一丁目、丸山台二丁目、丸山台三丁目、見野一丁目、見野二丁目、見野三丁目、東畦野、東畦野一丁目、東畦野二丁目、東畦野三丁目、東畦野四丁目、東畦野五丁目、東畦野六丁目、東畦野山手一丁目、東畦野山手二丁目、長尾町、西畦野一丁目、西畦野二丁目、山原、山原一丁目、山原二丁目、緑が丘一丁目、緑が丘二丁目、山下町、山下、笹部一丁目、笹部二丁目、笹部三丁目、笹部、下財町、一庫一丁目、一庫二丁目、一庫三丁目
三田市
丹波篠山市
養父市
丹波市
朝来市
川辺郡
美方郡

第六区

伊丹市
宝塚市
川西市
　第五区に属しない区域

第七区

西宮市
　第二区に属しない区域
芦屋市

第八区

尼崎市

第九区

明石市
洲本市
南あわじ市
淡路市

第十区

加古川市
高砂市
加古郡

第十一区

姫路市
　相野、青山、青山一丁目、青山二丁目、青山三丁目、青山四丁目、青山五丁目、青山六丁目、青山北一丁目、青山北二丁目、青山北三丁

＜参考資料＞

目、青山西一丁目、青山西二丁目、青山西三丁目、青山西四丁目、青山西五丁目、青山南一丁目、青山南二丁目、青山南三丁目、青山南四丁目、朝日町、阿保、網干区網干浜、網干区大江島、網干区大江島寺前町、網干区大江島古川町、網干区興浜、網干区垣内北町、網干区垣内中町、網干区垣内西町、網干区垣内東町、網干区垣内本町、網干区垣内南町、網干区北新在家、網干区坂出、網干区坂上、網干区新在家、網干区田井、網干区高田、網干区津市場、網干区浜田、網干区福井、網干区宮内、網干区余子浜、網干区和久、嵐山町、飯田、飯田一丁

目、飯田二丁目、飯田三丁目、生野町、石倉、市川台一丁目、市川台二丁目、市川台三丁目、市川橋通一丁目、市川橋通二丁目、市之郷、市之郷町一丁目、市之郷町二丁目、市之郷町三丁目、市之郷町四丁目、伊伝居、威徳寺町、井ノ口、今宿、岩端町、魚町、打越、梅ケ枝町、梅ケ谷町、駅前町、太市中、大塩町、大塩町汐咲一丁目、大塩町汐咲二丁目、大塩町汐咲三丁目、大塩町宮前、大津区恵美酒町一丁目、大津区恵美酒町二丁目、大津区大津町一丁目、大津区大津町二丁目、大津区大津町三丁目、大津区大津町四丁目、大津区勘兵衛町一丁目、大津区勘兵

衛町二丁目、大津区勘兵衛町三丁目、大津区勘兵衛町四丁目、大津区勘兵衛町五丁目、大津区北天満町、大津区吉美、大津区新町一丁目、大津区新町二丁目、大津区天神町一丁目、大津区天神町二丁目、大津区天満、大津区長松、大津区西土井、大津区平松、大津区真砂町、大野町、岡田、岡町、奥山、鍵町、柿山伏、鍛冶町、片田町、刀出、刀出栄立町、勝原区朝日谷、勝原区大谷、勝原区勝原町、勝原区勝山町、勝原区熊見、勝原区下太田、勝原区宮田、勝原区山戸、勝原区丁、金屋町、兼田、上大野一丁目、上大野二丁目、上大野三丁目、上大野四丁目、

上大野五丁目、上大野六丁目、上大野七丁目、上片町、上手野、神屋町、神屋町一丁目、神屋町二丁目、神屋町三丁目、神屋町四丁目、神屋町五丁目、神屋町六丁目、亀井、亀山、亀山一丁目、亀山二丁目、川西、川西台、神田町一丁目、神田町二丁目、神田町三丁目、神田町四丁目、北今宿一丁目、北今宿二丁目、北今宿三丁目、北新在家一丁目、北新在家二丁目、北新在家三丁目、北原、北平野一丁目、北平野二丁目、北平野三丁目、北平野四丁目、北平野五丁目、北平野六丁目、北平野奥垣内、北平野台町、北平野南の町、北八代一丁目、北八代二丁目、北夢前台一

丁目、北夢前台二丁目、木場、木場十八反町、木場前中町、木場前七反町、京口町、京町一丁目、京町二丁目、京町三丁目、楠町、久保町、栗山町、車崎一丁目、車崎二丁目、車崎三丁目、景福寺前、国府寺町、五軒邸一丁目、五軒邸二丁目、五軒邸三丁目、五軒邸四丁目、小姓町、琴岡町、古二階町、河間町、呉服町、米屋町、小利木町、五郎右衛門邸、紺屋町、西庄、材木町、幸町、堺町、坂田町、坂元町、定元町、三左衛門堀西の町、三左衛門堀東の町、三条町一丁目、三条町二丁目、塩町、飾磨区英賀、飾磨区英賀春日町一丁目、飾磨区英賀春日町二丁

目、飾磨区英賀清水町一丁目、飾磨区英賀清水町二丁目、飾磨区英賀清水町三丁目、飾磨区英賀西町一丁目、飾磨区英賀西町二丁目、飾磨区英賀西町三丁目、飾磨区英賀東町一丁目、飾磨区英賀東町二丁目、飾磨区英賀保駅前町、飾磨区英賀宮台、飾磨区英賀宮町一丁目、飾磨区英賀宮町二丁目、飾磨区阿成、飾磨区阿成植木、飾磨区阿成鹿古、飾磨区阿成下垣内、飾磨区阿成中垣内、飾磨区阿成渡場、飾磨区今在家、飾磨区今在家二丁目、飾磨区今在家三丁目、飾磨区今在家四丁目、飾磨区今在家五丁目、飾磨区今在家六丁目、飾磨区今在家七丁目、飾磨区今在

家北一丁目、飾磨区今在家北二丁目、飾磨区今在家北三丁目、飾磨区入船町、飾磨区恵美酒、飾磨区大浜、飾磨区粕谷新町、飾磨区構、飾磨区構一丁目、飾磨区構二丁目、飾磨区構三丁目、飾磨区構四丁目、飾磨区構五丁目、飾磨区鎌倉町、飾磨区上野田一丁目、飾磨区上野田二丁目、飾磨区上野田三丁目、飾磨区上野田四丁目、飾磨区上野田五丁目、飾磨区上野田六丁目、飾磨区亀山、飾磨区加茂、飾磨区加茂北、飾磨区加茂東、飾磨区加茂南、飾磨区御幸、飾磨区栄町、飾磨区三和町、飾磨区思案橋、飾磨区清水、飾磨区清水一丁目、飾磨区清水二丁目、飾磨区清水三丁目、飾磨区下野田一丁目、飾磨区下野田二丁目、飾磨区下野田三丁目、飾磨区下野田四丁目、飾磨区城南町一丁目、飾磨区城南町二丁目、飾磨区城南町三丁目、飾磨区須加、飾磨区高町、飾磨区高町一丁目、飾磨区高町二丁目、飾磨区蓼野町、飾磨区玉地、飾磨区玉地一丁目、飾磨区付城、飾磨区付城一丁目、飾磨区付城二丁目、飾磨区天神、飾磨区都倉一丁目、飾磨区都倉二丁目、飾磨区都倉三丁目、飾磨区中島、飾磨区中島一丁目、飾磨区中島二丁目、飾磨区中島三丁目、飾磨区中野田一丁目、飾磨区中野田二丁目、飾磨区中野田三丁目、飾磨区中野田四丁目、飾磨区中浜町一丁目、飾磨区中浜町二丁目、飾磨区中浜町三丁目、飾磨区西浜町一丁目、飾磨区西浜町二丁目、飾磨区西浜町三丁目、飾磨区野田町、飾磨区東堀、飾磨区富士見ケ丘町、飾磨区細江、飾磨区堀川町、飾磨区宮、飾磨区三宅一丁目、飾磨区三宅二丁目、飾磨区三宅三丁目、飾磨区妻鹿、飾磨区妻鹿東海町、飾磨区妻鹿常盤町、飾磨区妻鹿日田町、飾磨区矢倉町一丁目、飾磨区矢倉町二丁目、飾磨区山崎、飾磨区山崎台、飾磨区若宮町、飾西、飾西台、飾東町大釜、飾東町大釜新、飾東町小原、飾東町小原新、飾東町唐端新、飾東町北野、飾東町北山、飾東町清住、飾東町佐良和、飾東町塩崎、飾東町志吹、飾東町庄、飾東町豊国、飾東町八重畑、飾東町山崎、飾東町夕陽ケ丘、四郷町明田、四郷町上鈴、四郷町坂元、四郷町中鈴、四郷町東阿保、四郷町本郷、四郷町見野、四郷町山脇、東雲町一丁目、東雲町二丁目、東雲町三丁目、東雲町四丁目、東雲町五丁目、東雲町六丁目、忍町、実法寺、下手野一丁目、下手野二丁目、下手野三丁目、下手野四丁目、下手野五丁目、下手野六丁目、下寺町、十二所前町、庄田、城東町、城東町京口台、城東町五軒屋、城東町清水、城東町竹之門、城東町中河原、城東町野田、城東町毘沙門、城北新町一丁目、城北新町二丁目、城北新町三丁目、城北本町、書写、書写台一丁目、書写台二丁目、書写台三丁目、白国、白国一丁目、白国二丁目、白国三丁目、白国四丁目、白国五丁目、白浜町、白浜町宇佐崎北一丁目、白浜町宇佐崎北二丁目、白浜町宇佐崎北三丁目、白浜町宇佐崎中一丁目、白浜町宇佐崎中二丁目、白浜町宇佐崎中三丁目、白浜町宇佐崎南一丁目、白浜町宇佐崎南二丁目、白浜町神田一丁目、白浜町神田二丁目、白浜町寺家一丁目、白浜町寺家二丁目、白浜町灘浜、白銀町、城見台一丁目、城見台二丁目、城見台三丁目、城見台四丁目、城見町、新在家、新在家一丁目、新在家二丁目、新在家三丁目、新在家四丁目、新在家中の町、新在家本町一丁目、新在家本町二丁目、新在家本町三丁目、新在家本町四丁目、新在家本町五丁目、新在家本町六丁目、神和町、菅生台、総社本町、大黒壱丁町、大寿台一丁目、大寿台二丁目、大善町、田井台、高岡新町、高尾町、鷹匠町、竹田町、龍野町一丁目、龍野町二丁目、龍野町三丁目、龍野町四丁目、龍野町五丁目、龍野町六丁目、立町、田寺一丁目、田寺二丁目、田寺三丁目、田寺四丁目、田寺五丁

＜参考資料＞

目、田寺六丁目、田寺七丁目、田寺八丁目、田寺東一丁目、田寺東二丁目、田寺東三丁目、田寺東四丁目、田寺山手町、玉手、玉手一丁目、玉手二丁目、玉手三丁目、玉手四丁目、地内町、中地、中地南町、町田、町坪、町坪南町、千代田町、継、佃町、辻井一丁目、辻井二丁目、辻井三丁目、辻井四丁目、辻井五丁目、辻井六丁目、辻井七丁目、辻井八丁目、辻井九丁目、土山一丁目、土山二丁目、土山三丁目、土山四丁目、土山五丁目、土山六丁目、土山七丁目、土山東の町、手柄、手柄一丁目、手柄二丁目、天神町、東郷町、同心町、豆腐町、砥堀、苫編、苫編南一丁目、苫編南二丁目、豊沢町、豊富町甲丘、豊富町甲丘一丁目、豊富町甲丘二丁目、豊富町甲丘三丁目、豊富町甲丘四丁目、豊富町神谷、豊富町豊富、豊富町御蔭、名古山町、南条、南条一丁目、南条二丁目、南条三丁目、二階町、西今宿一丁目、西今宿二丁目、西今宿三丁目、西今宿四丁目、西今宿五丁目、西今宿六丁目、西今宿七丁目、西今宿八丁目、西駅前町、西新在家一丁目、西新在家二丁目、西新在家三丁目、西新町、西大寿台、西中島、西二階町、西延末、西八代町、西夢前台一丁目、西夢前台二丁目、西夢前台三丁目、西脇、仁豊野、農人町、南畝町、南畝町一丁目、南畝町二丁目、野里、野里上野町、野里上野町一丁目、野里上野町二丁目、野里慶雲寺前町、野里新町、野里月丘町、野里寺町、野里中町、野里東同心町、野里東町、野里堀留町、野里大和町、延末、延末一丁目、白鳥台一丁目、白鳥台二丁目、白鳥台三丁目、博労町、橋之町、花影町一丁目、花影町二丁目、花影町三丁目、花影町四丁目、花田町一本松、花田町小川、花田町加納原田、花田町上原田、花田町高木、花田町勅旨、林田町、林田町大堤、林田町奥佐見、林田町上伊勢、林田町上構、林田町口佐見、林田町久保、林田町下伊勢、林田町下構、林田町新町、林田町中構、林田町中山下、林田町林田、林田町林谷、林田町松山、林田町六九谷、林田町八幡、林田町山田、東今宿一丁目、東今宿二丁目、東今宿三丁目、東今宿四丁目、東今宿五丁目、東今宿六丁目、東駅前町、東辻井一丁目、東辻井二丁目、東辻井三丁目、東辻井四丁目、東延末、東延末一丁目、東延末二丁目、東延末三丁目、東延末四丁目、東延末五丁目、東山、東夢前台一丁目、東夢前台二丁目、東夢前台三丁目、日出町一丁目、日出町二丁目、日出町三丁目、平野町、広畑区吾妻町一丁目、広畑区吾妻町二丁目、広畑区吾妻町三丁目、広畑区大町一丁目、広畑区大町二丁目、広畑区大町三丁目、広畑区蒲田、広畑区蒲田一丁目、広畑区蒲田二丁目、広畑区蒲田三丁目、広畑区蒲田四丁目、広畑区蒲田五丁目、広畑区北河原町、広畑区北野町一丁目、広畑区北野町二丁目、広畑区京見町、広畑区小坂、広畑区小松町一丁目、広畑区小松町二丁目、広畑区小松町三丁目、広畑区小松町四丁目、広畑区才、広畑区清水町一丁目、広畑区清水町二丁目、広畑区清水町三丁目、広畑区城山町、広畑区末広町一丁目、広畑区末広町二丁目、広畑区末広町三丁目、広畑区正門通一丁目、広畑区正門通二丁目、広畑区正門通三丁目、広畑区正門通四丁目、広畑区高浜町一丁目、広畑区高浜町二丁目、広畑区高浜町三丁目、広畑区高浜町四丁目、広畑区鶴町一丁目、広畑区鶴町二丁目、広畑区長町一丁目、広畑区長町二丁目、広畑区西蒲田、広畑区西夢前台四丁目、広畑区西夢前台五丁目、広畑区西夢前台六丁目、広畑区西夢前台七丁目、広畑区西夢前台八丁目、広畑区則直、広畑区早瀬町一丁目、広畑区早瀬町二丁目、広畑区早瀬町三丁目、広畑区東新町一丁目、広畑区東新町二丁目、広畑区東新町三丁目、広畑区東夢前台四丁目、広畑区富士町、広畑区本町一丁目、広畑区本町二丁目、広畑区本町三丁目、広畑区本町四丁目、広畑区本町五丁目、広畑区本町六丁目、広畑区夢前町一丁目、広畑区夢前町二丁目、広畑区夢前町三丁目、広畑区夢前町四丁目、広峰一丁目、広峰二丁目、広嶺山、福居町、福沢町、福中町、福本町、藤ケ台、双葉町、船丘町、船津町、船橋町二丁目、船橋町三丁目、船橋町四丁目、船橋町五丁目、船橋町六丁目、別所町家具町、別所町北宿、別所町小林、別所町佐土、別所町佐土一丁目、別所町佐土二丁目、別所町佐土三丁目、別所町佐土新、別所町別所、別所町別所一丁目、別所町別所二丁目、別所町別所三丁目、別所町別所四丁目、別所町別所五丁目、北条、北条一丁目、北条梅原町、北条口一丁目、北条口二丁目、北条口三丁目、北条口四丁目、北条口五丁目、北条永良町、北条宮の町、保城、坊主町、峰南町、本町、増位新町一丁目、増位新町二丁目、増位本町一丁目、増位本町二丁目、的形町福泊、的形町的形、丸尾町、御国野町国分寺、御国野町御着、御国野町西御着、御国野町深志野、神子岡前一丁目、神子岡前二丁目、神子岡前三丁目、神子岡前四丁目、御立北一丁目、御立北二丁目、御立北三丁目、御立北四丁目、御立中一丁目、御立中二丁目、御立中三丁目、御立中四丁目、御立中五丁目、御立中六丁目、御立中七丁目、御立中八丁目、御立西一丁目、御立西二丁目、御立西三丁目、御立西四丁目、御立西五丁目、御立西六丁目、御立東一丁目、御立東二丁目、御立東三丁目、御立東四丁目、御立東五丁目、御立東六丁目、緑台一丁目、緑台二一丁目、南今宿、南駅前町、南車崎一丁目、南車崎二丁目、南新在家、南町、南八代町、宮上町一丁目、宮上町二丁目、宮西町一丁目、宮西町二丁目、宮西町三丁目、宮西町四丁目、睦町、元塩町、元町、八家、八木町、八代、八代東光寺町、八代本町一丁目、八代本町二丁目、八代緑ケ丘町、八代宮前町、安田一丁目、安田二丁目、安田三丁目、安田四丁目、柳町、山田町北山田、山田町多田、山田町西山田、山田町牧野、山田町南山田、山野井町、山畑新田、山吹一丁目、山吹二丁目、吉田町、米田町、余部区上川原、余部区上余部、余部区下余部、六角、若菜町一丁目、若菜町二丁目、綿町

第十二区

姫路市
第十一区に属しない区域
相生市
赤穂市
宍粟市
たつの市
神崎郡
揖保郡
赤穂郡
佐用郡

奈良県

第一区

奈良市
本庁管内
奈良市西部出張所管内
奈良市北部出張所管内
奈良市東部出張所管内
奈良市月ヶ瀬行政センター管内
生駒市

第二区

奈良市
第一区に属しない区域
大和郡山市
天理市
香芝市
山辺郡
生駒郡
磯城郡
北葛城郡

第三区

大和高田市
橿原市
桜井市
五條市
御所市
葛城市
宇陀市
宇陀郡
高市郡
吉野郡

＜参考資料＞

和歌山県

第一区

和歌山市
紀の川市
岩出市

第二区

海南市
橋本市
有田市
御坊市
田辺市
新宮市
海草郡
伊都郡
有田郡
日高郡
西牟婁郡
東牟婁郡

鳥取県

第一区

鳥取市
倉吉市
岩美郡
八頭郡
東伯郡
　三朝町

第二区

米子市
境港市
東伯郡
　湯梨浜町
　琴浦町
　北栄町
西伯郡
日野郡

島根県

第一区

松江市
安来市
雲南市
仁多郡
飯石郡
隠岐郡

第二区

浜田市
出雲市
益田市
大田市
江津市
邑智郡
鹿足郡

岡山県

第一区

岡山市
　北区
備前市
赤磐市
和気郡
加賀郡

第二区

岡山市
　中区
　東区
　南区
玉野市
瀬戸内市

第三区

津山市
笠岡市
井原市
総社市
高梁市
新見市
真庭市
美作市
浅口市
浅口郡
小田郡
真庭郡
苫田郡
勝田郡
英田郡
久米郡

第四区

倉敷市
都窪郡

広島県

第一区

広島市
　中区
　東区
　南区
安芸郡
　府中町
　海田町
　坂町

第二区

広島市
　西区
　佐伯区
大竹市
廿日市市

第三区

広島市
　安佐南区
　安佐北区
　安芸区
安芸高田市

山県郡
第四区
呉市
竹原市
東広島市
江田島市
安芸郡
　熊野町
豊田郡
第五区
三原市
尾道市
府中市
三次市
庄原市
世羅郡
神石郡
第六区
福山市

山口県

第一区
宇部市
山口市
防府市
第二区
下松市
岩国市
光市
柳井市
周南市
大島郡
玖珂郡
熊毛郡
第三区
下関市
萩市
長門市
美祢市
山陽小野田市
阿武郡

徳島県

第一区
徳島市
小松島市
阿南市
勝浦郡
名東郡
名西郡
那賀郡
海部郡
第二区
鳴門市
吉野川市
阿波市
美馬市
三好市
板野郡
美馬郡
三好郡

香川県

第一区
高松市
　本庁管内
　仏生山総合センター管内
　勝賀総合センター管内
　山田支所管内
　木太出張所管内
　古高松出張所管内
　屋島出張所管内
　前田出張所管内
　川添出張所管内
　川岡出張所管内
　円座出張所管内
　檀紙出張所管内
　女木出張所管内
　男木出張所管内
小豆郡
香川郡
第二区
高松市
　第一区に属しない区域
丸亀市
　綾歌市民総合センター管内
　飯山市民総合センター管内
坂出市
さぬき市
東かがわ市
木田郡
綾歌郡
第三区
丸亀市
　第二区に属しない区域
善通寺市
観音寺市
三豊市
仲多度郡

愛媛県

第一区
松山市
第二区
今治市
新居浜市
西条市
四国中央市
越智郡

＜参考資料＞

第三区

宇和島市
八幡浜市
大洲市
伊予市
西予市
東温市
上浮穴郡
伊予郡
喜多郡
西宇和郡
北宇和郡
南宇和郡

高知県

第一区

高知市

上町一丁目、上町二丁目、上町三丁目、上町四丁目、上町五丁目、本丁筋、水通町、通町、唐人町、与力町、鷹匠町一丁目、鷹匠町二丁目、本町一丁目、本町二丁目、本町三丁目、本町四丁目、本町五丁目、升形、帯屋町一丁目、帯屋町二丁目、追手筋一丁目、追手筋二丁目、廿代町、永国寺町、丸ノ内一丁目、丸ノ内二丁目、中の島、九反田、菜園場町、農人町、城見町、堺町、南はりまや町一丁目、南はりまや町二丁目、弘化台、桜井町一丁目、桜井町二丁目、はりまや町一丁目、はりまや町二丁目、はりまや町三丁目、宝永町、弥生町、丸池町、小倉町、東雲町、日の出町、知寄町一丁目、知寄町二丁目、知寄町三丁目、青柳町、稲荷町、若松町、高埇、杉井流、北金田、南金田、札場、南御座、北御座、南川添、北川添、北久保、南久保、海老ノ丸、中宝永町、南宝永町、二葉町、入明町、洞ヶ島町、寿町、中水道、幸町、伊勢崎町、相模町、吉田町、愛宕町一丁目、愛宕町二丁目、愛宕町三丁目、愛宕町四丁目、大川筋一丁目、大川筋二丁目、駅前町、相生町、江陽町、北本町一丁目、北本町二丁目、北本町三丁目、北本町四丁目、新本町一丁目、新本町二丁目、昭和町、和泉町、塩田町、比島町一丁目、比島町二丁目、比島町三丁目、比島町四丁目、栄田町一丁目、栄田町二丁目、栄田町三丁目、井口町、平和町、三ノ丸、宮前町、西町、大膳町、山ノ端町、桜馬場、城北町、北八反町、宝町、小津町、越前町一丁目、越前町二丁目、新屋敷一丁目、新屋敷二丁目、八反町一丁目、八反町二丁目、東城山町、城山町、東石立町、石立町、玉水町、縄手町、鏡川町、下島町、旭町一丁目、旭町二丁目、旭町三丁目、赤石町、中須賀町、旭駅前町、元町、南元町、水源町、本宮町、上本宮町、大谷、岩ヶ淵、鳥越、塚ノ原、西塚ノ原、長尾山町、旭天神町、佐々木町、北端町、山手町、横内、口細山、尾立、蓮台、福井町、福井扇町、福井東町、池、仁井田、種崎、十津一丁目、十津二丁目、十津三丁目、十津四丁目、十津五丁目、十津六丁目、吸江、五台山、屋頭、高須、葛島一丁目、葛島二丁目、葛島三丁目、葛島四丁目、高須新町一丁目、高須新町二丁目、高須新町三丁目、高須新町四丁目、高須砂地、高須本町、高須新木、高須一丁目、高須二丁目、高須三丁目、高須東町、高須西町、高須絶海、高須大谷、高須大島、布師田、一宮、薊野、重倉、久礼野、薊野西町一丁目、薊野西町二丁目、薊野西町三丁目、薊野北町一丁目、薊野北町二丁目、薊野北町三丁目、薊野北町四丁目、薊野東町、薊野中町、薊野南町、一宮西町一丁目、一宮西町二丁目、一宮西町三丁目、一宮西町四丁目、一宮しなね一丁目、一宮しなね二丁目、一宮南町一丁目、一宮南町二丁目、一宮中町一丁目、一宮中町二丁目、一宮中町三丁目、一宮東町一丁目、一宮東町二丁目、一宮東町三丁目、一宮東町四丁目、一宮東町五丁目、一宮徳谷、愛宕山、前里、東秦泉寺、中秦泉寺、三園町、西秦泉寺、北秦泉寺、宇津野、三谷、七ツ淵、加賀野井一丁目、加賀野井二丁目、愛宕山南町、秦南町一丁目、秦南町二丁目、東久万、中久万、西久万、南久万、万々、中万々、南万々、柴巻、円行寺、一ツ橋町一丁目、一ツ橋町二丁目、みづき一丁目、みづき二丁目、みづき三丁目、みづき山、大津甲、大津乙、介良甲、介良乙、介良丙、介良、潮見台一丁目、潮見台二丁目、潮見台三丁目、鏡大河内、鏡小浜、鏡大利、鏡今井、鏡草峰、鏡白岩、鏡狩山、鏡吉原、鏡的渕、鏡去坂、鏡竹奈路、鏡敷ノ山、鏡柿ノ又、鏡横矢、鏡増原、鏡葛山、鏡梅ノ木、鏡小山、土佐山菖蒲、土佐山西川、土佐山梶谷、土佐山、土佐山高川、土佐山桑尾、土佐山都網、土佐山弘瀬、土佐山東川、土佐山中切

室戸市

安芸市

南国市

香南市

香美市

安芸郡

長岡郡

土佐郡

第二区

高知市

第一区に属しない区域

土佐市

須崎市

宿毛市

土佐清水市

四万十市

吾川郡

高岡郡

幡多郡

福岡県

第一区

福岡市

東区

大字勝馬、大字弘、大字志賀島、西戸崎一丁目、西戸崎二丁目、西戸崎三丁目、西戸崎四丁目、西戸崎五丁目、西戸崎六丁目、大岳一丁目、大岳二丁目、大岳三丁目、大岳四丁目、大字西戸崎、大字奈多、雁の巣一丁目、雁の巣二丁目、奈多一丁目、奈多二丁目、奈多三丁目、奈多団地、塩浜一丁目、塩浜二丁目、塩浜三丁目、大字三苫、三苫一丁目、三苫二丁目、三苫三丁目、三苫四丁目、三苫五丁目、三苫六丁目、三苫七丁目、三苫八丁目、美和台新町、美和台一丁目、美和台二丁目、美和台三丁目、美和台四丁目、美和台五丁目、美和台六丁目、美和台七丁目、高美台一丁目、高美台二丁目、高美台三丁目、高美台四丁目、和白東一丁目、和白東二丁目、和白東三丁目、和白東四丁目、和白東五丁目、和白丘一丁目、和白丘二丁目、和白丘三丁目、和白丘四丁目、和白一丁目、和白二丁目、和白三丁目、和白四丁目、和白五丁目、和白六丁目、大字上和白、松香台一丁目、松香台二丁目、唐原一丁目、唐原二丁目、唐原三丁目、唐原四丁目、唐原五丁目、唐原六丁目、唐原七丁目、大字浜男、御島崎一丁目、御島崎二丁目、大字下原、下原一丁目、下原二丁目、下原三丁目、下原四丁目、下原五丁目、大字香椎（一番地から百十八番地までを除く）、香椎一丁目、香椎二丁目、香椎三丁目、香椎四丁目、香椎五丁目、香椎六丁目、香椎台一丁目、香椎台二丁目、香椎台三丁目、香椎台四丁目、香椎台五丁目、香椎駅東一丁目、香椎駅東二丁目、香椎駅東三丁目、香椎駅東四丁目、香椎駅前一丁目、香椎駅前二丁目、香椎駅前三丁目、香椎団地、香住ケ丘一丁目、香住ケ丘二丁目、香住ケ丘三丁目、香住ケ丘四丁目、香住ケ丘五丁目、香住ケ丘六丁目、香住ケ丘七丁目、城浜団地、名島一丁目、名島二丁目、名島三丁目、名島四丁目、名島五丁目、香椎浜一丁目、香椎浜二丁目、香椎浜三丁目、香椎浜四丁目、香椎照葉一丁目、香椎照葉二丁目、香椎照葉三丁目、香椎照葉四丁目、香椎照葉五丁目、香椎照葉六丁目、香椎照葉七丁

目、みなと香椎一丁目、みなと香椎二丁目、みなと香椎三丁目、香椎浜ふ頭一丁目、香椎浜ふ頭二丁目、香椎浜ふ頭三丁目、香椎浜ふ頭四丁目、千早一丁目、千早二丁目、千早三丁目、千早四丁目、千早五丁目、千早六丁目、松崎一丁目、松崎二丁目、松崎三丁目、松崎四丁目、舞松原一丁目、舞松原二丁目、舞松原三丁目、舞松原四丁目、舞松原五丁目、舞松原六丁目、水谷一丁目、水谷二丁目、水谷三丁目、若宮二丁目、若宮三丁目、若宮四丁目、若宮五丁目、松島一丁目、松島二丁目、

松島三丁目（一番から三十番までに限る。）、松島四丁目、松島五丁目（一番から二十番までに限る。）、松島六丁目、松田一丁目、松田二丁目、松田三丁目、箱崎一丁目、箱崎二丁目、箱崎三丁目、箱崎四丁目、箱崎五丁目、箱崎六丁目、箱崎七丁目、箱崎ふ頭一丁目、箱崎ふ頭二丁目、箱崎ふ頭三丁目、箱崎ふ頭四丁目、箱崎ふ頭五丁目、箱崎ふ頭六丁目、原田一丁目、原田二丁目、原田三丁目、原田四丁目、貝塚団地、東浜一丁目、東浜二丁目、社領一丁目、社領二丁目、社領三丁目、郷口町、筥松一丁目、筥松二丁目、筥松三丁目、筥松四丁目、筥松新町、二又瀬、二又瀬新町、馬出一丁目、馬出二丁目、馬出三丁目、馬出四丁目、馬出五丁目、馬出六丁目

博多区

第二区

福岡市

中央区

南区

那の川一丁目、那の川二丁目（一番から四番までに限る。）、大楠一丁目、大楠二丁目、大楠三丁目、清水一丁目、清水二丁目、清水三丁目、清水四丁目、玉川町、塩原一丁目、塩原二丁目、塩原三丁目、塩原四丁目、大橋団地、大橋一丁目、大橋二丁目、大橋三丁目、大橋四丁目、高木一丁目、高木二丁目、高木三丁目、五十川一丁目、五十川二丁目、井尻一丁目、井尻二丁目、井尻三丁目、井尻四丁目、井尻五丁目、折立町、横手一丁目、横手二丁目、横手三丁目、横手四丁目、横手南町、的場一丁目、的場二丁目、日佐一丁目、日佐二丁目、日佐四丁目、日佐五丁目、向新町一丁目、向新町二丁目、高宮一丁目、高宮二丁目、高宮三丁目、高宮四丁目、高宮五丁目、多賀一丁目、多賀二丁目、向野一丁目、向野二丁目、筑紫丘一丁目、筑紫丘二丁目、野間一丁目、野間二丁目、野間三丁目、野間四丁目、若久団地、若久一丁目、若久二丁目、若久三丁目、若久四丁目、若久五丁目、若久六丁目、三宅一丁目、三宅二丁目、三宅三丁目、南大橋一丁目、南大橋二丁目、和田一丁目、和田二丁目、和田三丁目、和田四丁目、野多目一丁目、野多目二丁目、野多目三丁目、野多目四丁目（一番から十三番まで、十八番一号から十八番十四号まで、十八番六十一号から十八番八十二号まで及び十九番から三十番までに限る。）、野多目五丁目、老司一丁目（一番一号から一番十七号まで、一番二十六号から一番四十八号まで、二番から四番まで、五番十八号から五番三十六号まで、六番及び七番九号から七番二十八号までに限る。）、市崎一丁目、市崎二丁目、大池一丁目、大池二丁目、平和一丁目、平和二丁目、平和四丁目、寺塚一丁目、寺塚二丁目、柳河内一丁目、柳河内二丁目、皿山一丁目、皿山二丁目、皿山三丁目、皿山四丁

目、中尾一丁目、中尾二丁目、中尾三丁目、花畑一丁目、花畑二丁目、花畑三丁目、花畑四丁目、屋形原一丁目、屋形原二丁目、屋形原三丁目、屋形原四丁目、屋形原五丁目、鶴田四丁目（一番一号から一番八号まで、一番四十四号から一番四十七号まで、三番五号から三番二十四号まで及び三番三十八号から三番五十四号までに限る。）、長丘一丁目、長丘二丁目、長丘三丁目、長丘四丁目、長丘五丁目、長住一丁目、長住二丁目、長住三丁目、長住四丁目、長住五丁目、長住六丁目、長住七丁目、西長住一丁目、西長住二丁目、西長住三丁目、大字桧原、桧原一丁目、桧原二丁目、桧原三丁目、桧原四丁目、桧原五丁目、桧原六丁目、桧原七丁目、大平寺一丁目、大平寺二丁目、大字柏原、柏原一丁目（一番から二十五番まで及び二十七番から五十三番までに限る。）、柏原三丁目、柏原四丁目、柏原五丁目、柏原六丁目、柏原七丁目、

城南区

鳥飼四丁目、鳥飼五丁目、鳥飼六丁目、鳥飼七丁目、別府団地、別府一丁目、別府二丁目、別府三丁目、別府四丁目、別府五丁目、別府六丁目、別府七丁目、城西団地、荒江団地、荒江一丁目、飯倉一丁目、田島一丁目、田島二丁目、田島三丁目、田島四丁目、田島五丁目、田島六丁目、茶山一丁目、茶山二丁目、茶山三丁目、茶山四丁目、茶山五丁目、茶山六丁目、金山団地、七隈一丁目、七隈二丁目、七隈三丁目（一番から五番まで、八番二十四号、八番三十一号から八番四十四号まで、十五番から十九番まで、二十番一号から二十番四号まで及び二十番二十五号から二十番六十七号までに限る。）、松山一丁目、松山二丁目、友丘一丁目、友丘二丁目、友丘三丁目、友丘四丁目、友丘五丁目、友丘六丁目、友泉亭、長尾一丁目、長尾二丁目、長尾三丁目、長尾四丁目、長尾五丁目、樋井川一丁目、樋井川二丁目、樋井川三丁目、樋井川四丁目、樋井川五丁目、樋井川六丁目、樋井川七丁目、宝台団地、堤団地、堤一丁目、堤二丁目、東油山一丁目、東油山二丁目、東油山三丁目、東油山四丁目、東油山五丁目、東油山六丁目、大字東油山、大字片江、片江一丁目、片江二丁目、片江三丁目、片江四丁目、片江五丁目、南片江一丁目、南片江二丁目、南片江三丁目、南片江四丁目、南片江五丁目、南片江六丁目、西片江一丁目、西片江二丁目、神松寺一丁目、神松寺二丁目、神松寺三丁目

第三区

福岡市

城南区

第二区に属しない区域

早良区

西区

糸島市

第四区

福岡市

東区

第一区に属しない区域

宗像市

古賀市

福津市

糟屋郡

第五区

福岡市

南区

第二区に属しない区域

筑紫野市

春日市

大野城市

太宰府市

朝倉市

那珂川市

朝倉郡

第六区

<参考資料>

久留米市
大川市
小郡市
うきは市
三井郡
三潴郡
第七区
大牟田市
柳川市
八女市
筑後市
みやま市
八女郡
第八区
直方市
飯塚市
中間市
宮若市

嘉麻市
遠賀郡
鞍手郡
嘉穂郡
第九区
北九州市
若松区
八幡東区
八幡西区
戸畑区
第十区
北九州市
門司区
小倉北区
小倉南区
第十一区
田川市
行橋市

豊前市
田川郡
京都郡
築上郡
佐賀県
第一区
佐賀市
鳥栖市
神埼市
神埼郡
三養基郡
第二区
唐津市
多久市
伊万里市
武雄市
鹿島市
小城市

嬉野市
東松浦郡
西松浦郡
杵島郡
藤津郡
長崎県
第一区
長崎市
第二区
島原市
諫早市
大村市
対馬市
壱岐市
雲仙市
南島原市
西彼杵郡
第三区

佐世保市
平戸市
松浦市
五島市
西海市
東彼杵郡
北松浦郡
南松浦郡
熊本県
第一区
熊本市
中央区
東区
北区
第二区
熊本市
西区
南区

荒尾市
玉名市
玉名郡
第三区
山鹿市
菊池市
阿蘇市
合志市
菊池郡
阿蘇郡
上益城郡
第四区
八代市
人吉市
水俣市
天草市
宇土市
上天草市

宇城市
下益城郡
八代郡
葦北郡
球磨郡
天草郡

大分県

第一区
大分市
本庁管内
鶴崎支所管内
大南支所管内
稙田支所管内（大字廻栖野（六百十八番地から七百四十七番地二まで、八百三十番地から八百三十二番地一まで、八百三十三番地一、八百三十三番地三から八百三十六番地三まで、八百三十八番地一から八百三十八番地二まで、八百四十一番地、千五百八十七番地、千五百九十一番地から千六百十八番地まで及び千六百二十番地に限る。）に属する区域を除く。）
大在支所管内
坂ノ市支所管内
明野支所管内

第二区
大分市第一区に属しない区域
日田市
佐伯市
臼杵市
津久見市
竹田市
豊後大野市
由布市
玖珠郡

第三区
別府市
中津市
豊後高田市
杵築市
宇佐市
国東市
東国東郡
速見郡

宮崎県

第一区
宮崎市
東諸県郡

第二区
延岡市
日向市
西都市
児湯郡
東臼杵郡
西臼杵郡

第三区
都城市
日南市
小林市
串間市
えびの市
北諸県郡
西諸県郡

鹿児島県

第一区
鹿児島市
本庁管内
伊敷支所管内
吉野支所管内
吉田支所管内
松元支所管内
郡山支所管内
桜島支所管内
鹿児島郡

第二区
鹿児島市第一区に属しない区域
枕崎市
指宿市
南さつま市
奄美市
南九州市
大島郡

第三区
阿久根市
出水市
薩摩川内市
日置市
いちき串木野市
伊佐市
姶良市
薩摩郡
出水郡
姶良郡

第四区
鹿屋市
西之表市
垂水市
曽於市
霧島市
志布志市
曽於郡
肝属郡
熊毛郡

＜参考資料＞

沖縄県

第一区

那覇市

島尻郡

　渡嘉敷村

　座間味村

　粟国村

　渡名喜村

　南大東村

　北大東村

　久米島町

第二区

宜野湾市

浦添市

中頭郡

第三区

名護市

沖縄市

うるま市

国頭郡

島尻郡

　伊平屋村

　伊是名村

第四区

石垣市

糸満市

豊見城市

宮古島市

南城市

島尻郡

　与那原町

　南風原町

　八重瀬町

宮古郡

八重山郡

この表中「本庁管内」とは、市町村（指定都市にあっては、区。以下同じ。）の区域のうち、支所又は出張所（それぞれ当該市町村の区域の一部を所管区域とするものに限る。）の所管区域に属しない区域をいう。

＜参考資料＞

二　公職選挙法における期間計算の例

条　　項	期　　間	計　算　の　方　法
第９条第１項	年齢満18年以上	○「年齢計算ニ関スル法律」によって出生の日から起算される。 ○生まれた年の翌年から起算し，18年目の誕生日の前日で満18年になるが，この場合，その日を経過することを要しない。
第９条第２項	３箇月以上	○住所を有するに至った日の翌日から起算して，３箇月目の応当日の前日に３箇月に達する。 この場合，その日を経過することを要しない。
第21条第１項	３箇月以上	○職権により住民票を作成した場合は住民票作成の日の翌日を，また転入届により住民票を作成した場合は，届出の日の翌日をそれぞれ第１日として起算して，３箇月目の応当日の前日に３箇月に達する。 この場合，その日を経過することを要しない。
第24条第２項	異議の申出を受けた日から３日以内	○異議の申出を受けた日の翌日を第１日として起算し，３日目に当たる日までの意
第25条第１項	決定の通知を受けた日から７日以内	○通知を受けた日の翌日を第１日として起算し，７日目に当たる日までの意
第28条第２号	住所を有しなくなった日後４箇月を経過するに至ったとき	○住所を有しなくなった日の翌日を第１日として起算し，４箇月目の応当日の前日経過後 ○例えば，３月１日に転出した場合は，７月１日に４箇月を経過するに至り，７月２日以降に抹消することになる。
第28条の２第１項	選挙の期日後５日に当たる日まで	○選挙の期日の翌日を第１日として起算し，５日目までの意
第30条の４第１項	３箇月以上	○住所を有するに至った日の翌日から起算して，３箇月目の応当日の前日に３箇月に達する。 この場合，その日を経過することを要しない。

条　　項	期　　間	計　算　の　方　法
第30条の5 第3項第2号	記載された日から3箇月を経過した日	○記載された日の翌日から起算して，3箇月目の応当日の前日に3箇月を経過する。
第30条の11 第2号	住所を定めた年月日として戸籍の附票に記載された日後4箇月を経過するに至ったとき	○住所を定めた年月日として戸籍の附票に記載された日の翌日を第1日として起算し，4箇月目の応当日の前日経過後 ○例えば，住所を定めた年月日として戸籍の附票に記載された日が令和5年3月1日である場合は，同年7月1日に4箇月を経過するに至り，同月2日以降に抹消することになる。
31 第32条第1項 33	議員の任期が終る日の前30日以内	○任期満了の日の前日を第1日として逆算し，30日目に当たる日から，任期の終わる日の前日までの間の意
第31 32条第2項	国会閉会の日から23日以内	○国会閉会の日の翌日を第1日として起算し，23日目までの意
第31 32条第2項	国会閉会の日から24日以後30日以内	○国会閉会の日の翌日を第1日として起算し，24日目に当たる日から30日目に当たる日までの間の意
第31 33条第3 2項	解散の日から40日以内	○解散の日の翌日を第1日として起算し，40日目に当たる日までの意
31　4 32　3 第33条第5項 33の2　8 34　6	少なくとも（12日前）	○選挙の期日の前日を第1日として逆算し，（12日目）に当たる日以前の意
第33条第3項	地方公共団体の設置の日から50日以内	○地方公共団体の設置の日を第1日として起算し，50日目に当たる日までの意 ○地方公共団体の設置の日とは，総務大臣の告示による地方公共団体の設置の日
第33条の2 第1項前段	これを行うべき事由が生じた日から40日以内（第7項の読替）	○事由が生じた日の翌日を第1日として起算し，40日に当たる日までの意 ○これを行う事由が生じた日とは，当該選挙の選挙会の行われた日をいう。
第33条の2 第1項後段	通知を受けた日から40日以内	○通知を受けた日の翌日を第1日として起算し，40日に当たる日までの意

＜参考資料＞

条　　項	期　　間	計　算　の　方　法
第33条の2 第6項 第34条第2項	任期が終わる前6月以内	○任期の終わる日を第1日として逆算し，6月目の応当日の翌日以後の意 ○例えば，任期満了の日を10月21日とすれば4月22日以後ということになる。
第33条の2 第6項	任期が終わる日の6月前の日	○任期の終わる日を第1日として逆算し，6月目の応当日の意 ○例えば，任期満了の日を10月21日とすれば4月21日ということになる。
第34条第1項	これを行うべき事由が生じた日から50日以内	○これを行うべき事由が生じた日の翌日を第1日として起算するの意
第34条の2 1 第3項 4	任期満了の日前（90日）に当たる日	○任期満了の日の前日を第1日として逆算し，（90日目）に当たる日の意
第34条の2 1 第3項 4	任期満了の日後50日に当たる日	○任期満了の日の翌日を第1日として起算し，50日目に当たる日の意
第34条の2 第2項	任期満了の日前60日まで	○任期満了の日の前日を第1日として起算し，60日目に当たる日までの意
第38条第1項	選挙の期日前3日まで	○選挙の期日の前日を第1日として逆算し，3日目に当たる日までの意
第41条第1項	選挙の期日から少くとも5日前	○投票の期日の前日を第1日として逆算し，5日目に当たる日までの意 ○例えば，6月30日が総選挙の期日であるとすれば，6月25日までに告示すればよいことになる。
第49条の2 第1項	公示又は告示の翌日から選挙の期日前6日まで	○選挙の期日の前日を第1日として逆算し，6日目に当たる日までの意 ○例えば，6月30日が総選挙の期日であるとすれば，6月24日までに投票しなければならないこととなる。
第57条第1項	少なくとも2日前	○投票の期日の前日を第1日として逆算し，2日目に当たる日までの意
第62条第1項	選挙の期日前3日まで	○選挙の期日の前日を第1日として逆算し，3日目に当たる日までの意

条　　項	期　　間	計　算　の　方　法
第62条第８項	選挙の期日前２日から選挙の期日の前日まで	○選挙の期日の前日を第１日として逆算し，２日目に当たる日から選挙の期日の前日までの意
8 第86条第11項 12	選挙の期日前３日まで	○選挙の期日の前日を第１日として逆算し，３日目に当たる日までの意
第86条の２ 第９項	選挙の期日前10日まで	○選挙の期日の前日を第１日として逆算し，10日目に当たる日までの意
第86条の４ 5 第６項 8	選挙の期日前（３日）まで	○選挙の期日の前日を第１日として逆算し，（３日目）に当たる日までの意
第86条の４ 第７項	告示した期日後５日に当たる日	○告示した期日の翌日を第１日として起算し，５日目に当たる日の意
第86条の５ 第１項	その日から７日以内	○候補者選定の手続を定めた日の翌日を第１日として起算し，７日目に当たる日までの意
第86条の５ 第4 6項	異動の日から７日以内	○異動した日の翌日を第１日として起算し，７日目に当たる日までの意
第86条の５ 第７項	事実が生じた日から７日以内	○事実が生じた日の翌日を第１日として起算し，７日目に当たる日までの意
第86条の６ 第１項	総選挙の期日から30日以内	○選挙期日の翌日を第１日として起算し，30日目に当たる日までの意
第86条の６ 第２項	総選挙の期日後24日を経過する日から任期満了の日前90日に当たる日まで	○総選挙の期日の翌日を第１日として起算し，24日を経過する日から任期満了の日の前日を第１日として逆算し，90日目に当たる日までの意
第86条の６ 第5 7項	異動の日から７日以内	○異動した日の翌日を第１日として起算し，７日目に当たる日までの意
第86条の６ 第8 9項	任期満了の日前90日に当たる日まで	○任期満了の日の前日を第１日として逆算し，90日目に当たる日までの意

<参考資料>

条　　項	期　　間	計　算　の　方　法
第86条の6 第8項	事実が生じた日から7日以内	○事実が生じた日の翌日を第1日として起算し，7日目に当たる日までの意
第86条の7 第1項	任期満了の日前90日に当たる日から7日を経過する日まで	○任期満了の日の前日を第1日として逆算し，90日目に当たる日から7日を経過する日までの意 ○例えば，6月30日が任期満了の日であるとすれば，4月1日が前90日目に当たるので，同月7日を経過する（午後12時）までにということになる。
第97条第2項	選挙の期日から3箇月以内	○選挙期日の翌日から起算して，3箇月目の応当日の前日までの意
第99条の2 第4項	通知を受けた日から5日以内	○通知を受けた日の翌日を第1日として起算し，5日目に当たる日までの意
第100条第6項	選挙の期日から5日以内	○選挙の期日の翌日を第1日として起算し，5日目に当たる日までの意 ○選挙期日にも，選挙会は開ける（昭和36.9.11実例）。
第103条第$\genfrac{}{}{0pt}{}{2}{4}$項 第104条	告知を受けた日から5日以内	○告知を受けた日の翌日を第1日として起算し，5日目に当たる日までの意
第$\genfrac{}{}{0pt}{}{110}{113}$条第$\genfrac{}{}{0pt}{}{4}{3}$項	選挙の期日の告示の日前10日以内	○告示の日の前日を第1日として逆算し，10日目に当たる日までの意
第111条第1項 第$\genfrac{}{}{0pt}{}{1}{2}$号	通知があった日から5日以内	○通知を受けた日の翌日を第1日として起算し，5日目に当たる日までの意
第111条第1項 第3号	欠員を生じた日から5日以内	○欠員を生じた日の翌日を第1日として起算し，5日目に当たる日までの意
第111条第1項 第4号前段	欠けた日から5日以内	○欠けた日の翌日を第1日として起算し，5日目に当たる日までの意
第111条第1項 第4号後段	申立ての日から5日以内	○申立の日の翌日を第1日として起算し，5日目に当たる日までの意

条　　項	期　　間	計　算　の　方　法
第111条第3項	条例施行の日から５日以内	○条例施行の日を第１日として起算し，５日目に当たる日までの意
第112条第5項	選挙の期日から３箇月以内	○選挙の期日の翌日を起算日として，３箇月目の応当日の前日までの意 ○欠員が生じた場合とは，欠員の事実が現実に発生した日によって定まるので，通知が選管に到達したときではない。
第112条第8項	通知を受けた日から20日以内	○通知を受けた日の翌日を第１日として起算し，20日目に当たる日までの意
第120条第1項前段	任期満了の日前60日まで	○任期満了の日の前日を第１日として逆算し，60日目に当たる日までの意
第120条第1項後段	選挙を行うべき事由を生じた日から３日以内	○選挙を行うべき事由が生じた日の翌日を第１日として起算し，３日目に当たる日までの意 ○「選挙を行うべき事由を生じた日」とは，通知を受けた日と解す。
第120条第3項	報告のあった日から３日以内	○報告のあった日の翌日を第１日として起算し，３日目に当たる日までの意
第126条第2項前段	報告のあった日から７日以内	○報告のあった日の翌日を第１日として起算し，７日目に当たる日までの意
第126条第2項後段	少なくとも５日前に	○選挙期日の前日を第１日として逆算し，５日目に当たる日以前の意
第143条第19項	任期満了の日の６月前の日（から）	○任期満了の日を第１日として逆算し，６箇月目の応当日からの意 ○例えば，任期満了の日が令和３年10月21日とすると，任期満了の日を第１日として逆算し，６箇月目の応当日は，同年４月21日である。 ○応当日がないときは，期間に関する民法第143条第２項を類推適用する（例えば，任期満了の日が３月31日であれば，６月前の日は前年の９月30日）
第148条第3項第１号ハ	選挙期日の公示又は告示の日前１年以来	○選挙期日の公示又は告示の日の前日を第１日として逆算し，その前１年目の応当日の翌日以来の意

＜参考資料＞

条　　項	期　　間	計　算　の　方　法
第150条第6項第2号	任期満了前90日に当たる日から7日を経過する日まで	○任期満了の日の前日を第1日として逆算し，90日目に当たる日から7日を経過する日までの意
第163条	開催すべき日前2日まで	○開催すべき日の前日を第1日として逆算し，2日目までの意
第168条第$^{1}_{3}$項	選挙の期日の公示又は告示があった日から2日間	○選挙の期日の公示又は告示のあった日から起算し，2日目に当たる日までの間の意
第169条第2項	選挙の期日前（9日）まで	○選挙の期日の前日を第1日として逆算し，（9日目）に当たる日までの意
第170条第1項	選挙の期日前2日まで	○選挙の期日の前日を第1日として逆算し，2日目に当たる日までの意
第186条第1項	寄附を受けた日から7日以内	○寄附を受けた日の翌日を第1日として起算し，7日目に当たる日までの意
第189条第1項第1号	選挙の期日から15日以内	○選挙の期日の翌日を第1日として起算し，15日目に当たる日までの意
第189条第1項第2号	支出がなされた日から7日以内	○支出がなされた日の翌日を第1日として起算し，7日目に当たる日までの意
第191条	報告書提出の日から3年間	○報告書提出の日の翌日を第1日として起算し，3年目の応当日の前日までの間の意
第192条第3項	受理した日から3年間	○受理した日の翌日を第1日として起算し，3年目の応当日の前日までの間の意
第199条第2項	通知を受けた日から当該利子補給金の交付の日から起算して1年を経過した日まで	○通知を受けた日の翌日を第1日として起算し，利子補給金の全額の交付が完了した日から1年を経過した日までの意
第199条の5第4項	任期満了の日前90日に当たる日	○任期満了の日の前日を第1日として逆算し，90日目に当たる日の意
第202条第1項	選挙の日から14日以内	○選挙の日の翌日を第1日として起算し，14日目に当たる日までの意

<参考資料>

条　　項	期　　間	計　算　の　方　法
第202条第2項	決定書の交付を受けた日又はその要旨の告示の日から21日以内	○決定書の交付を受けた日又はその要旨の告示の日の翌日を第１日として起算し，21日目に当たる日までの意
第203条第1項	決定書若しくは裁決書の交付を受けた日又はその要旨の告示の日から30日以内	○決定書若しくは裁決書の交付を受けた日又はその要旨の告示の日の翌日を第１日として起算し，30日目に当たる日までの意
第204条	選挙の日から30日以内	○選挙の日の翌日を第１日として起算し，30日目に当たる日までの意
第206条第1項	告示の日から14日以内	○告示の日の翌日を第１日として起算し，14日目に当たる日までの意
第206条第2項	決定書の交付を受けた日又はその要旨の告示の日から21日以内	○決定書の交付を受けた日又はその要旨の告示の日の翌日を第１日として起算し，21日目に当たる日までの意
第207条第1項	決定書若しくは裁決書の交付を受けた日又はその要旨の告示の日から30日以内	○決定書若しくは裁決書の交付を受けた日又はその要旨の告示の日の翌日を第１日として起算し，30日目に当たる日までの意
第208条第1項	告示の日から30日以内	○告示の日の翌日を第１日として起算し，30日目に当たる日までの意
第210条第1項前段	通知を受けた日から30日以内	○通知を受けた日の翌日を第１日として起算し，30日目に当たる日までの意
第210条第1項後段	通知を受けた日から30日を経過する日まで	○通知を受けた日の翌日を第１日として起算し，30日を経過する日までの意 ○例えば，８月１日に通知を受けたとすると，８月31日を経過する（午後12時）までにということになる。
第210条第1項ただし書 第210条第2項	告示の日から30日以内	○告示の日の翌日を第１日として起算し，30日目に当たる日までの意

<参考資料>

条　　項	期　　間	計　算　の　方　法
第210条第2項	通知を受けた日から30日を経過した日後	○通知を受けた日の翌日を第1日として起算し，30日を経過した日後の意 ○例えば，8月1日に通知を受けたとすると，8月31日を経過した（午後12時）後ということになる。
第211条第1項前段 第211条第2項	裁判確定の日から30日以内	○裁判確定の日が午前零時から始まるものである場合（例えば申立期間満了をまって確定するとき）は即日起算，それ以外の場合（例えば，上訴権の放棄及び上訴の取下）は翌日起算とし，30日目に当たる日までの意
第211条第1項ただし書	告示の日から30日以内	○告示の日の翌日を第1日として起算し，30日目に当たる日までの意
第213条第1項	申出を受けた日から30日以内	○異議の申出を受けた日の翌日を第1日として起算し，30日目に当たる日までの意
第213条第1項	申立てを受理した日から60日以内	○審査の申立てを受けた日の翌日を第1日として起算し，60日目に当たる日までの意
第213条第1項	事件を受理した日から100日以内	○事件を受理した日の翌日を第1日として起算し，100日目に当たる日までの意
第252条第1項	その裁判が確定した日から5年間	○判決確定の日から起算して，5年目の応答日の前日までの間の意

（注）昭和63年の行政機関の休日に関する法律の制定及び地方自治法の一部改正に伴い，行政庁に対する届出等の行為の期限が休日に当たるときは，一律にその翌日をもってその期限とみなすこととされたが，選挙関係の届出等については，従前どおり，法第15章の争訟を除いて，期限が休日に当たるときも期限の繰り延べは行わないこととしている（法第270条の3）。

三　衆議院議員選挙の選挙運動

●衆議院議員選挙で認められる主な選挙運動手段（小選挙区選挙）

項　　目	候補者個人	候補者届出政党
選挙事務所	・１箇所 （ただし，選挙区によって３箇所まで可）	・候補者を届け出た選挙区ごとに１箇所 （ただし，選挙区によって３箇所まで可）
自動車（船舶）・拡声機	・各１	候補者を届け出た都道府県において （届出候補者数３人まで）各１ （超える10人ごと）各１追加
通常葉書	・３万5千枚以内	候補者を届け出た都道府県において ・２万枚に当該都道府県における届出候補者数を乗じて得た枚数以内
ビラ	・２種類以内 ・７万枚以内 ・規格制限あり（29.7×21cm：A４判以内）	候補者を届け出た都道府県において ・種類制限なし ・４万枚に当該都道府県における届出候補者数を乗じて得た枚数以内（ただし，候補者を届け出た選挙区において４万枚以内） ・規格制限あり（42×29.7cm：A３判以内）
パンフレット・書籍	―――	比例代表選挙とあわせて ・２種類以内（１種類は要旨等記載） ・数量制限なし ・規格制限なし
インターネット	（ウェブサイト等） ※第三者も含めて選挙運動が可能 ・電子メールアドレス等の表示義務あり （電子メール） ※第三者は電子メールを使用した選挙運動はできない ・電子メール送信者等の表示義務あり ・送信先の限定あり （有料インターネット広告） ・使用できない	（ウェブサイト等） ※第三者も含めて選挙運動が可能 ・電子メールアドレス等の表示義務あり （電子メール） ※第三者は電子メールを使用した選挙運動はできない ・電子メール送信者等の表示義務あり ・送信先の限定あり （有料インターネット広告） ・候補者届出政党・名簿届出政党等の選挙運動用ウェブサイトに直接リンクした政

		治活動用有料インターネット広告が可能
ポスター	・ポスター掲示場ごとに1枚 ・規格制限あり（42×30cm：A3判以内，個人演説会告知用ポスターと合わせて作成する場合は42×40cm以内）	候補者を届け出た都道府県において ・1,000枚に当該都道府県における届出候補者数を乗じて得た枚数以内（ただし，候補者を届け出た選挙区において1,000枚以内） ・規格制限あり（85×60cm：A1判以内）
新聞広告	・9.6cm×2段×5回	・当該都道府県における届出候補者数（16人を超える場合は16人）に応じて定められた寸法，回数
政見放送	―――	・NHK，基幹放送事業者 ・当該都道府県における届出候補者数（12人を超える場合は12人）に応じて定められた時間数以内
経歴放送	・NHK ・ラジオおおむね10回，テレビ1回	―――
個人・政党演説会	・回数制限なし（ただし，同時開催5箇所以内）	・回数制限なし（ただし，候補者を届け出た選挙区において同時開催2箇所以内） ・候補者の届出を行わない選挙区においては開催不可
街頭演説	・演説者がその場にとどまり，標旗（候補者1人1本）を掲げる ・午前8時から午後8時まで ・選挙運動員の制限：候補者1人につき15人以内	・停止した車上又は船上及びその周囲 ・午前8時から午後8時まで ・選挙運動員の制限はなし
選挙公報	・選挙ごと1回発行	―――

●衆議院議員選挙で認められる主な選挙運動手段（比例代表選挙）

項目	名簿届出政党等
選挙事務所	・名簿を届け出た選挙区の都道府県ごとに１箇所
自動車（船舶）・拡声機	名簿を届け出た選挙区において （名簿登載者数５人まで）　各１ （超える10人ごと）　各１追加
通常葉書	――――
ビラ	名簿を届け出た選挙区において ・２種類以内 ・枚数制限なし ・規格制限なし
パンフレット・書籍	小選挙区選挙とあわせて ・２種類以内（１種類は要旨等記載） ・数量制限なし ・規格制限なし
インターネット	（ウェブサイト等） ※第三者も含めて選挙運動が可能 ・電子メールアドレス等の表示義務あり （電子メール） ※第三者は電子メールを使用した選挙運動はできない ・電子メール送信者等の表示義務あり ・送信先の限定あり （有料インターネット広告） ・候補者届出政党・名簿届出政党等の選挙運動用ウェブサイトに直接リンクした政治活動用有料インターネット広告が可能
ポスター	名簿を届け出た選挙区において ・３種類以内 ・500枚に当該選挙区における名簿登載者数を乗じて得た枚数以内 ・規格制限あり（85×60cm：Ａ１判以内）
新聞広告	・当該選挙区における名簿登載者数（28人を超える場合は28人）に応じて定められた寸法，回数 〔当該選挙区で２％以上の得票を得た場合に限り公営〕
政見放送	・ＮＨＫ，基幹放送事業者 ・当該選挙区における名簿登載者数（28人を超える場合は28人）に応じて定められた時間数以内
経歴放送	――――
政党等演説会	・回数制限なし（ただし，名簿を届け出た選挙区において同時開催８箇所以内）
街頭演説	・停止した車上又は船上及びその周囲 ・演説者がその場にとどまり，標旗（名簿を届け出た選挙区において，当該選挙区の定数と同数）を掲げる ・午前８時から午後８時まで ・選挙運動員の制限はなし
選挙公報	・選挙ごとに一回発行 ・当該選挙区における名簿登載者数（28人を超える場合は28人）に応じて定められた寸法

<参考資料>

四　参議院議員選挙の選挙運動

●参議院議員選挙で認められる主な選挙運動手段（選挙区選挙）

項　目	候　補　者　個　人
選挙事務所	・１箇所（合同選挙区２箇所）（ただし，選挙区によっては４箇所まで可能）
自動車（船舶）・拡声機	・各１（合同選挙区　各２）
通常葉書	・枚数制限あり （小選挙区数が１）３万５千枚以内 （超える１ごとに）２千５百枚追加
ビラ	・２種類以内 ・枚数制限あり （小選挙区数が１）10万枚以内 （超える１ごとに）１万５千枚追加（上限30万枚） ・規格制限あり（29.7×21cm：Ａ４判以内）
インターネット	（ウェブサイト等） ※第三者も含めて選挙運動が可能 ・電子メールアドレス等の表示義務あり （電子メール） ※第三者は電子メールを使用した選挙運動はできない ・電子メール送信者等の表示義務あり ・送信先の限定あり （有料インターネット広告） ・使用できない
ポスター	・ポスター掲示場ごとに１枚 ・規格制限あり（42×30cm：Ａ３判以内，個人演説会告知用ポスターと合わせて作成する場合は42×40cm以内）
新聞広告	9.6cm×２段×５回（合同選挙区10回）
政見放送	・ＮＨＫ，基幹放送事業者 ・おおむねテレビ５回，ラジオ３回（テレビ，ラジオを通じて８回）
経歴放送	・ＮＨＫ，基幹放送事業者 ・ラジオおおむね５回，テレビ１回
個人演説会	・回数制限なし（ただし，同時開催５箇所（合同選挙区10箇所）以内）
街頭演説	・演説者がその場にとどまり，標旗（候補者１人１本（合同選挙区は２本））を掲げる ・午前８時から午後８時まで ・選挙運動員の制限：候補者１人につき15人以内
選挙公報	・選挙ごと１回発行

<参考資料>

●参議院議員選挙で認められる主な選挙運動手段（比例代表選挙）

項　　目	名簿登載者（※1）	名簿届出政党等
選挙事務所	・1箇所	・都道府県ごとに1箇所
自動車（船舶）・拡声機	・各2	――
通常葉書	・15万枚以内	――
ビラ	・2種類以内 ・25万枚以内 ・規格制限あり（29.7×21cm：A4判以内）	――
パンフレット・書籍	――	・2種類以内（1種類は要旨等記載） ・数量制限なし ・規格制限なし
インターネット	（ウェブサイト等） ※第三者も含めて選挙運動が可能 ・電子メールアドレス等の表示義務あり （電子メール） ※第三者は電子メールを使用した選挙運動はできない ・電子メール送信者等の表示義務あり ・送信先の限定あり （有料インターネット広告） ・使用できない	（ウェブサイト等） ※第三者も含めて選挙運動が可能 ・電子メールアドレス等の表示義務あり （電子メール） ※第三者は電子メールを使用した選挙運動はできない ・電子メール送信者等の表示義務あり ・送信先の限定あり （有料インターネット広告） ・名簿届出政党等・確認団体の選挙運動用ウェブサイトに直接リンクした政治活動用有料インターネット広告が可能
ポスター	・7万枚以内 ・規格制限あり（42×30cm：A3判以内）	――
新聞広告	――	・名簿登載者数（25人を超える場合は25人）に応じて定められた寸法，回数〔1％以上の得票を得た場合に限り公営〕
政見放送	――	・NHK ・名簿登載者数（25人を超える場合は25人）に応じて定められた回数，時間数

＜参考資料＞

経歴放送	―――――	―――――
個人演説会	・回数制限なし	―――――
街頭演説	・演説者がその場にとどまり，標旗（候補者１人６本）を掲げる ・午前８時から午後８時まで ・選挙運動員の制限：候補者１人につき演説を行う場所ごとに15人以内	―――――
選挙公報	―――――	・選挙ごとに一回発行 ・名簿登載者数（25人を超える場合は25人）に応じて定められた寸法

（※１）

特定枠名簿登載者については，「インターネット」欄のみ該当

<事 項 索 引>

実務と研修のための
わかりやすい公職選挙法〔第十七次改訂版〕

昭和54年4月30日	初版発行
昭和56年9月20日	改訂版発行
昭和58年4月10日	第二次改訂版発行
昭和59年12月10日	第三次改訂版発行
昭和61年10月15日	第四次改訂版発行
平成元年4月1日	第五次改訂版発行
平成3年1月20日	第六次改訂版発行
平成5年4月20日	第七次改訂版発行
平成7年3月10日	第八次改訂版発行
平成8年9月1日	第九次改訂版発行
平成10年4月10日	第十次改訂版発行
平成12年9月20日	第十一次改訂版発行
平成13年10月20日	第十二次改訂版発行
平成15年10月20日	第十三次改訂版発行
平成19年10月20日	第十四次改訂版発行
平成26年6月10日	第十五次改訂版発行
令和3年7月30日	第十六次改訂版発行
令和6年1月31日	第十七次改訂版第1刷発行

編　集　選挙制度研究会

発　行　株式会社　ぎょうせい

〒136-8575　東京都江東区新木場1—18—11
URL:https://gyosei.jp

フリーコール　0120—953—431
ぎょうせい　お問い合わせ　検索　https://gyosei.jp/inquiry/

印刷　ぎょうせいデジタル㈱　
ISBN978—4—324—11352—3
(5108913—00—000)
〔略号：わかりやすい選挙（17訂）〕